HACKER

# BILDUNGSWEGE VOM KINDERGARTEN ZUR GRUNDSCHULE

# BILDUNGSWEGE VOM KINDERGARTEN ZUR GRUNDSCHULE

von
Hartmut Hacker

**3., neubearbeitete Auflage von**
***Vom Kindergarten zur Grundschule***

Mit Einzelbeiträgen von
Matthias Heimann und Bärbel Teller

VERLAG
JULIUS KLINKHARDT
BAD HEILBRUNN • 2008

KLINKHARDT

# STUDIENTEXTE ZUR GRUNDSCHULPÄDAGOGIK UND -DIDAKTIK

## Herausgegeben von Günther Schorch
## Begründet von Rainer Rabenstein

*In dieser Reihe (vormals Studientexte zur Grundschuldidaktik) sind lieferbar:*

Maria-Anna Bäuml-Roßnagl: Sachunterricht. Bildungsprinzipien in Geschichte und Gegenwart. Bad Heilbrunn, 3., überarbeitete und mit didaktischen Cartoons angereicherte Auflage 1995.

Heiner Böttger: Englisch lernen in der Grundschule. Bad Heilbrunn 2005.

Annegret Eickhorst: Interkulturelles Lernen in der Grundschule Ziele – Konzepte – Materialien. Bad Heilbrunn 2007.

Wolf Engelhardt / Hans Glöckel (Hrsg.): Wege zur Karte. Bad Heilbrunn, 2. Auflage 1977.

Hans-Joachim Fischer: Grundschule – Vermittlungsschule zwischen Kind und Welt. Bad Heilbrunn 2002.

Edith Glumpler: Interkulturelles Lernen im Sachunterricht. Bad Heilbrunn 1996.

Günter Graumann: Mathematikunterricht in der Grundschule. Bad Heilbrunn 2002.

Paul Helbig, Eva-Maria Kirschhock, Sabine Martschinke, Ursula Kummer: Schriftspracherwerb im entwicklungsorientierten Unterricht. Bad Heilbrunn 2005.

Joachim Kahlert: Der Sachunterricht und seine Didaktik. Bad Heilbrunn, 2., überarbeitete Auflage 2005.

Kurt Meiers: Lesen lernen und Schriftspracherwerb im ersten Schuljahr. Ein Studienbuch. Bad Heilbrunn 1998.

Günther Opp / Paul Helbig / Angelika Speck-Hamdan u.a.: Problemkinder in der Grundschule. Bad Heilbrunn 1999.

Werner Sacher u.a.: Medienerziehung konkret. Konzepte und Praxisbeispiele für die Grundschule. Bad Heilbrunn 2003.

Otto Schober (Hrsg.): Deutschunterricht für die Grundschule. Bad Heilbrunn 1998.

Günther Schorch (Hrsg.): Schreibenlernen und Schriftspracherwerb. Bad Heilbrunn, 3., aktualisierte Auflage 1995.

Michael W. Schwander / Katja N. Andersen: Spiel in der Grundschule. Multiple Funktionen – maßgebliche Aufgaben. Bad Heilbrunn 2005.

Dieser Titel wurde in das Programm des Verlages mittels eines Peer-Review-Verfahrens aufgenommen. Für weitere Informationen siehe www.klinkhardt.de.

Die Deutsche Nationalbibliothek verzeichnet diese Publikation in der Deutschen Nationalbibliografie; detaillierte bibliografische Daten sind im Internet abrufbar über http://dnb.d-nb.de.



Druck und Bindung: AZ Druck und Datentechnik, Kempten.
Printed in Germany 2005.
Gedruckt auf chlorfrei gebleichtem alterungsbeständigem Papier.

ISBN 978-3-7815-1619-9

# Inhaltsverzeichnis

# Einleitung

Die Schaffung einer gemeinsamen Grundschule für alle Kinder des Volkes war 1920 neben allen noch existierenden Mängeln zunächst einmal eine Errungenschaft, weil das Schulsystem wenigstens einen gemeinsamen Unterbau erhielt. Neben einer längeren gemeinsamen Grundschulzeit blieb allerdings auch die Anbindung der Vorschuleinrichtungen auf der Strecke. Kindergärten gehörten nicht zum Bildungswesen. Die Abkopplung sollte sich später als problematische Entscheidung erweisen, weil der Übergang von einer Institution in die nächste in die Zuständigkeit unterschiedlicher Instanzen fiel und daher schwieriger für die Verantwortlichen zu gestalten und für die Betroffenen zu bewältigen war.

*Denken in Bildungsstufen*

Vor dem Hintergrund der historischen Entwicklung des gesamten Bildungssystems bringt die Einführung der gemeinsamen Grundschule aber noch ein weiteres Novum: Zum ersten Mal wird eine Teiletappe des Allgemeinbildungsprozesses konzipiert und realisiert und damit ein *Denken in Bildungsstufen* etabliert, das über einzelne Institutionen hinausweist. Zwar ist in den ideengeschichtlichen Konzepten von Comenius ein gestuftes Bildungswesen schon vorgedacht, jedoch war nach der Muttersprachschule die allgemeine Bildung für die meisten Schüler schon abgeschlossen. Der böhmische Bischof hat ja bezeichnenderweise nicht von Stufen, sondern von Schulen gesprochen (Mutterschule, Lateinschule, ...).

Dass die Bildung des Einzelnen mehrere Entwicklungsstufen durchläuft und demzufolge entsprechende Schulstufen bereitgestellt werden müssen, ist zunächst eine Erkenntnis der Kinderpsychologie des ausgehenden 19. und beginnenden 20. Jahrhunderts, einer Vorläuferin der Entwicklungspsychologie, die fortan die Grundlage für die Konzeption gestufter Bildungsgänge bildete.

Ende der 1950er Jahre taucht der Begriff Förder*stufe* im sog. *Rahmenplan für das Bildungswesen in der Bundesrepublik Deutschland* auf. Zweierlei ist daran bemerkenswert: Zum einen wird nach dem zweiten Weltkrieg nach einem Gesamtkonzept für allgemein bildende Schulen gesucht, zum andern wird der Begriff Bildungs*stufe* eingeführt. Die im Rahmenplan so bezeichne-

te Förderstufe sollte eine fördernde und gleichzeitig zuweisende Aufgabe übernehmen, d.h. die dem Fähigkeitsniveau des Schülers angemessene weiterführende Bildung sollte stärker von der Schule (in diesem Falle in der Förderstufe) selbst gesteuert werden. Man versprach sich davon vor allem eine Steigerung des Zugangs zu höherwertigen Bildungsgängen, damals eine Notwendigkeit, um die Abiturientenquote zu steigern.
Im Rahmenplan war eine Revision der Grundschule noch nicht vorgesehen. Das sollte sich gut zehn Jahre später ändern. Denn zum einen stand das Anforderungsprofil der gesamten Grundschule auf dem Prüfstand, zum andern war der Zugang zur Grundschule in die Kritik geraten, nachdem das Reifekonzept der Entwicklungspsychologie und ein statischer Begabungsbegriff „ausgedient" hatten. Wie schon im Konzept der Förderstufe angelegt, liegt auch hier zunächst der Gedanke, später der Beweis zugrunde: Begabungen, Fähigkeiten, Lerndispositionen sind beeinflussbar und durch gezielte Lernprozesse bildbar. Daher ist ein zunächst nicht schulfähiges Kind nicht etwa „schicksalhaft" durch einen verlangsamten Reifeprozess vom Schulbesuch abzuhalten, sondern durch gezielte Fördermaßnahmen, die natürlich rechtzeitig, d.h. bereits im Vorschulalter, anlaufen müssen, an die Schulfähigkeit heranzuführen.
Diese veränderten Erkenntnisse zum Begabungsbegriff waren letztlich der Anlass, auch für diese Aufgabe eine eigene Schul*stufe* zu etablieren, die Geburtsstunde der *Eingangsstufe*.

*Die Schuleingangsstufe*

Der Deutsche Bildungsrat, vertreten durch die Bildungskommission, erarbeitete bereits in den 1960er Jahren ein umfassendes Konzept für das gesamte Schulsystem. Für den Anfang der institutionellen Bildung legte die Bildungskommission „größtes Gewicht darauf, dass der Übergang vom nichtschulischen zum schulischen Lernen in der Eingangsstufe als eine besondere pädagogische Aufgabe gesehen wird" (Strukturplan 1970, S. 22).
Die Eingangsstufe umfasste die Fünf- und Sechsjährigen, eine Vorverlegung der Schulpflicht war also ebenfalls damit verbunden. Der Strukturplan legte somit Wert darauf, die Fünfjährigen in ein schulisches Programm der Frühförderung einzubinden, weil nur so die Einschulungsprobleme angemessen gelöst werden konnten (S. 20). Den gesellschaftlichen Hintergrund bildete letztlich die Forderung nach größeren Bildungsanstrengungen im Wettstreit der Ost-West-Entwicklung. Die Möglichkeiten dafür lieferten die Ergebnisse der amerikanischen Intelligenzforschung, die von einer stärkeren Beeinflussbarkeit der kindlichen Entwicklung insbesondere in den ersten Lebensjahren

ausgingen. So stellte beispielsweise Bloom fest, dass „von der Intelligenz im Alter von 17 Jahren aus betrachtet, 50 % der Entwicklung zwischen null und vier Jahren, weitere 30 % zwischen vier und acht Jahren stattfindet“ (Bloom 1964, S. 100). Dass Frühförderung tatsächlich die Intelligenzentwicklung positiv beeinflusst, zeigten Projekte in den USA. Die Kinder wiesen höhere Werte in Intelligenz- und Leistungstests aus und wurden von ihren Lehrer(innen) auch in der *emotionalen und sozialen Entwicklung* höher eingeschätzt (Weikart, 1975, S. 492/93).

Der „Erkenntnisimport“ aus Amerika hatte bei uns zur Folge, dass eine nativistische von einer milieuorientierten Begabungstheorie abgelöst wurde. Die Erkenntnisse widerlegen zugleich die Theorien von der anlagebedingten Konstanz und Stabilität der Intelligenz und frühere entwicklungspsychologische Stufenmodelle mit einer biologischen Grundlage (Götz, 2004, 255).

Die ersten sechs der 1970er Jahre gehörten der Konzeptualisierung einer Eingangsstufe, die den neuen entwicklungspsychologischen Erkenntnissen ebenso Rechnung trug, wie der sozialpolitischen Forderung nach einer Gleichheit der Bildungschancen unterschiedlicher Bevölkerungsschichten. Das Grundmodell war eine zweijährige Eingangsstufe, gefolgt von einer zweijährigen Grundstufe (2+2-Modell); das 2+3-Modell sah eine dreijährige Grundstufe vor; daneben gab es noch ein 1+4-Modell: Hier wurde der bisherigen Grundschule lediglich eine Vorstufe oder Vorklasse vorangestellt. In den ersten beiden Modellen wurde ein pädagogisch und schulorganisatorisch ausgelegter Stufenbegriff als eine mindestens zweijährige Einheit gesehen. Das hatte seine guten Gründe: Die Bedeutung der Kompensations- und Entwicklungsaufgabe macht einen solchen Zeitraum aus Kontinuitätsgründen erforderlich. Hinzu kam der Gedanke eines möglichst frühen Beginns institutioneller Bildung.

Im 1+4-Modell der Bund-Länder-Kommission ging es schließlich nur noch um eine bessere Förderung der Fünfjährigen und um die Frage, welche Institution für diese Förderung in Frage komme. In umfangreichen Feldforschungen konnten aber weder der Kindergarten noch die Grundschule als Födereinrichtung für diese Alterstufe entscheidende Vorteile für sich verbuchen. Die 46 Modellversuche in vorwiegend drei Bundesländern (Hessen, NRW und Baden-Württemberg) brachten nicht viel mehr als den mageren Befund, dass „der Besuch einer vorschulischen Einrichtung für die Förderung der Gesamtpersönlichkeit bedeutsamer ist als Besuch einer bestimmten Art vorschulischer Einrichtungen“ (Bund-Länder-Kommission 1976; zit. nach Götz 2004, S. 260).

Das Ergebnis war insofern ernüchternd, als die Vorverlegung der Schulpflicht keine vordringliche Aufgabe mehr darstellte und als es damals offenbar keinen nachweisbaren Bedarf für eine strukturelle Veränderung an der Nahtstelle von vorschulischer Einrichtung und Grundschule gab. Das Bildungswesen in Deutschland hat sich ein weiteres Mal als sehr resistent gegen strukturelle Veränderung erwiesen.
Gleichwohl waren die Probleme des Übergangs nicht gelöst. Man versuchte einen Ausweg jenseits struktureller Veränderungen, „begrub“ zunächst Eingangsstufenkonzeptionen und setzte auf empfohlene Aktivitäten im bestehenden System: Kooperation zwischen Kindergarten und Grundschule wurde gefordert.

*Kooperationsansätze*

Konkretisiert wurde diese Idee in Empfehlungen (der Kultusministerien) für die Zusammenarbeit der beiden Institutionen. Allerdings konnte dies nur ein erster Schritt sein. Lehrer(innen) und Erzieher(innen) sollten durch gezielte Fortbildungsveranstaltungen auf diese gemeinsame Arbeit vorbereitet werden. Einige Länder richteten dafür sogar Modellversuche ein und referierten über deren Ergebnisse. Das Kooperationskonzept, im wesentlichen zwischen 1978 und 1990 aufgebaut und leidlich praktiziert, muss zwar als Reforminitiative angesehen werden, war aber in der theoretischen Fundierung, in der planerischen Initiation und in der konkreten Durchführung allenfalls halbherzig, weshalb ihm auch kein nennenswerter Erfolg beschieden war.
Es wäre dennoch voreilig, den Kooperationsansatz „ad acta“ zu legen. Sein Scheitern ist vielschichtiger und muss weiter unten noch untersucht werden. Vorerst ist festzuhalten: Die Kooperation zwischen den Institutionen ist auch künftig eine wichtige Aufgabe. Sie muss aber stringenter in ihren Voraussetzungen, Notwendigkeiten, Möglichkeiten und Grenzen analysiert werden.

*Die Neue Schuleingangsstufe*

Zwanzig Jahre Schulentwicklung, Erfahrungen und Misserfolge in diesem Zeitraum führten Anfang der 1990er Jahre erneut zu reformorientierten Initiativen, die gegenüber radikalen Strukturveränderungen vorsichtiger waren, diese gleichwohl nicht ausschlossen, aber um pragmatische Lösungen bemüht waren. Hinzu kommen bildungsstatistische Brisanzen und eine Neubewertung von Entwicklungsunterschieden bei Kindern im Vorschul- und Schuleintrittsalter.
Wie bei der Schuleingangsstufe der 1970er Jahre, der alten Schuleingangsstufe (Götz 2004, S. 254), sollte auch bei der Neuen Schuleingangsstufe das Schuleintrittsalter herabgesetzt werden. Allerdings nicht durch eine allgemei-

ne Herabsetzung auf fünf Jahre, sondern durch die vorsichtige Korrektur der Einschulungspraxis, die sich in gut zwanzig Jahren herausgebildet hatte. Wie die nachfolgende Graphik zeigt, ist das faktische Einschulungsalter im ausgehenden 20. Jahrhundert ständig angestiegen.

| Bundesland | verspätet in % | vorzeitig in % |
|---|---|---|
| Bayern | 4,0 | 4,1 |
| Baden-Württemberg | 8,3 | 1,6 |
| Berlin | 10,5 | 2,7 |
| Brandenburg | 7,4 | 1,5 |
| Bremen | 15,1 | 7,3 |
| Hamburg | 11,2 | 3,2 |
| Hessen | 8,5 | 7,2 |
| Mecklenburg-Vorpommern | 10,1 | 1,2 |
| Niedersachsen | 9,4 | 2,5 |
| Nordrhein-Westfalen | 7,3 | 1,7 |
| Rheinland-Pfalz | 7,4 | 1,9 |
| Saarland | 7,2 | 4,2 |
| Sachsen | 9,4 | 0,9 |
| Sachsen-Anhalt | 7,2 | 0,9 |
| Schleswig-Holstein | 14,1 | 2,5 |
| Thüringen | 5,6 | 0,9 |
| Bundesdurchschnitt | 7,5 | 2,5 |

**Tab. 1:** Zurückstellungen und vorzeitige Einschulungen im Schuljahr 1995/96 (zit. nach Götz 2004, S. 263)

Durch überhöhte Zurückstellungsquoten und einem krassen Missverhältnis von verspäteter und vorzeitiger Schulaufnahme lag das durchschnittliche Alter zum Zeitpunkt des Schuleintritts bei 6;9 Jahren. Begünstigt wurde diese Entwicklung durch die Schaffung von schulvorbereitenden Einrichtungen (Schulkindergärten, Vorbereitungsklassen, Diagnose- und Förderklassen; die Einrichtungen hatten in den einzelnen Bundesländern unterschiedliche Bezeichnungen!), die zudem selektive Effekte schon zum Schulanfang hatten, weil die Zurückstellung auch eine Form der Auslese ist.

Um eine spürbare Herabsetzung des tatsächlichen Schuleintrittsalters zu erreichen, ist es allerdings notwendig, sich von „zählebigen“ Prinzipien zu verabschieden. Dazu gehört zunächst die Einschulung nach dem *Entwicklungs-*

*alter* mit dem Zweck, eine möglichst leistungshomogene Lerngruppe zu bekommen. Künftig müsste eher (wieder) das *Lebensalter* zur Richtschnur für die Einschulung erhoben werden.
Ein selektionsorientierter Schulfähigkeitsbegriff hätte damit ebenfalls ausgedient. Differenzierung und Vielfalt muss an die Stelle von Selektion und Einheitlichkeit treten. Das Umdenken hat allenfalls in der theoretischen pädagogischen Diskussion begonnen, in der Praxis ist es bislang kaum angekommen. Die Neue Schuleingangsstufe ist in ihrem pädagogischen Programm so konzipiert, „dass sie Pluralität und Differenz nicht einebnet, sondern deren Existenz anerkennt und als entwicklungsförderndes Bereicherungspotenzial nutzt“ (Faust-Siehl 1996; Prengel 1999; zit. nach Götz 2004, S. 264). Außerdem sind flexiblere Stichtagsregelungen notwendig, um im Einzelfall frühere Ein-schulungen zu ermöglichen.
Die Konzeptperspektive der Neuen Schuleingangsstufe ist vielfältig, in deren Potenzialen noch gar nicht ausgeschöpft, Ansätze werden gegenwärtig erprobt bzw. stehen vor dem Abschluss. Die Folgerungen sind noch nicht endgültig gezogen, das pädagogische Bewusstsein der Lehrer(innen) und Erzieher(innen) hinkt dem beträchtlich hinterher. Es wird noch einige Zeit brauchen, bis die Reform in der Praxis greift und damit Anschlussfähigkeit zwischen Kindergarten und Grundschule hergestellt werden kann.
Die Problematik gelingender Einschulung war im 20. Jahrhundert eine der dringenden Fragestellungen. Lösungsansätze wurden dafür erarbeitet, nicht immer befriedigend, sodass die Aufgabenstellung im 21. Jahrhundert weiter gilt.
Dieses Studienbuch behandelt deshalb die folgenden Einzelkomplexe:

1. *Die historische Genese des Themas Einschulung,* um dieses Problem auch in seiner Entstehungsdimension kennen und verstehen zu lernen: Kapitel 1
2. *Die Diskussion um die Vorschulerziehung*, weil die Anschlussfähigkeit entscheidend von den Lern- und Erfahrungsprozessen vorschulischer Institutionen abhängt: Kapitel 2
3. *Die Entwicklung der Schulfähigkeitsdiskussion,* um deutlich zu machen wie sich das Einschulungsverständnis mit dem Schulfähigkeitsbegriff wandelt: Kapitel 3
4. *Der aktuelle Reformansatz: Die ‚Neue Schuleingangsstufe,* weil dieses Konzept als gegenwärtiger Hoffnungsträger für bessere Einschulungsbedingungen gilt: Kapitel 4

5. *Ein verändertes Kooperationskonzept* als nachfolgende Aufgabe der Neuen Schuleingangsstufe, aber auch als Konsequenz neuerer theoretischer Konzeptionen: Kapitel 5
6. *Perspektive eines veränderten Anfangsunterrichts,* hier geht es um dessen Weiterentwicklung und um eine Skizzierung von Praxiselementen in der Neuen Schuleingangsstufe: Kapitel 6
7. *Die Einordnung des gegenwärtigen Diskussionsstandes in einen größeren Zusammenhang:* Kapitel 7

# 1 Die historische Entwicklung

## 1.1 Ideengeschichtliche Vorläufer

Anschlussfähigkeit zwischen Schulstufen als Problemzone ist in der Schulgeschichte relativ neu. Erste Probleme entstanden als indirekte Folge der gemeinsamen Grundschule. Vorher bestanden das niedere und das höhere Schulwesen relativ unabhängig nebeneinander. Auslese, Verteilungs- und Verzweigungsprobleme gab es nicht. Die Schwelle beim Eintritt ins niedere Schulwesen war nicht hoch. Erst die Bildungssysteme fortgeschrittener Industriegesellschaften brachten mit ihrer demokratischen Leistungsorientierung einen Anforderungskatalog, der schon zum Schuleintritt zu Schwierigkeiten führen konnte.
Obgleich dieses Problem erstmals im 20. Jahrhundert auftrat, gab es Vorläufer und „Fürsprecher" einer Kontinuität der Bildung in der Geschichte des Erziehungsdenkens. Comenius, Pestalozzi und Fröbel müssen als die ideengeschichtlichen Vorläufer der Anschlussfähigkeitsdebatte angesehen werden. Sie plädierten schon vor der Psychologie für eine Pädagogik der Bildungskontinuität.

### 1.1.1 Comenius und die Anschlussfähigkeit der „ersten Schulen"

Mit Comenius (1592 – 1670) beginnt die neuzeitliche Bildungsgeschichte. Seine Didaktik zeigt die Grundzüge der Aufklärung. Der Bildungsbegriff war ganz entscheidend auf Kontinuität angelegt. Comenius beruft sich dabei auf die „große Lehrmeisterin Natur". Sie mache keine Sprünge, sondern schreite stufenweise voran. Daraus folgt für den Unterricht:

1. "Die Gesamtheit der Studien muss sorgfältig in Klassen geteilt werden, damit das frühere dem späteren den Weg bereitet und es beleuchtet.
2. Die Zeiten müssen nach genauer Prüfung verteilt werden, sodass jedes Jahr, jeder Monat, jeder Tag, jede Stunde ihren besonderen Stoff zugewogen erhalten.
3. Das Ausmaß dieser Zeiten und Arbeiten muss genau innegehalten und es darf nichts übergangen oder verkehrt werden" (Comenius (erstmals 1657) 1906, S. 85).

Comenius nimmt mit diesen Forderungen nicht nur lehrgangsorientierte Prinzipien vorweg, durch die Betonung der Fassungskraft von Kindern tritt er für einen entwicklungsgemäßen Unterricht ein.
Dass Lernen aufeinander aufbaut, wird auch aus seinen schultheoretischen Schriften deutlich. Als erster Schuldidaktiker konzipiert er ein einheitliches Schulsystem, bestehend aus vier Schulen, die jeweils sechs Jahre dauern.
Seine besondere Aufmerksamkeit gilt der Nahtstelle zwischen Mutterschule und Muttersprachschule:
„Überall bereitet das Vorhergehende den Boden und legt den Grund für das Folgende. Alles Spätere fügt sich dem Vorangegangen nicht bloß als Anbau an, sondern es wird darüber gebaut, sodass es auf das Vorhergehende angewiesen ist, sich darauf stützt und auf ihm ruht“ (Comenius (erstmals 1666) 1960, S. 281).
So wird gerade der Eintritt in die Grundschule dazu benutzt, um Kontinuität einzufordern - und zwar in einem doppelten Sinne: Als *sinnvoller Übergang*, bei dem das Fundierende für das Aufzubauende besonders wichtig ist und *als Anschlussfähigkeit* eine optimale Passung der Bildungsstufen im Lernprozess.

### 1.1.2 Pestalozzi und der Gang der Natur

Der Schweizer Erzieher führt den Gedanken von Comenius fort und legt den Lehrer(innen) nahe, bei der Bildung des Menschengeschlechtes dem *Gang der Natur* zu folgen:
„Beides, ihre Kraft und ihre Erfahrung, ist in diesem Alter schon groß; aber unsere unpsychologischen Schulen sind wesentlich nichts anderes als künstliche Erstickungsmaschinen. ...
Man lässt die Kinder bis ins fünfte Jahr in vollem Genusse der Natur; man lässt jeden Eindruck derselben auf sie wirken, ... und der freie Naturgang, den der sinnlich glückliche Wilde in seine Entwicklung nimmt, hat in ihnen schon seine bestimmteste Richtung genommen. Und nachdem sie also fünf ganze Jahre diese Seligkeit des sinnlichen Lebens genossen, macht man auf einmal die ganze Natur um sie her, vor ihren Augen verschwinden, stellt den reizvollen Gang ihrer Zwangslosigkeit und ihrer Freiheit tyrannisch still; wirft sie wie Schafe … in eine stinkende Stube, kettet sie Stunden, Tage, Wochen, Monate und Jahre unerbittlich an das Anschauen elender reizloser und einförmiger Buchstaben …“ (Pestalozzi o. J., S. 186/187).
Kontinuität und Anschlussfähigkeit zeigen sich bei Pestalozzi in der Kunst, durch Schulunterricht den Gang, den die Natur bei der Bildung des Menschen geht, einfühlsam zu unterstützen und zu fördern, notfalls auch zu korrigieren.

Den Schulanstalten wird deshalb aufgegeben, die Unverdorbenheit der häuslichen Erziehung fortzusetzen. Die eingebrachten Kunstmittel müssen dabei so natürlich wie möglich sein. In der Forderung Pestalozzis ist bereits ein Plädoyer für natürliches Lernen zu erkennen, Schon in der Anfangsphase sollte Schule „entschult und entstandardisiert" werden.

### 1.1.3 Fröbel: Die Vermittlungsschule

Fröbel entwarf eine Theorie der Bildung in Stufen, die von der frühromantischen Naturphilosophie des 19. Jahrhunderts geprägt ist.
Der häufig zitierte Brief an die frühere Schülerin Emma über die sog. Vermittlungsschule fasst die Erkenntnisse seiner Elementardidaktik zusammen. Sie wurde vier Wochen vor dem Tod verfasst und gilt auch als Fröbels Vermächtnis.
Die Elementardidaktik Fröbels stellt den Versuch dar, aus den damals bekannten Erkenntnissen der kindlichen Entwicklung eine angemessene Bildungsförderung abzuleiten. Der Vorstufe der Schulbildung gilt dabei seine besondere Aufmerksamkeit. Mit einer entwicklungsgemäßen Ausgestaltung der Kindergartenstufe entstand zwangsläufig ein noch größerer Widerspruch zum damaligen Verständnis der Unterrichtsschule, sodass die Konzeption eines Zwischengliedes aus Anschlussgründen dringend geboten war.
„Der schauende Erzieher und Lehrer ... findet die Kinder schon auf einer bestimmten Stufe der Entwicklung, welche sie im Vaterhause erhalten haben; er findet sie schon in einer bestimmten Richtung ihrer Tätigkeiten. Diese Entwicklungsstufe und die aus ihr hervorgehende Richtung der Kräfte der Kinder zunächst zu erkennen, an sie unmittelbar anzuknüpfen und ihr gemäß weiter fortzubilden, das ist die richtige Erfassung dieses Zeitpunkts. Jede Forderung an die Kinder, die nicht aus ihrem Leben und dieser Entwicklungsstufe hervorgeht, also etwas dem Leben der Kinder Fremdes in sich enthält, hat notwendig etwas Tötendes in sich; und je größer die Erwartung des Kindes war, je höher ihre Zuneigung zur Schule und zum Erfassen des geistigen Lebens derselben, um so größer wird nun notwendig diese Abneigung" (Fröbel (erstmals 1841) 1965, S. 84/85).
Fröbel betont die Zäsuren der Bildung und gleichzeitig die Kontinuität. Der Beitrag zur Vermittlungsschule ist dafür ein besonders treffender Beweis. Keineswegs ist hier nur eine Übergangsschule skizziert, sondern ihrem Wesen entsprechend die Stufen davor und danach. Die „Vermittlungsschule" ist daher keine Schule, sondern eher eine Stufe innerhalb der Schule mit einem eigenen Bildungsauftrag:

„Das Wesen, der Charakter der Vermittlungsschule ist mehrfach scharf bezeichnet: Das Besondere wird zur Allgemeinheit, die äußere Einzelanschauung zur inneren Gesamtauffassung erhoben ...
Die Vermittlungsschule bildet also den Übergang von der Realen- und Sachanschauung zur abstrakten und Denkauffassung.
Die Vermittlungsschule steht verbindend in der Mitte zwischen dem Kindergarten und der eigentlichen Lern- oder Begriffsschule, das Wesen beider in einer gewissen Beziehung teilend, d.h. von der Sachanschauung zum Begriff übertretend“ (Fröbel 1965, S. 116).
Der vermittelnde Charakter dieser Schule wird demnach erst deutlich, wenn man sich die zentrale Aufgabe des Kindergartens und der späteren Unterrichts- oder Lernschule vergegenwärtigt:
„Was macht nun das Wesen des Kindergartens, und was macht das Wesen der eigentlichen Lernschule aus? ... Im Kindergarten ist das Kind, sein Wesen und die Erstarkung, Kräftigung, Entwicklung, die Hervorziehung, die Erziehung desselben überwiegend die Hauptsache; in der Lernschule ist das rein Umgekehrte. Hier ist der Gegenstand, sein Wesen, die Erkenntnis, die Anschauung und die Auffassung seiner Eigenschaften und seiner Verhältnisse, deren Beziehung usw. die Hauptsache, die dadurch bewirkte Ausbildung der Kinder über das Zweite, gleichsam das Nebensächliche, Zufällige. Durch die Anforderung an das Kind, den Gegenstand, die Sache, das Ding in seinem rechten Wesen, in seinen wahren Eigenschaften und klaren Verhältnissen zu erkennen, wird auch wieder das Kind festgehalten; allein nur die richtige Erfassung und Erkenntnis des Gegenstandes ist die Hauptsache. In der Lernschule ist die Auffassung des Gegenstandes durch das Denken die innere Vorstellung, gleichsam die Entgleitung vom Körper (Abstraktion) die Hauptsache“ (Fröbel 1965, S. 119).
Aber auch an der Nahtstelle zwischen Kindergarten und Vermittlungsschule können Brüche entstehen. Daher insistiert Fröbel hartnäckig auf ein nahtloses Anknüpfen an das Vorangegangene:
„Was Schlussstein der Kindergartenbildung war, wird nun Ausgangspunkt, wird die erste Stufe der Vermittlungsschule ...
Sehen Sie nun, mit welch einem Fundament, mit einer Grundlage, mit welch einer Summe von Lebenskeimen in dem eingesammelten Lebensstoff das Kind aus dem Kindergarten in die Vermittlungsschule tritt. Nach keinem Punkt des Lebens fehlt die angebahnte Richtung; für jede vom Leben geforderte Entwicklung ist der Keim gegeben, wie sich dies in dem großen Naturganzen zeigt. Alles dies harret nur der Entwicklung vom Unbewusstsein durch das Bewusstwerden zum Bewusstsein, und dies nun ist die Aufgabe der

Vorbereitungsschule, der Schlussstein des Kindergartens ist, wie ausgesprochen, dazu die erste Stufe" (Fröbel 1965, S. 125).
Die Bildungstheorie Fröbels ist immanent nicht nur eine wichtige Grundlage der Kinderpsychologie des ausgehenden 19. Jahrhunderts, sondern auch ein Vorläufer der Eingangsstufe.

## 1.2 Kinderpsychologie und Entwicklungspsychologie

Pestalozzi und Fröbel hatten für ihre Bildungskonzepte bereits einen immanenten Entwicklungsbegriff, der freilich vorwiegend als „die Natur des Menschen" aufgefasst und erklärt, aber nicht näher beschrieben wurde. Die Kinderpsychologie des ausgehenden 19. Jahrhunderts konnte allerdings bald zwingende und detaillierte Gründe für eine psychologische Fundierung der Bildungsarbeit aufbringen. Von den engagierten Reformpädagogen griffen vor allem Maria Montessori und Rudolf Steiner auf eine anthropologische Begründung ihrer Reformkonzepte zurück.

*Reformpädagogische Entwicklungskonzepte*
Montessori, die ihre Erkenntnisse und Einsichten aufgrund einfühlender Beobachtung von Kindern gewinnt, sieht folgende Faktoren, welche die Entfaltung des kindlichen Individuums bestimmen: Ein psychophysisch relativ konstantes Grundgefüge, einen immanenten individuellen Bauplan, zweitens eine aktive Eigenleistung selbstschöpferischer Bildungstätigkeit und schließlich die sachliche („Gegenstände", Bildungsinhalte) und soziale (Personen, andere Kinder und Erzieher) Umwelt (Kratochwil 1996, S. 1068).
Rudolf Steiner erforscht in seiner Menschkunde die Entwicklung des Ichs. In drei Jahrsiebenten vervollkommnet sich der Mensch im leiblichen (1. Jahrsiebt), im seelisch-emotionalen (2. Jahrsiebt) und im geistig-kognitiven Bereich (3. Jahrsiebt) (Richter 1996, S. 1520; Wyneken 1995, S. 177). Allerdings markieren die einzelnen Phasen Schwerpunkte der Entwicklung, niemals Ausschließlichkeiten. Damit werden gleichzeitig Schwerpunkte der Bildungsarbeit gesetzt.

*Entwicklungspsychologie*
Ging es den beiden Pädagogen noch um eine anthropologisch-psychologische Begründung ihrer neuen Unterrichtsmethoden, so bildete sich zu Anfang des 20. Jahrhundert bald eine weitgehend unabhängige Psychologie der menschlichen Entwicklung heraus, welche die Kinderpsychologie der vergangenen Jahrzehnte präzisierte, spezialisierte und weiterentwickelte. Bei der Entwick-

lung geht es immer um die Veränderung des menschlichen Verhaltens im Zeitkontinuum. Dabei stehen die nachfolgenden Fragen im Mittelpunkt:

1. Welches sind Impulse bzw. „Motoren“, auch Bedingungen der Veränderungen?
2. Wie lassen sich die Veränderungen in Phasen, Entwicklungsstadien beschreiben und erklären?
3. Wie hängen die einzelnen psychischen Bereiche zusammen? (Die Frage nach den Bedingungen der Gesamtentwicklung einer Person)
4. Lassen sich (und wie) einzelne Entwicklungsphasen auf Lebensalter fixieren?

Die endogenistische Position stand dabei in den 1920er Jahren im Vordergrund, d.h. die Impulse zur Veränderung sind endogen, sie sind im Organismus als das biologische Erbe lokalisiert; damit besteht Entwicklung vorwiegend aus Reifungsprozessen (Keller 1993, S. 31). In Deutschland vertrat diese Position Oswald Kroh (1928) in den USA Arnold Gesell (1940).
Die Gegenposition behauptet vor dem Hintergrund klassischer und operanter Konditionierung die Impulse der Entwicklung unterlägen (nahezu ausschließlich) exogener Determination. Watson behauptet gar, aus gesunden Kindern ließe sich alles machen ohne Rücksicht auf Talente, Fähigkeiten und Herkunft (Watson 1930; Keller 1992, 32).

*Piagets Ansatz*
Eine vermittelnde Position kommt erst viel später: Weder bei endogenistischen noch bei exogenistischen Position spielt das sich entwickelnde Individuum eine tätige Rolle. Erst bei Piaget wird Entwicklung als kognitiver Konstruktionsprozess gesehen. Insbesondere Denkstrukturen entwickeln sich danach in ständiger handelnder Auseinandersetzung mit der Umwelt. Diese Auseinandersetzung vollzieht sich durch die Einpassung von Außenweltgegebenheiten in bereits vorhandene Denkschemata (Assimilation) und durch Umgestaltung der eigenen Denkstrukturen an die Erfordernisse der Umwelt (Akkomodation).

*Stadien der Entwicklung*
Alle Entwicklungstheorien beschreiben Stadien der kindlichen Entwicklung. O. Kroh hat das schon sehr früh versucht (1928) Er gliedert die Jugendentwicklung in drei Hauptstufen:

- Die *frühe Kindheit* (bis einschließlich viertem Lebensjahr),
- die *Schulkindheit,* schulfähige Kindheit genannt (bis zum achten Lebensjahr) und
- die *Reifezeit.*

Kern hat diese Phasenlehre von Kroh weiterentwickelt und auf das Schulanfangsproblem angewendet. Sein Ausgangspunkt war allerdings zunächst das Sitzenbleiberelend. Kinder, die am Schulanfang scheitern, so seine Ausgangsthese, sind nicht etwa zu wenig intelligent (was man bislang angenommen hatte), sondern sie besitzen noch nicht die für die schulischen Anforderungen nötige Reife. Seine Ausgangsthese lautet daher:
„Jedes Kind, extrem schwache Begabungen ausgenommen, erreicht im Laufe seiner Entwicklung einmal die Entwicklungsphase, der jenes Leistungsgefüge zugeordnet ist, das als Voraussetzung für ein erfolgreiches Durchlaufen der Schule angesetzt werden muss. Das eine Kind kommt lediglich früher, das andere später zu diesem Entwicklungspunkt. Insofern ist die schulische Leistung primär von der Entwicklung abhängig."
Kern folgert daraus:
„Wenn wir mit der Einschulung eines Kindes warteten, bis es den geforderten Entwicklungspunkt erreicht hätte, dann wäre jedem Kind ein leichtes und erfolgreiches Beschreiten und Durchschreiten der Schullaufbahn möglich" (Kern 1954, S. 67).
Kern interessiert sich vor allem für die Stufe der Schulkindheit. Trotz der Bezeichnung Schulkindheit ist das Kind am Anfang dieser Entwicklungsstufe nicht schulreif. Schulfähige Kindheit meint vielmehr: Das Kind erlangt im Laufe seiner Entwicklung in den nächsten drei bis vier Jahren die Schulreife. Kern seinerseits teilt diese Stufe in drei Phasen ein:

- Frühstadium
- Mittelstadium
- Spätstadium

Bereits im Frühstadium zeigt das Kind gegenüber der vorangegangenen Stufe eine veränderte Wahrnehmung der Welt. Es ist nun in der Lage, Vorgänge außerhalb des Ichs von seiner eigenen Person zu trennen. Außerdem ist ihm eine Unterscheidung zwischen Wahrnehmung und Fühlen möglich. Die Wirklichkeit erfährt dadurch eine außerordentliche Verfeinerung: Formen, Farben und Größen finden Beachtung, die Aufträge anderer können ausgeführt werden. Außerdem ist zu bemerken, dass die Erfahrungen des Kindes in dieser Phase an Zusammenhang gewinnen. Ein Indiz dafür ist, dass der Mensch auch im erwachsenen Leben noch nachweisbare Erinnerungen an diese Zeit hat.
Im Spätstadium entwickelt sich vor allem das Denken weiter. Es entfaltet sich die Fähigkeit, Formen differenziert wahrzunehmen, Teile aus dem Ganzen herauszuheben, und komplexe Gestalten aufzugliedern.

Im mittleren Stadium zeigt diese Stufe einen mittleren Grad an Entwickeltheit, der nicht genau abgegrenzt werden kann. Die Stufe der Schulkindheit ist durch eine krisenhafte Diskontinuität (Trotzalter) erreicht worden. Innerhalb der Stufe aber entfaltet sich lediglich eine zunehmende Ausdifferenzierung des geistigen und seelischen Potenzials, hingegen keine grundsätzliche Veränderung in der Orientierung. Dennoch ist dieser Grad an Ausdifferenzierung für die Schulreife von entscheidender Bedeutung. Betrachtet man nämlich die schulischen Anforderungen gerade im ersten Schuljahr (Kern hat dies in einer eingehenden Analyse getan), so kommt man zu dem Schluss, dass nur Kinder im Spätstadium der Entwicklungsstufe schulischen Anforderungen genügen. Sie sind im Sinne von Kern schulreif. Er fasst zusammen:
„Das Kind des Spätstadiums ist in der Weise schulreif, dass es mit großer Wahrscheinlichkeit die oberste Schullaufbahn (mit den Noten um zwei) durchlaufen wird;
das Kind des Mittelstadiums in der Weise, dass es voraussichtlich die mittlere Schulbahn (Noten mit drei) durchlaufen wird;
das Kind des Frühstadiums in der Weise, dass es voraussichtlich gar nicht, oder nur mit großer Mühe die tiefste Laufbahn (mit Noten um vier) einhalten kann“ (Kern 1954, S. 71).

*Artur Kern – Verdienst und Kritik*

Wenngleich die entwicklungspsychologischen Konzepte heute keine Gültigkeit mehr besitzen und widerlegt sind, so muss dennoch Arthur Kern als ein besonderer Meilenstein in der Schulanfangsdiskussion angesehen werden. Denn zum ersten Mal wird der Schulanfang in seiner Besonderheit und Schlüsselstellung für die Schullaufbahn herausgestellt und damit pädagogisch und bildungspolitisch mit besonderer Aufmerksamkeit bedacht. Mehr noch: Er ist abhängig von den jeweiligen Entwicklungstheorien.

Außerdem tritt die pädagogisch-psychologische Forschung mit Arthur Kern in eine neue Interdependenz zur Bildungspolitik: Forschungsergebnisse werden zur Grundlage bildungspolitischer Entscheidungen gemacht.

Von zentralem Interesse bleibt indes der pädagogische Zusammenhang seiner Aussagen. So gilt seit Kern, dass der Entwicklungsstand des Kindes (und nicht etwa das Lebensalter oder die Intelligenz) für die schulischen Anforderungen bei Schulbeginn besonders zu beachten ist. Es bleibt sein Verdienst, schulisches Lernen an Voraussetzungen geknüpft und den Versuch unternommen zu haben, diese Voraussetzungen auch zu benennen.

Ein weiterer wichtiger Gesichtspunkt bleibt: Der Entwicklungs- und Lernstand von Schulneulingen lassen sich ermitteln; und: Testergebnisse sind

wichtige Grundlagen für pädagogische und auch für schulorganisatorische Maßnahmen.
Kein Zweifel: Kern hat die Diskussion um den Schulanfang in den entscheidenden Punkten angestoßen. Er hat die Entwicklungspsychologie zur Grundlage für die pädagogische Argumentation gemacht und damit auch die bildungspolitischen Entscheidungen unter diese Voraussetzungen gestellt. Seit Kern sprechen wir nicht nur vom *Entwicklungsalter* eines Kindes, es wird zum Hauptkriterium für den Schuleintritt. Zum ersten Mal wurden bildungspolitische Maßnahmen auf der Grundlage von wissenschaftlichen Befunden getroffen.

## 1.3 Die Einschulung in der Bundesrepublik

Für Kern bestand das Einschulungsproblem noch darin, dass einer Reihe von Kindern der Schulerfolg versagt blieb (Sitzenbleiberelend!). Er löste dieses Problem, indem er schulunreifen Kindern eine „Nachreife" empfahl. Dieser Vorschlag wurde von Bildungspolitik aufgegriffen und in eine schulgesetzliche Maßnahme übergeführt:
In den fünfziger und sechziger Jahren konnten Kinder für ein Jahr vom Schulbesuch zurückgestellt werden, wenn sie den von A. Kern entwickelten Grundleistungstest nicht bestanden. Mehr als ein Jahrzehnt wurden so Schulneulinge auf das nächste Jahr vertröstet und wieder nach Haus geschickt.

*Erstmals: Förderung im Vorschulbereich*
Die Kritik entzündete sich zunächst an der Folgerung Kerns, nämlich zurückgestellte Kinder sich selbst zu überlassen. Das rief die Kritiker schon relativ früh auf den Plan. So wandte beispielsweise Hildegard Hetzer (erstmals 1953; 1970) ein, das noch schulunreife Kind erhielte bei aller Unreife für die schulische Erziehung vielfach durch den Schulbesuch ein Mehr an Förderung als durch das Verbleiben außerhalb der Schule (Hetzer 1970, S. 18). Der Widerspruch in dieser Frage geht auf unterschiedliche entwicklungspsychologische Grundpositionen zurückt. Kern, ganz Vertreter eines biologischen Entwicklungsmodells, geht von relativ stabilen Entwicklungsstufen aus, während sich Hetzers Argumentation bereits an sozialisationstheoretischen Positionen orientiert.
Damit freilich tritt eine entscheidende Wende in der Beurteilung von Entwicklungsvorgängen ein: Erziehen und Unterrichten sind keine Aktivitäten, die *die Entwicklung begleiten*, wie das im Übrigen nicht nur auf der Grundlage älterer Entwicklungspsychologien, sondern schon weit vorher in einer an

der Natur orientierten Erziehung angenommen wurde, Erziehung und Unterrichten sind vielmehr entscheidende, *die Entwicklung beeinflussende und prägende Faktoren.*

Wenn man allerdings Entwicklungsverläufe beeinflussen kann, besteht die bildungspolitische und moralische Notwendigkeit, entsprechende Maßnahmen zu ergreifen bzw. entsprechende Einrichtungen zu schaffen.

Fortan wurden die Weichen neu gestellt: Initiiert durch entsprechende Aktivitäten in den Vereinigten Staaten wurden auch in Deutschland Forderungen nach einer umfassenden Vorschulerziehung laut. Vorschulerziehung als Begriff stammt direkt aus dem amerikanischen (preschool education). Immer stärker wurden daraus organisierte Lernprozesse zwischen dem 4. und 6. Lebensjahr. Neben der familienergänzenden Funktion ging es dabei um die grundlegende Voraussetzung für eine künftig anspruchsvoller zu gestaltende Schullaufbahn (Hierdeis 1996, S. 1502).

Schon die Kritiker Kerns hatten ja gezielte und organisierte Lernprozesse in der Zeit vor Schulbeginn gefordert und damit jene Voraussetzungen schaffen wollen, die zu einem erfolgreichen Schulstart notwendig sind.

Die entscheidende Frage war deshalb sehr bald nicht mehr, ob Frühförderung notwendig sei, sondern, ob sie möglich und unter welchen organisatorischen und institutionellen Rahmenbedingungen sie durchgeführt werden kann.

In den reifungsorientierten Entwicklungsansätzen früherer Zeiten war das genetische Potenzial als bestimmender Faktor auch für Intelligenz und Begabung angenommen worden. Allmählich aber gewannen bei der Erklärung von Entwicklung und der Genese von psychischen Verhaltensmerkmalen milieutheoretische Modelle die Oberhand (Retter 1975, S. 14). Nicht bestimmte Erbanlagen, sondern vorgängige Lernerfahrungen werden fortan als die entscheidenden Faktoren für Begabung und Schulerfolg angesehen:

„Heute erkennt man mehr als je die Bedeutung der kumulativen Wirkung früherer Lernerfahrungen, die Bedeutung der sachstrukturell richtigen Abfolge der Lernprozesse, die Entwicklung effektiver Lernstrategien, kurz: die Abhängigkeit aller Lernprozesse von Sozialisations- und Lehrprozessen" (Roth, H. 1969, S. 22).

Entscheidend für die veränderte Lern- und Entwicklungsauffassung waren psychologische und sozialisationstheoretische Annahmen sowie empirische Forschungsergebnisse aus Amerika. Zwei Namen tauchen in diesem Zusammenhang immer wieder auf: *Jerome Bruner* und *Benjamin Bloom*.

Beide widerlegen die bis dahin in Westdeutschland weit verbreitete nativistische Begabungstheorie. Begabung ist gerade in den ersten Lebensjahren hoch flexibel und wird entscheidend durch das soziokulturelle Milieu und deren immanente Förderung geprägt. Die menschliche Intelligenz ist beeinflussbar, am meisten in den Jahren vor Schuleintritt. Deshalb wurde auch in der deutschen Diskussion die Forderung nach einer institutionell organisierten Frühförderung übernommen.

*Forschungs- und Versuchsergebnisse als Beweis*
Wie wirken sich gezielte Fördermaßnahmen im Vorschulalter auf den Schulstart und den Schulerfolg aus? Ein besserer Schulstart und ein nachhaltiger Schulerfolg sollten nicht etwa nur angenommen bzw. behauptet, sondern durch kontrollierte empirische Forschung nachgewiesen werden. In Amerika wurde bereits in den 1960er Jahren diese Frage in Forschungsprojekten untersucht. Stellvertretend für viele andere Projekte soll hier auf das Ypsilante-Perry-Vorschulprojekt eingegangen werden, weil es zum einen nach strengen empirischen Standards durchgeführt wurde und im Wesentlichen die Ergebnisse anderer Projekte bestätigt. Seine Ergebnisse wurden später generalisiert und als Aussagen über die Wirksamkeit vorschulischer Lernprozesse allgemein anerkannt.
Die Ergebnisse umfassen vier Punkte:

1. Die Versuchsgruppe ist der Kontrollgruppe zwar überlegen, diese Überlegenheit gleicht sich jedoch bis zum Ende des zweiten Schuljahres wieder aus.
2. Die Kinder der Versuchsgruppe wiesen in den ersten drei Grundschuljahren bessere Leistungswerte auf.
3. Die Kinder der Versuchsgruppe wurden von ihren Lehrer(innen) in ihren intellektuellen, emotionalen und sozialen Entwicklungen besser eingeschätzt.
4. Unabhängig von den Intelligenz- und Leistungsunterschieden werden die Kinder der Versuchsgruppe von der Schule anders behandelt als die Kinder der Kontrollgruppe (Weikart 1975, S. 492/493).

Wenngleich die Erwartungen hinsichtlich der Dauer und des Ausmaßes einer Steigerung der Intelligenz nicht erfüllt werden konnten, so sind doch gerade beim Schulanfang diese Kinder erfolgreicher, was sich auch in einer höheren emotionalen Stabilität ausdrückt. Förderung zeigt zwar Wirkung, aber die Effekte schwinden wieder, wenn die ständigen zusätzlichen Anregungen ausbleiben. Zu einer grundsätzlichen Veränderung des Lernhabitus ist es offenbar nicht gekommen. Insofern bleibt offen, ob eine Verbesserung des Fördercurriculums nachhaltigere Erträge erbringt oder, wozu spätere Auffassungen neigen, ob die Fördermöglichkeiten nicht doch einer gewissen genetischen Begrenzung unterliegen.

Was nicht übersehen werden darf: Die anregende Umgebung muss auf ein anregungsbedürftiges Kind treffen. Derartige Dispositionen aber werden sehr früh geschaffen. Eine gewisse grundlegende Neugierde kann bereits als genetische Vorgabe angenommen werden.

*Der Strukturplan als Strukturveränderung*

Trotzdem setzte sich bei uns die Auffassung durch, Vorschulförderung bedürfe sowohl eines didaktischen Rahmens als auch fester organisatorischer und institutioneller Formen. Schon im Gutachten von Heinrich Roth sind ja Vorschläge zu einer Veränderung der Schulstruktur angedeutet worden. Und der Strukturplan für das Bildungswesen (1970) sowie der Bildungsbericht 70 der Bundesregierung erheben institutionelle Formen der Vorschulerziehung ebenso zum Programm wie der Bildungsgesamtplan der Bund-Länder-Kommission für Bildungsplanung, der 1973 folgte. Das Einschulungsalter sollte um ein Jahr vorverlegt werden.

Damit wird in die bestehende Struktur von Vorschuleinrichtungen und Primarbereich eingegriffen. In dieser Zeit werden vor allem strukturelle Lösungen favorisiert und die Zielrichtung war eindeutig: Der Bereich unmittelbar vor Schulbeginn soll verstärkt schulvorbereitenden Charakter haben. Vor dem Hintergrund entwicklungs- und lerntheoretischer Erkenntnisse sollen bisherige Einrichtungen durch Organisationsformen ersetzt werden, welche die Lernfähigkeit der Vorschulkinder angemessener zu fordern in der Lage sind (Fried, L. 1991, S. 603).

Allerdings war die Zuordnung der Fünfjährigen nicht einfach. Im Strukturplan für das Bildungswesen wird die flexible Eingangsstufe für die Fünf- und Sechsjährigen favorisiert. Damit werden die Fünfjährigen dem Primarbereich zugeordnet. Auf eine Gefahr wird dabei von Anfang an hingewiesen:

„Um der Gefahr vorzubeugen, dass die Grundschule in ihrer gegenwärtigen Form lediglich nach unten ausgedehnt wird, muss der Einführung des frühen Schuleintrittsalters die Veränderung der Stufung, Inhalt und Lehrverfahren im Primarbereich vorausgehen“ (Strukturplan 1970, S. 123).

Was 1920 der Grundschule zugedacht war, sollte nun die Eingangsstufe leisten:

„In der Eingangsstufe kommt es mehr noch als in allen anderen Stufen darauf an, diejenigen unterschiedlichen Lernvoraussetzungen zu beachten, die sich aus der Herkunft der Kinder ergeben. Während der zwei Jahre der Eingangsstufe sollte durch gezielte Förderung ein Abbau dieser Unterschiede im Sinne einer größeren Vergleichbarkeit der Lernvoraussetzungen für neu zu formu-

lierende Lernziele erreicht werden, die alle Kinder vor eine neue Lernsituation stellen" (Strukturplan 1970, S. 129).
Die Mängel, die ausgeglichen werden sollen, werden nachfolgend aufgelistet:
„Die Mängel in den Lernvoraussetzungen, die erkannt und erforscht worden sind, beziehen sich vor allem auf die geringere analytische Gliederungsfähigkeit in der Wahrnehmung, die wenig ausgeprägte Lernmotivation, die unterentwickelte Sprachfähigkeit und den Selbständigkeitsgrad der Kinder sowie auf emotionale und soziale Verhaltensstörungen. Damit in Zusammenhang muss das Ziel dieser Stufe darin gesehen werden, bei allen Kindern ein höheres Maß von Lernfähigkeit und -bereitschaft zu entwickeln, um alle auf die neuen sachlichen Anforderungen der Grundstufe angemessen vorzubereiten" (Strukturplan 1970, S. 129).
Der Bildungsrat hat eine solche Zuordnung der Fünfjährigen zum Primarbereich vor allem mit einer Erleichterung des Übergangs zum schulischen Lernen begründet:
„Das Ziel, alle Fünfjährigen, durch eine vorverlegte Bildungspflicht in eine institutionelle Förderung aufzunehmen, lässt sich durch eine Zuordnung der Fünfjährigen zur Schule erreichen. Ein isoliertes Jahr der Frühförderung für Fünfjährige, dessen Bildungsarbeiten nicht in engem Zusammenhang mit dem darauf folgenden Schuljahr stünden, würde insbesondere das Problem der Einschulung und des Anfangsunterrichts nicht zufrieden stellend lösen können.
Die Bildungskommission legt größtes Gewicht darauf, dass der Übergang vom nichtschulischen zum schulischen Lernen in der Eingangsstufe als eine besondere pädagogische Aufgabe gesehen wird" (Strukturplan 1970, S. 20/22).

*Versuche zur angemessenen Frühförderung*

Die letzte Anmerkung ist eine frühere Stellungnahme. Inzwischen war nämlich ein Streit über angemessene Frühförderung entbrannt. Einzelne Länder hatten damit begonnen, in Versuchsschulen Vorschulklassen einzurichten und parallel dazu Modellversuche in Kindergärten veranlasst. Die 1970er Jahre waren überhaupt ein Jahrzehnt ganz unterschiedlicher Modellversuche in verschiedenen Institutionen, die erst allmählich koordiniert wurden.
Federführend wurde dabei 1973 die Bund-Länder-Kommission für Bildungsplanung, die herausfinden sollte, welche Institution eine vorschulische Förderung am besten und effektivsten zu leisten imstande sein würde.

Die Kommission legte 1976 ihren Bericht vor. Das Ergebnis geht aber schließlich doch über diese ursprüngliche Zielsetzung hinaus, ist differenzierter und enthält mehr als den ursprünglichen Auftrag:
„Die Auswertung der bisherigen Modellversuche hat als wichtigstes Ergebnis erbracht, dass für eine einheitliche organisatorische Zuordnung der Fünfjährigen entweder zum Elementarbereich oder zum Primarbereich keine klaren Anhaltspunkte bestehen. Es zeichnet sich ab, dass der Besuch einer vorschulischen Einrichtung für die Förderung der Gesamtpersönlichkeit bedeutsamer ist als der Besuch einer bestimmten Art vorschulischer Einrichtung. Während der Bildungsgesamtplan eine Entscheidung über die Zuordnung entweder zum Elementarbereich oder zum Primarbereich anstrebt, zeigen die Ergebnisse der Auswertung, dass eine verbesserte pädagogische Förderung sowohl im Elementarbereich als auch im Primarbereich möglich ist" (Bund-Länder-Kommission 1976, S. 7).
Die weiteren Ausführungen sind keine Ergebnisse, sondern eher Folgerungen:
„Entscheidendes Kriterium für die organisatorische Ausgestaltung sollte daher sein, einen gleitenden Übergang vom Elementarbereich in den Primarbereich zu sichern. Es ist anzustreben, dass alle Fünfjährigen unter vergleichbaren Bedingungen pädagogisch gefördert werden" (Bund-Länder-Kommission 1976, S. 7).
Auf der Basis dieser Ergebnisse ließ sich im Jahre 1976 eine Vorverlegung des Schuleintrittsalters um ein Jahr nicht mehr rechtfertigen. Die Einführung der flexiblen Eingangsstufe fand somit nicht statt. Die Annahme, die Vorbereitung auf die Schule erfolge am besten und am sichersten in einer nach unten erweiterten Schule, konnte zwar nicht widerlegt, aber eben auch nicht bestätigt werden. Ganz abgesehen davon, dass die Neigung zu strukturellen Lösungen zu diesem Zeitpunkt schon wieder im Schwinden begriffen war, hatten sich doch auch die Kindergärten geändert und auf die neuen bildungspolitischen Erfordernisse eingestellt.
Bei ihren Recherchen um die bestmögliche Förderung entdeckte die Kommission ein Problem, das zwar von einer adäquaten Förderung nicht abzutrennen ist, das aber nicht Bestandteil ihrer ursprünglichen Zielsetzung war, nämlich die Frage: Wie kann Kontinuität an den Nahtstellen der Bildungsstufen gesichert werden? Und: Wie können Brüche vermieden werden? Ob derlei Fragen durch Veränderungen der Schulstruktur zu beantworten sind, etwa durch eine Reaktivierung des Gedankens einer Übergangsschule (wie sie Fröbel gefordert hatte), ist in dem Bericht der Kommission nicht zum Gegenstand gemacht worden. Sie hat sich als Empfehlungsinstanz präsentiert

und formuliert am Ende des Berichts eine Auffassung, die für die weitere Übergangsdiskussion richtungweisend wurde (und deshalb ausführlicher zitiert werden muss):

„Der Übergang in den schulischen Bereich vollzieht sich bei den Vorklassen und Eingangsstufen im fünften, beim Kindergarten im sechsten Lebensjahr. Um den im Bildungsgesamtplan geforderten gleitenden Übergang zu ermöglichen, muss ein Erziehungszusammenhang zwischen den beiden Bereichen geschaffen werden. Dieser Erziehungszusammenhang könnte durch folgende Maßnahmen erreicht werden:

*Sicherung der Kontinuität der Inhalte und Vermittlungsformen*

Auch bei einem offenen Curriculum, das in der Form des Spiels und des spielenden Lernens die Kinder fördert, sollte für den Bereich der Fünfjährigen unabhängig von ihrer institutionellen Zuordnung ein Grundkonsens erreicht werden. In einem allmählich zu entwickelnden und zu erprobenden umfassenden didaktischen Angebot sollten Kindergärten, Vorklassen und die E-1-Klassen der Eingangsstufen in eigener Entscheidung, bezogen auf ihre jeweilige pädagogische Situation, eine Auswahl treffen können. Trotz aller Offenheit des pädagogischen Angebots, für das eigenes Material entwickelt und aus dem kommerziell angebotenen Material kritisch ausgewählt wird, sollten die Fünfjährigen beim Eintritt in das erste Schuljahr bzw. beim Übergang in die E-2 einen möglichst ausgeglichenen Entwicklungsstand aufweisen. Die zuständigen obersten Landesbehörden sollten bei der Erstellung von Empfehlungen und Richtlinien eng zusammenarbeiten. Dabei sollten solche Spiel-, Lern-, Arbeits- und Informationsmaterialien für die Kinder, das Personal und die Eltern abgestimmt und bereitgestellt werden, die sowohl im Kindergarten- als auch im Grundschulbereich eingesetzt werden können. Der gezielten Förderung auffälliger, benachteiligter und behinderter Kinder kommt in diesem Zusammenhang eine besondere Bedeutung zu.

Die Lehrpläne der Grundschule sollten künftig die pädagogische Arbeit bei den Drei- und Vierjährigen, insbesondere aber bei den Fünfjährigen stärker als bisher berücksichtigen. Der Übergang vom spielenden zum lehrgangsbezogenen Lernen sollte stärker in den Grundschulbereich verlagert werden.

*Sicherung der Kontinuität im Personalbereich*

Eine personelle Kontinuität zwischen dem Elementarbereich und dem schulischen Bereich sollte bei den Fünfjährigen dadurch gesichert sein, dass neben Erziehern und Sozialpädagogen auch Lehrer bei der praktischen Arbeit in Einrichtungen beider Bereiche zusammenwirken, durch eine geregelte gemeinsame Fortbildung von Lehrern, Sozialpädagogen und Erziehern an die pädagogische und didaktische Konzeption abgestimmt werden.

*Sicherung der Kontinuität durch Eltern- und Gemeinwesenarbeit*
Die Zusammenarbeit mit den Eltern ist in der Weise zu intensivieren, dass die pädagogische Arbeit mit den Fünfjährigen im Hinblick auf den Übergang zwischen Eltern und Pädagogen immer neu erörtert wird. Insbesondere sollten die Eltern sich überzeugen können, dass nicht lehrgangsbezogene und systematisierte Lerninhalte und leistungsbezogene Arbeitsformen der Grundschule bei der pädagogischen Arbeit mit Fünfjährigen betont werden. Durch gemeinsame Beratungen von Pädagogen und Eltern soll auch der sozialpädagogische Aspekt der Erziehungsarbeit bei den Fünfjährigen im Einzelnen abgestimmt werden. Außerdem sollten Angebote für Fünfjährige – zumindest in Wohngebieten mit benachteiligter Bevölkerung – in die Gemeinwesenarbeit einbezogen werden“ (Bund-Länder-Kommission 1976, S. 76/77).
In der Folgezeit (Ende der 1970er bis Anfang der 1980er Jahre) wurden zwei für die nächsten fünfzehn Jahre wichtige bildungspolitische bzw. administrative Maßnahmen getroffen: Nahezu alle Bildungsministerien erließen Empfehlungen zur Zusammenarbeit zwischen Kindergarten und Grundschule, die eine Kontinuität zwischen den Institutionen sichern sollten In den meisten Bundesländern wurden schulvorbereitende Einrichtungen geschaffen, die das Fähigkeitspotenzial bislang schulunfähiger Kinder steigern sollten, um so einen erfolgreichen Schulstart zu ermöglichen. Über beide Maßnahmen soll später noch ausführlich berichtet werden. (siehe Kapitel 2 und 5)

## 1.4 Die Entwicklung in der DDR

In der DDR, bzw. in der SBZ vor Gründung der DDR, verlief die fachliche Diskussion ganz ähnlich: Zunächst wurde eine Reifungstheorie favorisiert, die sich zwar nicht expressis verbis an Kern orientierte, in den Lösungsstrategien des Einschulungsverfahren aber ganz ähnlich verfuhr, bis sich – auf der Grundlage der psychologischen Tätigkeitstheorie – eine frühförderungsorientierte Einschulungsstrategie durchsetzte. Verständlicherweise gab es keine lange Reformdiskussionen wie in der Bundesrepublik im Anschluss an den Strukturplan, sondern es erfolgte eine gezielte Reform des Kindergartens, der schon sehr früh (1946!) Teil des Bildungssystems wurde. In dem entsprechenden Gesetz heißt es:
„Der Kindergarten gilt als vorschulische Erziehungseinrichtung. Er hat die Aufgabe, die Kinder zur Schulreife zu führen“ (§3; Reyer 2006, S. 184).

Diese Aufgabe wurde in den vierzig Jahren des Bestehens der DDR immer weiter präzisiert. Sie hieß in einer Verordnung von 1983 beispielsweise:
„Aufgabe des Kindergartens ist es, eine harmonische körperliche, geistige und sprachliche Entwicklung des Kinder zu gewährleisten, moralische und ästhetische Gefühle und Einstellungen zu entwickeln, sozialistische Charaktereigenschaften und Willensqualitäten zu formen, die Kinder zur Selbständigkeit, Ordnung und Disziplin zu erziehen und damit gut auf das Leben und Lernen in der Schule vorzubereiten“ (Das Bildungswesen der DDR 1983, S. 34; zit. nach Geiling 1999, S. 177; Reyer 2006, S. 186).
Die Beurteilung des DDR-Kindergarten ging nach der Wende 1989 weit auseinander: Außenstehende (vor allem aus dem Westen) beurteilten ihn von seinen ideologischen Grundlagen her, „Insider“ (die ihn als Kinder oder Eltern erlebt hatten) kamen zu ganz anderen Urteilen und zeichnen ein durchwegs positives Bild.
Aus der Perspektive des Übergangs ist zu sagen, dass die Anschlussfähigkeit von Kindergarten und Grundschule vorwiegend durch schrittweise Reformen des Kindergarten erreicht wurden, dazu gehört vor allem auch die inhaltliche und organisatorische Angleichung an des Schulsystem mit seinen Fächern und Jahrgangsklassen.
In der Gegenüberstellung von BRD und DDR sieht die Entwicklung so aus:

| | **Konzeptionelle Gestaltung des Schulanfangs in der alten Bundesrepublik** | **Konzeptionelle Gestaltung des Schulanfangs in der DDR** |
|---|---|---|
| um 1920 | Einschulung (fast) aller Kinder gleichen Alters in die neue Schulform Grundschule<br>Einschulung aller Kinder | |
| 1933 bis 1945 | Kritik demokratischer Gleichheitsrechte<br>Ziel: Schulverbot für behinderte und andere Kinder | |
| um 1950 | „Schulreife" als Kriterium der Einschulung soll abgewartet werden<br>Einschulung nach „Reife" und Abwarten | |
| um 1970 | „Schulfähigkeit" soll durch vorschulische Förderung erreicht werden<br>*Herstellung der Schulfähigkeit durch Förderung* | „Schulfähigkeit" als Konstrukt der tätigkeitsorientierten Entwicklungspsychologie soll vorwiegend durch Aneignungsprozesse entsprechend dem Bildungs- und Erziehungsplan der Kindergartenordnung erreicht werden<br>*Herstellung der Schullfähigkeit durch Frühförderung im Kindergarten* |
| ab 1980 | Das ökosystemische Wissen um Kind-Umfeld-Relationen strebt Passung für eine heterogene Schülerschaft auf Seite der Schule an.<br>*Herstellung der Schulfähigkeit durch Förderung in schulvorbereitenden Einrichtungen* | Innerhalb des Tätigkeitskontexts wird die Schulvorbereitung im Kindergarten als Hauptstrategie, die kindgerechte und differenzierte Anforderungsgestaltung des Anfangsunterrichts als Sekundärstrategie postuliert<br>*Intensivierung der Frühförderung im Kindergarten* |
| ab 1990 | Sozialökologisches Denken betont die Wechselwirkungen der Kind-Umwelt-Relation. Schulanfang ohne Auslese wird zum Ziel. Anfangsunterricht soll integrativ mit heterogenen Gruppen arbeiten und Schulfähigkeit selbst herstellen.<br>*Versuchte Anpassung von Vorschul- und Grundschulsystem; vertiefte Kooperation und „Herstellung der Schulfähigkeit" in der Grundschule.* | |

**Tab. 2:** Übergang und Schulanfang im Vergleich (in abgewandelter Form nach Geiling 1999, S. 166)

## 1.5 Neuere theoretische Erklärungsmodelle

Die Diskussion um die Anschlussfähigkeit war zwar vorwiegend auf die Lösung (oder Reduzierung) praktischer und schulorganisatorischer Probleme gerichtet. Es gab aber immer auch, und zwar nicht nur immanent, sondern auch explizit, Ansätze einer wissenschaftlichen Erklärung und Begründung. Schon bei Artur Kern lässt sich das nachweisen. Exemplarisch sollen nur einige für das historische Verständnis von Anschlussfähigkeit, Übergang und Kontinuität zentrale theoretische Ansätze vorgestellt werden, die jeweils einen andern Ausgangspunkt wählten, und damit sowohl das Verständnis des Problems als auch die daraus resultierenden bildungspolitischen und bildungsorganisatorischen Maßnahmen prägten. Der erste beschreibt Bildungsinstitutionen als Sozialisationsagenturen, in deren unterschiedliche Strukturen und Verhaltensmuster die Individuen jeweils eingeführt werden müssen. Er hat praktisch keine Bedeutung mehr, wird aber aus historischen Gründen aufgeführt. Ein zweiter setzt bei den Merkmalen kindlicher Entwicklung an und hält die Umweltbedingungen der einzelnen Einrichtungen für prinzipiell gestaltbar, beschreibt also die Anpassungsleistungen der kindlichen Umgebung zur Erreichung der Anschlussfähigkeit. Ein dritter stellt eine Weiterentwicklung des zweiten dar und der vierte versteht sich als zusätzliche Maßnahme, Kinder darin zu stärken, Übergänge zu meistern.

### 1.5.1 Sozialisationstheoretischer Ansatz

Der Ausgangspunkt ist hier die Annahme, Familie, Kindergarten und Schule seien organisatorische und kulturelle Systeme mit jeweils eigenen Interaktions- und Kommunikationsmustern, mit unterschiedlichem Rollenrepertoire und Verhaltensweisen. Kinder wie Erwachsene handeln nach Mustern sozialer Rollen, die kulturspezifisch vorgegeben sind (Zimmer u.a. 1977, S. 272).
Übergangs- und Anschlussprobleme beschreiben, heißt in diesem Zusammenhang: Die institutionsspezifischen Strukturen und damit die konfligierenden Verhaltensanforderungen sind zu identifizieren. Für Plake sind die Unterschiede zwischen den Institutionen Familie und Schule so gravierend, dass es zwangsläufig zu einem strukturell bedingten Konflikt kommen muss, den er als *strukturellen Sozialisationskonflikt* bezeichnet:
„Während die Schule immer stärker in den Bereich der Öffentlichkeit integriert wurde und zusätzliche Funktionen übernahm, ist die Familie umgekehrt durch Desintegration und Funktionsverlust gekennzeichnet. Dementsprechend haben sich auch die Beziehungsmuster, die in Familie und Schule dominieren und die soziale Struktur kennzeichnen, unterschiedlich entwickelt.

Der strukturelle Sozialisationskonflikt entsteht dadurch, dass das Kind in der Familie Beziehungs- und Interaktionsmuster erlernt, die wegen der strukturellen Unterschiede in der Schule nicht anwendbar sind und deshalb zu Orientierungsproblemen führen können“ (Plake 1974, S. 62).
Der Kindergarten ist in diesem Ansatz in seiner sozialen Struktur nicht hinreichend analysiert. Es besteht allerdings die Annahme, dass er als "Zwischenglied" fungiert, d.h. die Rollen- und Verhaltensmuster sind nicht mehr familienkonform, aber auch noch nicht schulkonform. Aus diesem Grunde bestehen graduell auch noch erhebliche Unterschiede zwischen Kindergarten und Schule.
Die Beschreibung solcher Unterschiede erfolgt bei Plake mit Hilfe eines Kategorienschemas, das der amerikanische Soziologe Parson ausgearbeitet hat. Dieser entwickelt Orientierungs- und Handlungsalternativen für institutionsspezifische Situationen und kommt so zu institutionseigenen Verhaltensmustern. Je nach Institution und Situation ist beispielsweise affektives Verhalten erwünscht oder verboten. Die Handlungsalternative *Affektivität* versus *affektive Neutralität* ist für die drei Institutionen Familie, Kindergarten und Schule etwa so zu beschreiben:
„*Familie*: Affektive Verhaltensweisen sind erlaubt; es erfolgt keine Disziplinierung von Gefühlsäußerungen; die sprachliche Kommunikation ist affektiv geprägt.
*Kindergarten:* Affektive Verhaltensweisen sind erlaubt; geringer Disziplinierungsgrad von Gefühlsäußerungen; die sprachliche Kommunikation ist sowohl affektiv als auch kognitiv geprägt.
*Schule:* Es erfolgt eine Kontrolle der Affektivität; Gefühlsäußerungen werden kontrolliert bzw. sanktioniert; die sprachliche Kommunikation ist kognitiv geprägt“ (vgl. Hornstein 1977, S. 277).
Nach diesem Muster sind weitere Handlungsalternativen beschrieben. Da die Kategorien der allgemeinen Organisationssoziologie entnommen sind, treffen sie wohl in erster Linie auf die schulische Beziehungsebene, weniger auf die Gegenstands- und Lernebene zu. Der Ansatz erfasst damit zwar einen wichtigen Teil, aber nicht alle Strukturen des Übergangs.
Für den Abbau von Übergangsproblemen sind die Kategorien jedoch nicht unwichtig, schaffen sie doch beim Lehrer das Bewusstsein, die Anfangssituation unter anderem dadurch zu entschärfen, dass man Verhaltensweisen der vorangegangenen Institution zulässt.

### 1.5.2 Entwicklungsökologischer Ansatz

Die klassische Entwicklungspsychologie stellt die Entwicklung der personalen Fähigkeiten und Eigenschaften in den Mittelpunkt der Betrachtung. Als Resultate der Entwicklung sind diese auch von entscheidender Wichtigkeit. Der Umstand hat allerdings lange Zeit von der Umwelt als Faktor der Entwicklung abgelenkt. In Deutschland hatte zunächst Nickel bereits 1967 auf dieses Phänomen aufmerksam gemacht. Bronfenbrenner, ökologisch orientierter Entwicklungspsychologe, bringt die Umwelt in einer sehr viel differenzierteren Betrachtungsweise wieder ins Spiel. Für die Erörterung von Anschlussproblemen ist diese These insofern interessant, als eine angemessene Gestaltung des Übergangs auf Umweltphänomene bezogen ist.

Mit der Betonung der Umwelt soll allerdings weder das Kind noch dessen Fähigkeitspotenzial als Entwicklungsergebnis aus dem Argumentationszusammenhang herausgenommen werden. Im Gegenteil: Auch hier erfolgt eine deutliche Akzentverschiebung: Hatte man bei milieuorientierten Erklärungsmodellen oft den Verdacht, das Kind sei nur „Objekt der Entwicklung", Zielpunkt von Prägefaktoren der Umwelt, so bringt Bronfenbrenner die Lernauffassung von Piaget in Erinnerung:

„Die sich entfaltende phänomenale Welt des Kindes ist nicht lediglich eine Reproduktion, sie ist ... eine „Konstruktion der Realität". Anfangs kann das kleine Kind subjektive und objektive Umweltaspekte nicht unterscheiden und daher Frustrationen erleben. Wenn es das physikalisch Unmögliche versucht. Nach und nach aber kann es seine Phantasie den Grenzen der objektiven Variabilität immer besser anpassen, sogar die Umwelt umformen und mit seinen Fähigkeiten, Bedürfnissen und Wünschen besser vereinbaren. Aus ökologischer Perspektive ist gerade diese wachsende Fähigkeit, die Realität nach menschlichen Erfordernissen und Bestrebungen umzubilden, Ausdruck von Entwicklung auf ihrem höchsten Niveau" (Bronfenbrenner 1981, S. 27).

Ökologisch ist der Ansatz in einem doppelten Sinne: Einmal greift er tatsächlich ein Desiderat entwicklungspsychologischer Forschung auf und typisiert die Lebensbereiche von Kindern sehr genau. Andererseits interpretiert Bronfenbrenner Umwelt als eine vom Menschen (in diesem Falle vom Kind) zu gestaltende und auch gestaltbare Welt:

„Die Ökologie der menschlichen Entwicklung befasst sich mit der fortschreitenden gegenseitigen Anpassung zwischen dem aktiven, sich entwickelnden Menschen und den wechselnden Eigenschaften seiner unmittelbaren Lebensbereiche. Dieser Prozess wird fortlaufend von den Beziehungen dieser Lebensbereiche untereinander und von den größeren Kontexten beeinflusst, in die sie eingebettet sind" (Bronfenbrenner 1981, S. 37).

*Das Mikrosystem*

Die Umwelt fasst in erster Linie Lebensbereiche, in denen das Individuum Tätigkeiten und Aktivitäten aufnimmt, mit anderen in Beziehung tritt und bestimmte Rollen spielt. Bronfenbrenner bezeichnet einen solchen Lebensbereich als *Mikrosystem:*

„Ein Mikrosystem ist ein Muster von Tätigkeiten und Aktivitäten, Rollen und zwischenmenschlichen Beziehungen, die die in der Entwicklung begriffene Person in einem gegebenen Lebensbereich mit den ihm eigentümlichen physischen und materiellen Merkmalen erlebt" (Bronfenbrenner 1981, S. 38).

*Das Mesosystem*

Familie, Kindergarten, Schulklasse und Freundeskreise sind solche Lebensbereiche. Jeder für sich genommen hat ein ganz spezifisches Arsenal von Aktivitäten, Rollen und zum Teil sehr komplexen zwischenmenschlichen Beziehungen. Aber die einzelnen Lebensbereiche stehen nicht beziehungslos nebeneinander, sondern sie sind auf vielfältige und komplexe Weise miteinander verbunden. Ein solches Netzwerk von Beziehungen ist für die Entwicklung offenbar so bedeutsam, dass Bronfenbrenner es als eigenes System heraushebt:

„Ein Mesosystem umfasst die Wechselbeziehungen zwischen den Lebensbereichen, an denen die sich entwickelnde Person aktiv beteiligt ist (für ein Kind etwa die Beziehungen zwischen Elternhaus, Schule und Kameradengruppe in der Nachbarschaft; für einen Erwachsenen die zwischen Familie, Arbeit und Bekanntenkreis)" (Bronfenbrenner 1981, S. 41).

*Das Exosystem*

Selbst ein Lebensbereich, an dem das Kind nicht teilnimmt, kann eine Rolle spielen. Bronfenbrenner nennt ihn *Exosystem.*

Kehren wir aber zurück zum einzelnen Lebensbereich. Bronfenbrenner stellt zunächst die Tätigkeit als das wichtigste Grundelement des Lebensbereiches heraus. Es geht dabei um solche Tätigkeiten, die für die Gruppe von Bedeutung sind, molare Tätigkeiten genannt. Natürlich bedarf das Erlernen einer molaren Tätigkeit einer sozialen Situation.

Für die Entwicklung von Fähigkeiten und Fertigkeiten sind nun schon eine ganze Reihe von Variablen benannt: An erster Stelle steht ein reichhaltiges und differenziertes Tätigkeitsrepertoire der Bezugspersonen, entscheidend sind auch die affektiven Beziehungen sowie die Kombination von Beobachtung und aktivem Tun. Die Chancen, die sich daraus ergeben, sind ebenso vielfältig wie die Unterlassungen. Ähnlich beschreibt Bronfenbrenner den

Erwerb von Rollen. Auch hier sind die Reichhaltigkeit des Repertoires sowie eine genuin konstante Erwartungshaltung der Eltern ausschlaggebend.

*Bedeutung der Systeme für den Übergang*

Dieser Exkurs mag genügen, um die Vielfalt der entwicklungsfördernden Umweltfaktoren zu belegen. Wie sind nun diese Erkenntnisse auf die Übergangsproblematik anzuwenden?

Ein Übergang ist der Eintritt in einen neuen Lebensbereich. Er kann mit dem Verlassen eines anderen Bereiches verbunden sein oder der Eintritt bedeutet deren Erweiterung.

Der Schuleintritt ist ein Übergang, der beide Möglichkeiten einschließt. Es wäre einseitig, den Übergang nur als Institutionswechsel zu begreifen, die nebeneinander bestehenden Lebensbereiche, also beispielsweise das Elternhaus, den Freundeskreis oder Nachbarschaftsbeziehungen, aber außer Acht zu lassen. Dabei können gerade nebeneinander bestehende Lebensbereiche auf vielfältige Weise miteinander verbunden sein. Wir gehen also zunächst von der Annahme aus, dass für den Übergang in den Bereich Schule die nebeneinander bestehenden Lebensbereiche ebenso wichtig sind wie die Beziehungen zwischen den sich Ablösenden. Bronfenbrenner befasst sich mit solchen Beziehungen zwischen Lebensbereichen in seiner ökologischen Entwicklungstheorie. Wie bereits erwähnt, geht es dabei um die Erfassung der Wechselwirkungen zwischen den Lebensbereichen, an denen die sich entwickelnde Person aktiv beteiligt ist. Sie sollte allerdings nicht das einzige Verbindungsglied zwischen den beiden Lebensbereichen sein. Mehrfachverbindungen sind entwicklungsfördernd:

„Das entwicklungsfördernde Potenzial eines Lebensbereiches in einem Mesosystem wird gesteigert, wenn die Person den ersten Übergang in diesen Lebensbereich nicht allein vollzieht, wenn sie also in Begleitung einer anderen Person oder mehrerer anderer Personen, mit denen sie in früheren Lebensbereichen teilgenommen hat, in den neuen Lebensbereichen eintritt" (Bronfenbrenner 1981, S. 201/202).

Das nahe liegende Beispiel von der Begleitung der Mutter am ersten Schultag ist nicht allein gemeint. Die These enthält weiterreichende Forderungen. Die Beziehungen zu Eltern können vielseitig sein und reichen von der Präsenz eines Elternteils im Unterricht bis zu häufigen, auch informellen Kontakten zwischen Eltern und Lehrern. Die Berücksichtigung von Freundschaftsgruppen bei der Klassenbildung ist ein weiteres Beispiel. Alle bisher genannten Beispiele aber beziehen sich nur auf eine Art von Verbindungen der Lebensbereiche: Mitglieder aus außerschulischen Lebensbereichen nehmen, wenngleich auf unterschiedliche Art und Weise, am neuen Lebensbereich Schule teil. Die umgekehrte Richtung ist aber ebenso denkbar: Die Lehrerinnen bemühen sich um Verbindungen und Beziehungen zu den außerschulischen Bereichen des Kindes:

„Das entwicklungsfördernde Potenzial eines Lebensbereiches wächst mit der Anzahl der unterstützenden Verbindung zu anderen Lebensbereichen. Die Entwicklungsbedingungen sind also am ungünstigsten, wenn nicht unterstützende, ergänzende Verbindungen bestehen oder sogar diese fehlen, wenn das M-System schwach verbunden ist" (Bronfenbrenner 1981, S. 205).

Konfliktsituationen wirken schwächend auf das System. Eine Mutter, die der Lehrerin fortwährend angebliche Versäumnisse, Abweichungen von ihren eigenen Vorstellungen vorwirft, wirkt kontraproduktiv. Desgleichen ist ständige Kritik des Lehrers am Elternhaus einer positiven Entwicklung abträglich. Allerdings lassen sich unterschiedliche Erziehungsauffassungen nicht gänzlich vermeiden; dann sollte wenigstens gegenseitiges Verständnis vorhanden sein.

Dem Aufbau positiver emotionaler Beziehungen und Vertrauen kommt im neuen Lebensbereich eine herausragende Rolle zu. Als förderlich erweisen sich dabei starke Verbindungen zum anderen Lebensbereich. Wenn der neue Lebensbereich ein intensives Mikrosystem werden soll, so sind dabei die Verbindungen zu den außerschulischen Bereichen von enormer Wichtigkeit:

„Wir erwarten nämlich, dass die Entwicklung auch auf dieser Ebene in dem Ausmaß begünstigt wird, indem die Prozesse des Austausches zwischen den Lebensbereichen in beiden Richtungen verlaufen" (Bronfenbrenner 1981, S. 209).

*Besonderheit des Übergangs vom Kindergarten zur Grundschule*

Bei den bisherigen Ausführungen blieb das Verhältnis von Kindergarten und Schule unberücksichtigt. Die beiden stehen sich als Lebensbereiche nicht gegenüber, sondern lösen einander ab. Damit können sie nicht zu einem überdauernden interaktiven Verhältnis zueinander stehen. Dennoch wirkt die Schule im Kindergarten vor, und der Kindergarten in der Schule nach. Schon für das Kindergartenkind ist die Schule zuweilen präsent, denn sowohl die Erzieherinnen als auch die Mutter oder die ältere Schwester berichten von ihr. Obwohl es noch nicht Mitglied dieses Lebensbereiches ist, hat es zu diesem schon einen bestimmten Bezug, mehr noch: Vorstellungen, Phantasien, vielleicht sogar Entwürfe von der Schule. Es kennzeichnet das sich entwickelnde Subjekt wesentlich, dass es sich diesen künftigen Lebensbereich gedanklich aufbaut und seinen Platz darin sucht – lange vor dem ersten

Schultag. Die Konstruktion der Realität (Piaget) findet auch hier statt. Doch vollzieht sich diese Konstruktion nicht ohne Beziehung zur Außenwelt. Insofern erfolgt durch immer neue Informationen eine allmähliche Anpassung an reale oder auch realistische Vorstellungen. Einer positiven Entwicklung förderlich sind in jedem Falle vielfältige und zutreffende Informationen. Hierzu wieder Bronfenbrenner:
„Die Entwicklung wird durch den Eintritt in einen neuen Lebensbereich in dem Ausmaß gefördert, in dem die Person und die Mitglieder der beiden betroffenen Lebensbereiche schon vor dem Übergang über einschlägige Informationen und Erfahrungen verfügen" (Bronfenbrenner 1981, S. 208).
Nicht unumstritten ist ein weiterer Gesichtspunkt zum Verhältnis von Kindergarten und Schule. Bronfenbrenner favorisiert einen Typus von Tätigkeiten im vorangehenden Lebensbereich, der als Vorbereitung für den künftigen dient:
„Wie wirkungsvoll Vorschulbereiche die Entwicklung zu fördern vermögen, hängt von dem Ausmaß ab, in dem die Erwachsenen Gelegenheit zur Beteiligung der Kinder an vielfältigen und zunehmend komplexeren molaren Tätigkeiten und zwischenmenschlichen Strukturen schaffen und aufrechterhalten. Diese Tätigkeiten und Strukturen müssen den sich entwickelnden Fähigkeiten des Kindes angemessen sein" (Bronfenbrenner 1981, S. 198).

### 1.5.3 Das kontextuelle System-Modell

Der theoretische Ansatz stellt eine Weiterentwicklung des ökologischen Ansatzes von Bronfenbrenner dar; er integriert mehrere vorwiegend systemtheoretische Ansätze und diente dem National Institute of Child Health and Human Development (NICHD) zum Verständnis der Übergangsproblematik (Griebel & Niesel 2004, S. 87). Der Ansatz fasst vier wesentliche Erkenntnisse zusammen:

- „Die Anpassung an die Schule zu Schulbeginn und der Erfolg in den ersten Schuljahren ist für die weitere Schullaufbahn von großer Bedeutung. ... Nach den ersten Schuljahren bleiben die individuellen Unterschiede in der Schulleistung sehr stabil.
- Die Merkmale des Kindes erklären nur einen Teil – ca. 25 % - der Unterschiede in der Anpassung an die Schule. ... Folglich müssen auch andere Faktoren wirksam werden.
- Merkmale der sozialen Umgebung, wie die Freundschaften des Kindes, Gruppengröße der Schulklasse, soziales Klima der Schulklasse, positive Merkmale der Lehrkraft, tragen ebenfalls zur Anpassung an die Schule bei.

- Neben der Anpassung des Kindes spielt die Qualität der Interaktion und Kooperation zwischen Familie und Schule eine wichtige Rolle“ (Griebel & Niesel S. 88).

Es entsteht eine ausgewogenes Verhältnis von Leistung des Kindes und besonderen Maßnahmen, welche die Umgebung treffen soll. Insbesondere wird eine intensive Kooperation zwischen der abgebenden und der aufnehmenden Institution empfohlen.

### 1.5.4 Der Stressansatz

„Die Stresstheorie ist wegweisend für die Bestimmung und Untersuchung von Anforderungen und Belastungen einschließlich ihrer subjektiven Wahrnehmung und Bewertung. Eine Theorie der Transitionen kann auf die Grundlagen aus dem Stressparadigma nicht verzichten. Sie integriert die Perspektive des betroffenen Kindes und leitet über zu Bewältigung“ (Griebel & Niesel, S. 89)

Der Stressansatz ist als subjektives Pendant notwendig; er stellt zwar den Zusammenhang von Stress, Bewältigung und Entwicklung hinreichend dar, lässt aber die Ebene der biografischen Einordnung und der Identitätsentwicklung vermissen (Griebel & Niesel, S. 89).

## 1.6 Zusammenfassung

Die Erklärungsansätze beschreiben das Verhältnis des Kindes zu seiner Umwelt. Dem entwicklungsökologischen Zusammenhang kommt deswegen erhöhte Bedeutung zu, weil er das Individuum dynamischer sieht, die Umwelt differenzierter beschreibt und die Wechselwirkungen zwischen den beiden als weitere Komponente aufnimmt. Übergänge sind zudem als Wechsel der Lebensbereiche Faktoren von unmittelbarer Entwicklungswirkung. Mehr noch: Sie markieren Schalt- und Weichenstellungen der Entwicklung und bringen diese bei günstigen Konstellationen unter Umständen entscheidend voran. Der Fortschritt ist allerdings an Bedingungen geknüpft, er kommt nicht von selbst und kann, bei entsprechender Missachtung der Bedingungen, unmittelbar in Nachteile, Rückschritte und Brüche umschlagen. Die ökologische Entwicklungstheorie kann – so betrachtet – als Bezugssystem auch für die praktische Arbeit gelten. Mit ihrer Hilfe können Kriterien benannt werden:

- Für eine angemessene *Kindergartenarbeit,* die Schule nicht vorwegnimmt, wohl aber entwicklungsgemäß darauf vorbereitet,

- Für eine *Kooperation der Instanzen*, die den Anschluss ermöglichen, indem sie den Übergang organisieren und
- Für eine *ökologisch gestaltete Schuleingangsphase*, die Entwicklungsgesetzlichkeiten genügen muss.

Diese drei Kernbereiche werden in den drei nachfolgenden Kapiteln näher ausgeführt. Für ihre Ausgestaltung ist pädagogische Phantasie notwendig, die allerdings nicht „blind“ sein darf und deshalb theoretischer wissenschaftlicher Kriterien bedarf.

Dabei muss die erste Station der Kindergarten selbst sein. Dieser beeinflusst Einstellungen und Gewohnheiten und prägt die Verhaltensweisen und Haltungen der Kinder. Nicht selten können gerade wenig erfahrene Lehrerinnen im Anfangsunterricht unangemessene Verhaltensweisen von Kindern nicht richtig deuten und kommen unter Umständen zu Fehlurteilen und vorzeitigen einseitigen Festlegungen. Kenntnisse der institutionellen Vorgeschichte unserer Kinder können daher vor allem in der aktuellen Situation des Anfangsunterrichts zu einer realistischen Interpretation kindlichen Lern- und Sozialverhaltens beitragen. Was für den Sekundarstufenlehrer gilt, sich mit der Arbeitsweise in der Grundschule vertraut zu machen, das muss auch für die Lehrerinnen des Anfangsunterrichts gelten. Deshalb beginnt unsere Beschreibung mit dem Kindergarten.

# 2 Vorschulerziehung

## 2.1 Zur Geschichte der Vorschulerziehung

Der Begriff Vorschulerziehung bedeutet im allgemeinen Sinn jede Art von Erziehung vor Schuleintritt, also zwischen Geburt und sechstem Lebensjahr. Er bezieht sich aber im engeren Sinn auf den Elementarbereich, auf das Kindergartenalter zwischen drei und sechs Jahren. In der ganz- oder halbtägigen Betreuungsform geht es sowohl um Erziehung als auch um Bildung, der Elementarbildung. Erziehung und Bildung wurden in dieser Bildungsstufe nicht trennscharf verwendet; hier tritt allerdings insofern eine Akzentverschiebung ein, als gerade Bildung, im Sinne einer anschlussfähigen Bildung für den Primarbereich, immer wichtiger wird.

Erste außerhäusliche Betreuungsformen fand im 18. Jahrhundert (und wahrscheinlich auch schon vereinzelt davor) in sog. „Warteschulen" statt; es handelte sich um reguläre Stadt- oder Dorfschulen, die kleine Geschwister im Vorschulalter, von älteren Frauen oder Witwen betreut, aufnahmen. Die Kleinen waren aber nicht direkt am regulären Unterricht beteiligt. Schopenhauers Mutter besuchte eine solche Schule und berichtete darüber: „Kaum hatte ich das dritte Jahr meines Lebens zurückgelegt, als ich schon täglich zweimal … in eine Schule geschickt wurde. … Stillsitzen lernen war Alles, was fürs erste von mir gefordert wurde, anfangs protestirte ich laut gegen diese Zumutung, doch niemand kehrte sich daran" (J. Trosenier 1766, zit. nach Erning 2004, S. 28). Die Zeit dieses „passiven Schulbesuchs" ist in dessen Wirkung noch gar nicht aufgearbeitet. Den aufgeweckten Vorschulkindern boten sich Entwicklungschancen in sozialer und intellektueller Hinsicht, weil sie Modelle schulischen Lernens trotz der Beschränkungen immer vor Augen hatten. Wie aus Leipziger Ratsprotokollen hervorgeht, waren 1764 22% aller Schulkinder drei bis sechs Jahre alt (Erning 2004, S. 29).

Allerdings wollten die Schulen diese „Belastungen" loswerden. So entstanden Kleinkinderschulen. Auch deren Entstehungsmotive hatte noch wenig mit der Entwicklungsförderung der Kinder selbst zu tun: Denn neben der Entlastung der regulären Schulen ging es vor allem darum, den Frauen armer Familien die Erwerbstätigkeit zu ermöglichen, diese Kinder vor der Verwahr-

losung zu schützen und ihnen Sekundärtugenden beizubringen, die eine kritiklose Anpassung an die herrschende Standesgesellschaft ermöglichte (Erning, S. 30).
Als sich im 19. Jahrhundert das Bild vom Kind (und die Bedeutung seiner Entwicklung) wandelten, wurde Vorschulerziehung in außerfamiliären Einrichtungen auch für das gehobene Bürgertum interessant. Die existenzsichernde Müttererwerbstätigkeit war aber weiterhin ein wichtiges Motiv. Beides ließ im 19. Jahrhundert unterschiedliche Betreuungsformen entstehen: Bewahranstalten, christliche Kleinkinderschulen und den Kindergarten Friedrich Fröbels, der wegen seines ausgereiften kindbezogenen Konzepts in der Folgezeit vorherrschend wurde (Sechtig, Schmidt & Rossbach 2005). Weil seine grundlegende vorschulische Bildungstheorie bis in die Gegenwart nachwirkt, soll im Folgenden näher darauf eingegangen werden.

*Fröbels Kindergarten*

Friedrich Fröbel hat diese Einrichtung des Kindergartens nicht nur theoretisch, sondern auch praktisch vorangetrieben. Er gab ihr ein Selbstverständnis als eigenständige und wichtige Stufe der Bildung. In seinen Aufzeichnungen zum deutschen Kindergarten schreibt er:
„Der deutsche Kindergarten wurde aus dem tief gefühlten Bedürfnis entsprechender Pflege der Kinder vor ihrem Eintritt in die Schule ... als ein gemeisames deutsches Erziehungswerk gestiftet. Er ruht auf der Überzeugung, dass die Einzelerziehung der vorschulfähigen Kinder in der Familie, wie sie im Ganzen jetzt und unter den bestehenden Verhältnissen sein kann, für die Forderungen der Zeit nicht mehr ausreiche. Seine Absicht geht darum dahin, den Familien und den Gesamtheiten dafür die nötige Hilfe zu bringen ...
Sein Zweck ist also nach der einen Seite, Kinder des vorschulfähigen Alters nicht nur in Aufsicht zu nehmen, sondern ihnen eine ihrem ganzen Wesen entsprechende Betätigung zu geben; ihren Körper zu kräftigen, ihre Sinne zu üben und den erwachenden Geist zu beschäftigen; sie sinnig mit der Natur und Menschenwelt bekanntzumachen; besonders Herz und Gemüt richtig zu leiten und zum Urgrunde allen Lebens, zur Einigkeit mit ihm hinzuführen. Im Spiele sollen sie freudig und allseitig, alle Kräfte übend und bildend, in schuldloser Heiterkeit, Einträchtigkeit und frommer Kindlichkeit sich darleben, für die Schule und kommenden Lebensstufen sich wahrhaft vorbereiten, wie die Gewächse in einem Garten unter dem Segen des Himmels und der aufsehenden Pflege des Gärtners gedeihen.
Nach der anderen Seite ist sein Zweck, Personen, namentlich junge Leute beiderlei Geschlechts, in der rechten Leitung und Beschäftigung der Kinder

zu unterweisen, den Müttern gute Gehilfinnen in der Pflege der Kleinen, den Familien bessere Wärterinnen und Erzieherinnen, den Bewahranstalten und anderweitigen Kindergärten geschickte Kindermütter und einsichtige Kinderführer zu geben" (Fröbel 1966, S. 469f.).
Fröbels Erziehungskonzept war allerdings seiner Zeit schon weit voraus. Es formulierte in Umrissen einen Erziehungs- und Bildungsanspruch, der die Familienerziehung ergänzen sollte. Was Fröbel nicht wollte, trat aber in der zweiten Hälfte des 19. Jahrhunderts ein: Zunehmend folgten alle vorschulischen Einrichtungen einer sozial-fürsorgerischen Dominanz; auch die Fröbel'schen Kindergärten entwickelten sich in diese Richtung.
Das war sicher auch ein Grund dafür, dass nach dem ersten Weltkrieg eine Zuordnung des Kindergartens zum Bildungssystem nicht erfolgte. Er wurde dem Jugendhilfebereich angegliedert. Allerdings wurde im Reichsjugendwohlfahrtsgesetz (RJWG) dem Vorschulkind ein Recht auf Erziehung in einer öffentlichen Einrichtung zugeschrieben, wenn die Familie dies nicht mehr gewährleisten konnte. Gleichwohl war der Besuch des Kindergartens freiwillig.

*Unterschiedliche Entwicklung des Kindergarten in DDR und BRD*
Im geteilten Deutschland verlief die Entwicklung der vorschulischen Einrichtungen unterschiedlich. Während Westdeutschland an die Weimarer Tradition anknüpfte, wurde der DDR-Kindergarten nicht nur dem Bildungssystem angegliedert, er übernahm dort vielmehr eine bestimmte Funktion: Ihm wurde eine an sozialistischen Zielen orientierte grundlegende Volksbildung zugeschrieben. Für die Ganztagesbetreuung wurden verbindliche Erziehungsprogramme eingesetzt (Sechtig u.a. 2004, S. 277/278).
Bei der Zusammenführung der beiden Staaten 1990 war das Vorschulsystem der DDR aus ideologischen Gründen obsolet geworden, es wurde insgesamt abgelehnt und dem bundesrepublikanischen Jugendhilfegesetz unterstellt. Erst in den letzten Jahren erfolgt allmählich eine Neuorientierung: Die ministerielle Zuordnung verändert sich: Nur noch etwa die Hälfte der Bundesländer ordnet den Vorschulbereich dem Sozialwesen zu, die andern gliedern sie in den Schulbereich ein (Hovestadt 2003, zit. nach Sechtig u.a.) und dokumentieren damit einen Anspruch auf besondere Bildung und Anschlussfähigkeit.

## 2.2 Bildung im Vorschulbereich

Den Kindertagesstätten werden im Wesentlichen drei Aufgaben zugeschrieben: Erziehung, Betreuung (Pflege, Fürsorge) und Bildung. Im internationalen Vergleich spielt die vorschulische Bildungsaufgabe in Deutschland eine sehr untergeordnete Rolle. Schon in einer sehr grob differenzierenden Studie aus dem Jahre 1993 wurde ermittelt, dass deutsche Vorschulprogramme die kognitive Entwicklung „eher selten“ fördern, im Gegensatz etwa zu Frankreich, England oder Spanien (Bairrao & Tietze 1993).
Die Abstinenz gegenüber Bildungsfragen erklärt sich in erster Linie aus der Entwicklung des Kindergartens in der Nachkriegszeit. Die Schonraumfunktion dieser Einrichtung wurde verteidigt:
„Wir wirken dem Treibhausklima der modernen Welt, die das Kind zur vorzeitigen Differenzierung seiner ganzheitlichen Antwort auf den Eindruck der Umwelt drängt, entgegen ... Wir sind überzeugt, einen pädagogischen Widerstand gegen die durch unsere Zeitumstände immer stärker vorangetriebene Frühreife setzen zu müssen. Diesen Widerstand kann und soll der Kindergarten leisten“ (Hoffmann 1968, zit. nach Tietze, S. 109-110).
Damit fand allerdings auch eine stärkere Abgrenzung zur Grundschule statt. Schließlich wurde im Kontext der aufkommenden Diskussion um den Bildungsnotstand in Deutschland der Stellenwert der Vorschulerziehung neu vermessen. Sowohl das Argument von der Ausschöpfung der Bildungsreserven, als auch die konsequentere Nutzung der Chancen frühen Lernens waren darauf ausgerichtet, den Elementarbereich als frühen Bildungsbereich auszubauen.

*Der Funktionsansatz*

In der ersten Phase der Vorschulreform dominierte dabei der sog. Funktionsansatz, den Fried folgendermaßen kennzeichnet:
„Mit diesem Sammelbegriff sind alle Vorhaben gekennzeichnet, die den kindlichen Entwicklungs- und Leistungsstand verbessern wollen, indem psychische Funktionen stimuliert und Fertigkeiten eingeübt werden. Dem kompensatorischen Anliegen, sozioökonomisch benachteiligten Kindern zu einem chancengleichen Schulstart zu verhelfen, dienen dabei in erster Linie Programme zur Steigerung der Wahrnehmungsdifferenzierung, zum Training der Denkfähigkeit sowie zur Sprachförderung. Frühleseversuche und frühes Fremdsprachenlernen zielen demgegenüber auch auf eine Leistungssteigerung bei Kindern ab, die unter günstigen Bedingungen aufwachsen“ (Fried 1991, S. 605).

Aus zwei Gründen konnte allerdings dieser Ansatz nicht befriedigen: Zum einen greift eine separate Förderung bestimmter psychischer Funktionen, unabhängig vom Sozialisationskontext, zu kurz und sie bleibt zum andern bei der Evaluation deutlich hinter den hochgesteckten Erwartungen zurück. Um diese Nachteile zu überwinden, gewann zu Beginn der achtziger Jahre ein umfassender Ansatz an Gewicht. Da seine Weiterentwicklung heute noch Bedeutung hat, wird er im Folgenden kurz erläutert.

*Der Situationsansatz*

Das Reformmodell trägt den Namen *Situationsansatz*. Es wurde von einer Arbeitsgruppe für Vorschulerziehung des Deutschen Jugendinstituts in München unter der Leitung von Jürgen Zimmer entwickelt, in Modellkindergärten in Hessen und Rheinland-Pfalz erprobt und in Form von sog. *didaktischen Einheiten* als Anregungsmaterial veröffentlicht.

Hier die wichtigsten Merkmale des Ansatzes::

1. Die Lern- und Erfahrungsprozesse von Kindern sollen sich auf deren Lebenssituationen beziehen.
2. Soziales Lernen hat Vorrang vor sachbezogenem Lernen.
3. Die Lernorganisation erfolgt in altersgemischten Gruppen.
4. Kinder sind an der Planung des pädagogischen Geschehens beteiligt.
5. Lernen für Lebenssituationen meint auch Lernen in Handlungsfeldern außerhalb des Kindergartens.
6. Die Planung des Alltags im Kindergarten ist offener und entritualisierter als vor Beginn der Reform.
7. Die Ausstattung soll Kinder anregen und die Eigeninitiative stärken (Zimmer 1986, S. 22/23).

*Kritik am Situationsansatz*

Man kann davon ausgehen: Dieser Ansatz spielt – implizit oder explizit – in der praktischen Arbeit der Vorschuleinrichtungen noch eine Rolle. Dennoch wird er heute zum Teil heftig kritisiert: In der Auseinandersetzung mit diesem Konzept (zusammengefasst bei Fthenakis & Textor 2000) wird die einseitige anthropologische Fundierung, die fachdidaktische Aversion, die Priorisierung des sozialen gegenüber dem sachlichen Lernen, die Vereinseitigung des Lernens selbst und weitgehende Verweigerung gegenüber wissenschaftlicher Überprüfung angemahnt.

*Neue Ansätze des Bildungsverständnisses*

In der jüngsten Vergangenheit entstand ein vorschulisches Bildungskonzept, das allseitige Bildung bejaht, allerdings das Zustandekommen dieser Bildung einseitig sieht. Dieser Ansatz entstand im Kontext der Konstruktivismusdebatte. Im Anschluss an Piaget wird angenommen, dass sich der Mensch sein Weltbild und seine Weltsicht selbst konstruiert, im radikalen Konstruktivismus nahezu ohne Außenhilfe im „gemäßigten" Konstruktivismus mit Helfern oder Ko-Konstrukteuren.

Das Forum für Bildung hat im Jahre 2002 Empfehlungen gegeben, die auch die vorschulische Erziehung einschließen. Darin wird Motivation und Fähigkeit zu kontinuierlichem und selbst gesteuertem Lernen zu einem frühen Zeitpunkt angemahnt (Fthenakis 2004, S. 9). Der Bildungsbegriff selbst erfährt dabei eine neue Ausrichtung:

„Wir schlagen vor, Bildung als Selbstbildung zu verstehen, als konstruierende Aktivität der Kinder, zu der Erwachsene keinen unmittelbaren Zugang haben. Anders als ein Computer können Kinder nicht über eine wie auch immer geartete Tastatur programmiert werden. Oder – um im Bild zu bleiben – Kinder sind selbstprogrammierende Systeme" (Laewen 2002, S. 24).

Das Zitat macht deutlich, dass der Bildungsbegriff hier in erster Linie vom radikalen Konstruktivismus beeinflusst ist. An dieser Stelle – es geht auf der Konzeptebene zunächst um Bildungs*konzepte* – soll noch nicht auf die Folgen für die Anschlussfähigkeit eingegangen werden.

Ein weiteres vorschulisches Bildungskonzept entstand in den letzten Jahren als Folge der Ergebnisse der Pisa-Studie, die das Land in einen nationalen Bildungsschock versetzten (Fthenakis 2004, S. 9). Eine der Handlungsinitiativen ging zunächst vom Bundesbildungsministerium aus. Es beauftragte das Institut für Frühpädagogik in München mit der Erarbeitung von Konzepten für den Vorschulbereich, nachdem das Deutsche Pisa-Konsortium der frühen Förderung von domänenspezifischen Kompetenzen, insbesondere der Lesekompetenz eine große Bedeutung zumaß (Konsortium 2001, S. 134).

Die Münchner Autoren lehnen im Anschluss an Mayall ein konstruktivistisches Konzept von Bildung ab, da es das Handlungsfeld des Kindes eher einschränkt (Fthenakis, S. 13). Im Anschluss an Dahlberg argumentieren sie folgendermaßen:

„Es wird die Auffassung vertreten, dass wir Kinder auf eine Welt hin zu bilden und zu erziehen haben, die in hohem Maße kulturell divers und sozial komplex geworden ist. Unterschiedliche Perspektiven, zeitliche und räumliche Besonderheiten sind kennzeichnend für diese Welt. ... Lernen wird als sozialer Prozess definiert, an dessen Konstruktion das Kind selbst, die Fachkräfte, die Eltern und andere beteiligt sind. Lernen findet also im Kontext statt" (Fthenakis, S. 13).

Der Beistand der Erwachsenen (Erzieher, Eltern) ist nicht nur wünschenswert, sondern notwendig, da die Welt nicht so strukturiert ist, dass sie Kinder von selbst und selbstständig verstehen können. Es reiche nicht aus, auf selbstbildende Potenziale des Kindes zu bauen, vielmehr muss Bildung zwingend „entwicklungs- und kompetenzfördernde Interaktionen enthalten, die gezielt zu gestalten sind“ (Fthenakis 13; Röbe 2004, S. 222)).
Vor dem Hintergrund einer angeleiteten Bildung im Vorschulbereich entwickelten verschieden Länder Bildungspläne für den vorschulischen Bereich, die von der OECD dokumentiert wurden (OECD 2001).
Hier einige Beispiele: so wird in Norwegen seit 1996 die pädagogische Arbeit der Tageseinrichtungen für Kinder unter sechs Jahren durch einen Rahmenplan unterstützt, der sich in drei Teile gliedert: Allgemeine Erläuterungen im ersten Teil, inhaltliche Aspekte der Bildungsarbeit im zweiten und eine angemessene Implementation im dritten.
Schweden hat 1998 ein nationales Curriculum vorgelegt. Das Konzept weist fünf Zieldimensionen auf, geht zwar nicht von Fachdimensionen aus, setzt aber auf die Kompetenzen bei den auf Hochschulniveau ausgebildeten Fachkräften.
Das englische Curriculum aus dem Jahre 2000 baut den kindlichen Lernprozess auf sechs Dimensionen auf:
- „Persönliche, soziale und emotionale Entwicklung
- Kommunikation, Sprache, Literalität
- Mathematische Grundbildung
- Umweltwissen und Umweltverständnis
- Körperliche Entwicklung
- Kreativität“ (Fthenakis, S. 19)

Alle diese Länder der OECD-Studie widmen sich bei variabler Schwerpunktsetzung vor allem diesen Themen:
1. Sie legen Wert auf eine kontinuierliche *allseitige Entwicklungsförderung* der Kinder.
2. Sie betonen in der *Bildung bestimmte Domänen* (Bildungsbereiche wie Sprachbildung, mathematische Grundbildung usw.).
3. Sie schließen eine *aktive Beteiligung der Kinder* bei der praktischen Bildungsarbeit ein.
4. Sie gehen aufgrund des Plancharakters davon aus, dass auch die Kindertagesstätten eine *gewisse Lernorganisation* benötigen.
5. Sie versuchen eine *Harmonisierung mit den schulischen Curricula.*
6. Sie schieben eine *Implementation* ihrer Pläne an.
7. Sie fordern *Professionalität und fachliche Kompetenz* des Personals.

## 2.3 Bildungspläne für den Elementarbereich

Inzwischen gibt es die Tendenz, auch den vorschulischen Bereich des Bildungssystems stärker zu regulieren. Allerdings geschieht das in Deutschland nur sehr zögerlich und nicht ohne massive Widerstände. „Es gibt nur wenige Länder in der Welt“, so Fthenakis, „in denen das Vertrauen in die individuelle Fachkraft so unbegrenzt ist, dass man ihr, je nach Standpunkt, zumutet bzw. anvertraut, die letzte Entscheidung für die Qualität der Bildung und Erziehung unserer Kinder autonom zu treffen und zu verantworten“ (Fthenakis 2004, S. 15). Wenn Länder wie Schweden Vorgaben an Bildungsangeboten einführen, obwohl die Erzieher(innen)-Ausbildung einen deutlich höheren Standard ausweist, dann muss man die Situation in Deutschland als gegenwärtig unhaltbar bezeichnen, zumal die von allen Seiten vehement geforderte Anhebung der Ausbildungsstandards nicht in Sicht ist.

Was schneller und erfolgreicher bewältigt werden kann, ist die Aufstellung von Erziehungs- und Bildungsplänen, einschließlich einer Implementierung dieser Pläne.

Ein solcher Bildungsplan liegt in einer (vorläufigen) Fassung in Bayern vor. Die Initiative ging von zwei Instanzen aus: dem Bayerischen Staatsministerium für Arbeit und Soziales, Frauen und Jugend und dem Staatsinstitut für Frühpädagogik in München.

Die fachliche Federführung hatte dieses Staatsinstitut. Die Pläne entstanden in fünf Phasen: Entwicklung, Begutachtung, Implementierung, Revision und Evaluation.

An der Entwicklung waren beteiligt: Spitzenverbände der freien und öffentlichen Wohlfahrtspflege, kommunale Verbände, Fachkräfte aus dem frühpädagogischen Bereich, also aus dem Betreuungsbereich selbst und aus den Fachakademien für Sozialpädagogik, die für die Ausbildung von Erzieher(innen) zuständig sind, Fachvertreter von Schule und Hort, Eltern und andere Experten.

An der ersten Implementation waren über hundert Tageseinrichtungen beteiligt, deren Rückmeldung nach einer angemessenen Erprobungsphase führte schließlich zu einer umfassenden Überarbeitung und zur vorläufigen Endfassung; vorläufig deshalb, weil natürlich ein flexibler Plan auch künftig offen für Neuerungen sein muss.

Das Entstehungsverfahrens zeigt, dass die Konstruktion des Bildungsplans nach zeitgemäßen Standards der Curriculumentwicklung erfolgte, die sowohl eine Beteiligung der unterschiedlichen gesellschaftlichen Gruppen, als auch Expertenurteile und Erprobungsphasen vorsehen.

Der Bildungsplan geht von einem gewandelten Bildungsverständnis und von neuen Qualitätsstandards aus:
„Bildung wird nicht primär als individuumzentrierter Ansatz und als Selbstbildungsansatz definiert, sondern vielmehr als sozialer Prozess, der jeweils innerhalb eines Kontexts stattfindet und an dem sich – neben dem Kind – auch die Fachkräfte, die Eltern und Andere aktiv beteiligen. Bildung wird damit als sozialer, ko-konstruktiver Prozess verstanden. Bildung in diesem Sinne setzt ein bestimmtes Verständnis von pädagogischer Qualität voraus, das einem struktural-prozessualen Modell folgt, in dem neben strukturellen Dimensionen (z.B. Gruppengröße, Personalschlüssel) vor allem prozessuale Dimensionen (Erzieher-Kinder-Interaktion, Erzieher-Erzieher-Interaktion, Erzieher-Eltern-Interaktion) nicht zuletzt kontextuelle Dimensionen (Professionalisierung und Vergütung der Fachkräfte, Qualität der Leitung der Einrichtung, Erziehungsklima) behandelt werden" (Fthenakis 2003, S. 20/21).
Im Einzelnen liegen dem Plan vierzehn Annahmen zugrunde, die im ersten Teil erläutert werden:

1. „Frühe Bildung wird als Grundstein lebenslangen Lernens verstanden
2. Bildung im frühkindlichen Alter wird als sozialer Prozess definiert.
3. Kinder sind Subjekte im Bildungsprozess mit eigenen Gestaltungsmöglichkeiten
4. Bildung findet im partnerschaftlichen Zusammenwirken aller Beteiligten statt.
5. Rechte bedingen Pflichten, deshalb sollen Kinder auch ihrem Alter entsprechend Verantwortung übernehmen
6. Bildung und Erziehung können nicht unter Ausschluss der Gesellschaft erfolgen, deshalb müssen gesellschaftliche Gegebenheiten und lokale Bedingungen berücksichtigt werden.
7. Grundlagen der Bildung von Kindern sind sinnliche Wahrnehmung, Bewegung und Spiel.
8. Spielen und Lernen werden als zwei unterschiedliche Seiten derselben Medaille verstanden
9. Kindliche Autonomie und soziale Mitverantwortung sind zu stärken
10. Jene Basiskompetenzen und Ressourcen werden gefördert, die das Kind befähigen, mit Belastungen und Krisen so umzugehen, dass es darin Herausforderungen sieht und seine Kräfte mobilisiert…
11. Im Mittelpunkt der Bildung stehe die Vermittlung lernmethodischer Kompetenz
12. Bildungsangebote sind so zu gestalten, dass sie der sozialen, kognitiven und emotionalen Entwicklung des Kindes entsprechen.

13. Individuelle Unterschiede in Bezug auf Geschlecht, Herkunft, Religion, Lebensweise, Stärken und Schwächen sind anzuerkennen.
14. Sozialer Ausgrenzung ist angemessen zu begegnen. Die pädagogischen Angebote sollen allen Kinder faire und gleichberechtigte Entwicklungs- und Lebenschancen bieten" (Fthenakis 2003, S. 22).

Hier werden allgemeine Erziehungs- und Bildungsziele sowie Lernprinzipien formuliert, wie wir sie auch in zeitgemäßen Lehrplänen wieder finden. Demgegenüber unterscheidet sich der themenbezogene Teil 2 deutlicher von Schulplänen, da es keine „Fächer" gibt, wohl aber Felder, die förderbereichsübergreifend oder themenspezifisch sein können. Zu den ersteren zählen:

1. Gestaltung von Übergängen
2. Bildung eines Lernfelds für gelebte Demokratie
3. interkulturelle Erziehung
4. geschlechtsbewusste Erziehung
5. Förderung von Kindern mit Entwicklungsrisiken und (drohender) Behinderung
6. Förderung von Kindern mit Hochbegabung

Folgende themenbezogene Förderschwerpunkte werden aufgeführt:

1. Sprachliche Bildung und Förderung
2. Ethische und religiöse Bildung
3. Mathematische Bildung
4. Naturwissenschaftliche und technische Bildung
5. Umweltbildung und -erziehung
6. Medienbildung und -erziehung, sowie elementare informationstechnische Bildung
7. Ästhetische, bildnerische und kulturelle Bildung und Erziehung
8. Musikalische Bildung
9. Bewegungserziehung und -förderung, Sport
10. Gesundheitliche Bildung und Erziehung (S. 23)

## 2.4 Themenbezogene Förderung in Kindertagesstätten

Eine themenbezogene Ausrichtung der Kindergartenarbeit ist nicht neu. So fordert Sprey-Wessing bereits in den achtziger Jahren:

- „die Entwicklung muttersprachlichen Könnens im ganztägigen pädagogischen Prozess,
- die erziehungswirksame Arbeit im Rahmen der Alltags-Kinderkultur,
- die gesundheitsfördernde Gestaltung des Kindergartenlebens,

- das Bekanntmachen der Kinder mit dem gesellschaftlichen Umfeld,
- die Einführung und das Einfühlen - Lernen in die Natur und ihre Gefährdungen,
- die Entwicklung elementarer mathematischer Vorstellungen,
- die Gestaltung und Förderung ästhetisch-bildnerischer Fähigkeiten,
- die moralisch sittliche/religiöse Erziehung und
- nicht zuletzt die gezielte Vorbereitung auf den Übergang in die Schule" (Sprey-Wessing 1986, S. 18).

Allerdings gibt es wesentliche Unterschiede zu den heutigen Forderungen; zum einen ist dieses „Programm" nirgends kanonisch gefasst und zum andern waren die einzelnen Aufgaben im Vorschulbereich in einer bestimmten Weise ausgerichtet, wie die Autorin eigens hervorhebt:

„Diesem stattlichen Katalog von Aufgaben und Forderungen liegt eine sehr grundsätzliche und lebensnotwendige Aufgabe zugrunde: Die Vorstellung von einer gelingenden Entfaltung der kindlichen Identität. Dabei ist gemeint, dass Kinder im Zusammenhang des Kindergartenalltags und, gefördert durch die kontinuierliche Beziehung zu den Erwachsenen, in ihrem Umfeld sich selbst zunehmend besser die existentiell wichtigen Fragen zu beantworten lernen: Wer bin ich? Wohin gehöre ich? Wer kann ich werden?" (Sprey-Wessing 1986, S. 18).

Die Identitätsentfaltung galt als ein zentraler Bereich und als regulatives Prinzip. Der Aufbau von Sach- und Sozialkompetenz wurde nicht nur diesem Prinzip untergeordnet, sondern deren Förderung wurden der kindlichen Auswahlentscheidung unterworfen. Damit blieb es weitgehend dem Zufall überlassen, welche Kompetenzen im Einzelnen gefördert wurden und welche brach lagen.

In der gegenwärtigen Diskussion wird diese Position nach wie vor gestützt, aber auch bestritten. Das hängt davon ab, welcher theoretischen Grundannahme man den Vorzug gibt.

Bei der Darstellung der Domänen ist also die Unterscheidung von drei Ebenen zu beachten:

1. Die Theorie-Ebene: Weil Theorie die Rechtmäßigkeit der Inhalte begründet und diese wissenschaftlich und gesellschaftlich rechtfertigt
2. Die Konzept-Ebene: Weil nur über Konzepte Praxis dauerhaft verändert werden kann
3. Die Real-Ebene: Diese Ebene stellt die Praxis selbst dar, die praktischen Handlungen der Akteure.

In der gegenwärtigen Diskussion erleben wir allzu oft eine separate Argumentation auf einzelnen Ebenen, die nicht miteinander verbunden sind. Es

kommt aber vor allem darauf an, Verbindungen herzustellen. So müssen Konzepte durch theoretische Begründungen und gleichzeitig durch Evaluationen hinreichend gefestigt sein.
Das soll nachfolgend für die drei wichtigsten Bereiche geleistet werden.

### 2.4.1 Naturwissenschaftliche Bildung im Elementarbereich

Die belebte Natur, Themen aus der Tier- und Pflanzenwelt also, hat schon im Vorschulbereich einen festen Platz. Demgegenüber führen Themen der unbelebten Natur ein „Schattendasein“ (Lück). Am fehlenden Interesse kann es schwerlich liegen, denn schon Vorschulkinder interessieren sich beispielsweise lebhaft für naturwissenschaftlich orientierte Sendungen im Fernsehen (z.B. die Sendung mit der Maus). Der im deutschen Bildungssystem vergleichsweise späte Einstieg in die naturwissenschaftlichen Fächer Physik und Chemie mag einer unter mehreren Gründen für diese Vernachlässigung sein, gerechtfertigt ist sie nicht. Schon aus der Erfahrung wissen Pädagogen und Eltern zu berichten, dass Kinder immer wieder Alltagsphänomene hinterfragen und wissen wollen, warum die Sonne unter- und eine Kerze manchmal ausgeht. Und in der empirischen Bildungsforschung ist inzwischen nachgewiesen, dass bei Schuleintritt schon ein erhebliches naturwissenschaftliches Wissen vorhanden ist (Carey; Lück). Die vorhandenen Unterschiede zwischen Vorschulkindern gleichen Alters sind eher darauf zurückzuführen, dass manche Kinder in einer anregungsreicheren Umgebung aufgewachsen und häufiger befriedende Antworten auf ihre vielen Fragen erhalten haben als andere.

*Begründungen für naturwissenschaftliche Bildung*

Der erste Begründungszusammenhang ist mit dieser Feststellung schon gelegt. Naturwissenschaftliches Wissen beruhte bislang eher auf naturwüchsigen Erfahrungsprozessen. Nur über eine institutionelle Bildungsförderung kann ein Ausgleich des Bildungsgefälles herbeigeführt werden. Allen Kindern muss Gelegenheit gegeben werden, naturwissenschaftliche Erfahrungen zu machen und diese Erfahrungen kognitiv und sprachlich aufzuarbeiten.
Soll naturwissenschaftliche Kompetenz gleichberechtigter Faktor der Sachkompetenz werden, so sind entsprechende Inhalte zu befördern und entsprechend differenzierte Einsichten in die Prozesse unserer Umwelt zu ermöglichen. Die Naturwissenschaften müssen zum gleichberechtigten Partner der Allgemeinbildung werden.

Naturwissenschaftliche Inhalte sind zudem in besonderem Maße in der Lage zum Aufbau von Schlüsselqualifikationen beizutragen. Hier sind u.a. zu nennen:

- „*System- und Problemlöseorientierung*: Darunter wird das Verstehen komplexer Situationen, sowie die Fähigkeit zum Perspektivwechsel zusammengefasst. Ebenso zählen dazu die Urteilsfähigkeit, zukunftsgerichtetes Denken, Phantasie, Kreativität, Forschergeist u.a.
- *Situations-, Handlungs- und Partizipationsorientierung*: Diese Fähigkeiten sollen u.a. zur Entscheidungsfähigkeit beitragen, Mitbestimmung ermöglichen und Handlungskompetenz fördern.
- *Ganzheitlichkeit:* Sie umfasst u.a. eine möglichst umfassende Wahrnehmungs- und Erfahrungsfähigkeit" (Lück 2000, S. 20).

Ist Bildung Selbstbildung? Letztlich ja. Denn es bedarf des geistigen Zugriffs durch das Kind. Allerdings gehen diesem Akt nicht selten Fragen und Erklärungen voraus, die letztlich Hilfestellungen von außen darstellen. Im naturwissenschaftlichen Bildungsprozess kommt oft noch hinzu, dass auch die Erfahrung nicht immer spontan erfolgt, sondern durch Anstöße von außen ermöglicht wird. Auf solche Anstöße, wie sie beispielsweise das Experiment darstellt, sollte nicht verzichtet werden.

*Entwicklung und naturwissenschaftliche Bildung*

Wie naturwissenschaftliche Bildungsprozesse im Vorschulalter aufgebaut und wie Bildungsprozesse angestoßen und begleitet werden, leitet bereits zur Konzeptebene über. Hier ist vorab zu fragen, wie Kinder in diesem Alter Erfahrungen machen bzw. wie sie lernen.

Schon vor fast fünfzig Jahren stellte Erikson fest:

„Die Weisheit des Grundplanes will es, dass das Individuum gerade zu dieser Zeit (Vorschulalter! HH), mehr als zu jeder anderen, bereit ist, schnell und begierig zu lernen, groß zu werden in dem Sinne, dass es an Pflichten und Leistungen mehr noch als an Macht teilhaben möchte, und zwar so, dass es sich jetzt nicht mehr nur den Menschen, sondern auch der Dingwelt zuwendet" (Erikson 1959, S. 96).

Mehr als bei Piaget, (der das Bewältigen naturwissenschaftlicher Phänomene nur bedingt der prä-operationalen Phase seiner Entwicklungsstufentheorie zuordnet), wird bei Erikson deutlich, dass im Spielalter ein enormer Wissens- und Eroberungsdrang aufkommt, sich erweitert und eine Kettenreaktion auslöst: Die Entwicklungsimpulse beschleunigen die Betätigung und erweitern das Betätigungsfeld, im Zuge besseren Verstehens vervollkommnet sich das Sprachvermögen und erweitert die Vorstellungswelt. Gleichwohl verläuft

diese Entwicklung nicht ohne kleine Krisen, da das Kind noch nicht immer die Mittel bereit hat, die zur Bewältigung bestimmter Aktionen notwendig sind. Und dennoch: Die Aufmerksamkeit ist auf die Dingwelt gerichtet, die allmählich besser zu verstehen zum Hauptinteresse wird (Lück 2000, S. 36).
Diese Bedürfnisse müssen befriedigt werden und zwar „zeitnah“, nämlich dann, wenn sie aufkommen. Denn, wie die Gehirnforschung betont, gibt es Zeiten, in denen Kinder für bestimmte Themen und Fragestellungen empfänglich sind. Diese sog. „ Zeitfenster“ schließen sich auch wieder und wenn die Bedürfnisse dann nicht befriedigt sind, sind Chancen (unwiederbringlich) verpasst worden. Die Neurowissenschaften bestätigen damit Forderung, die M. Montessori schon vor hundert Jahren mit ihren sog. „sensiblen Phasen“ aufgestellt hat: Kinder „wissen“ selbst am besten, wann sie was am besten lernen. Sie leitete damals ihre gesamte an der Freiheit des Lernens orientierte Methode an diesem Phänomen (dem sog. Montessori-Phänomen) ab.
Die Interessen der Kinder und die „offenen Zeitfenster“ sind somit weitere zwingende Argumente für frühes naturwissenschaftliches Lernen im Vorschulalter.

*Methodische Fragen*
Bildungskonzepte des Vorschulalters müssen sich auch mit den Widersprüchen von methodischem und institutionell organisiertem Lernen einerseits und spontanem, natürlichem Lernen andrerseits auseinandersetzen. Im Situationsansatz, der sich vom schulischen Lernen absetzte, werden lebensechte Situationen favorisiert. Die spontanen Fragen der Kinder, die Ausgangspunkt aller Bildungs- und Lernprozesse sein sollten, sind meist nicht verträglich mit geplanten Lehr-Lernprozessen, wie sie die Schule kennt. Auch bei den vorschulischen Programmen für die naturwissenschaftlichen Bildungsprozesse sollten Ursprünglichkeit der Fragestellung und Lebensechtheit erhalten bleiben.
Diese Vorbemerkung ist insofern wichtig, als bei naturwissenschaftlichen Erfahrungsprozessen auf Experimente nicht verzichtet werden kann. Entgegen dem traditionellen Unterricht in der Schule sollten sie jedoch nicht von einer (theoretischen) Hypothese, sondern von konkreten Fragen bzw. Alltagserfahrungen der Kinder ausgehen. Für den Einsatz von Experimenten sind allerdings Kriterien zu beachten:

- Der Umgang mit den für die Durchführung von Experimenten erforderlichen Materialien muss völlig ungefährlich sein.
- Die Experimente sollen immer gelingen, um die Kinder mit dem Phänomen vertraut zu machen.

- Sämtliche Versuche sollten einen Bezug zum Alltag des Kindes haben.
- Die für die Durchführung der Experimente erforderlichen Materialien müssen preiswert zu erwerben oder sogar ohnehin in der Kindertagesstätte vorhanden sein, so z.B. Salz, Zucker, Essig, Teelichter etc.
- Die naturwissenschaftlichen Hintergründe zu den Versuchen sollten für Kinder im Kindergarten- und Vorschulalter verständlich vermittelbar sein, um den Eindruck von Zauberei zu vermeiden.
- Alle Versuche müssen von den Kindern selbst durchgeführt werden können.
- Die Experimente müssen – einschließlich der Versuchsdurchführung durch die Kinder – innerhalb einer überschaubaren Zeit von ca. 20 bis 25 Minuten abgeschlossen sein, um die Konzentrationsfähigkeit nicht zu sehr zu strapazieren" (Lück 2004, S. 80).

*Praktische Beispiele*
Lück hat in ihrem Handbuch der naturwissenschaftlichen Bildung dreißig Experimente zusammengestellt. Ein Beispiel soll die methodischen Überlegungen demonstrieren:
*Wiedergewinnung von Feststoffen aus Lösungen*
Wenn ein Material (z.B. Zucker oder Salz) in Wasser aufgelöst wird, „verschwindet" es. Nicht mehr sichtbar bedeutet für das Kind zunächst: nicht mehr vorhanden. Durch einen Versuch kann veranschaulicht werden, dass Lösungen den Feststoff dennoch enthalten.
Dazu benötigt man ein Teelicht mit Glasschälchen, Feuerzeug, ein Teelöffel aus Metall, eine konzentrierte Salzlösung, Kochsalz und Zuckerwürfel.
Man stellt zunächst eine konzentrierte Salzlösung her und eine Zuckerlösung. Die Lösungen werden durch kleine „Kostproben" unterschieden und es kann festgestellt werden, dass Zucker und Salz noch vorhanden sein müssen. Die Kinder kommen in der Regel nicht darauf, wie man Salz wieder „herausbekommt". Die Erzieherin schlägt vor: Ein Teelöffel Salzlösung wird über einer Teelichtflamme erhitzt. Das Wasser verdunstet und die Salzkristalle werden wieder sichtbar.
Dass zunächst das Salz (durch Lösung) und jetzt das Wasser (durch Verdunstung) scheinbar „verschwunden" ist, kann jetzt erklärt werden (vgl. Lück 2000 S. 127/128)
Erfahrungsberichte aus Modellkindertagesstätten lassen hohe Konzentration der Kinder, gute Beobachtungsverhaltensweisen und Aktivität bei der Durchführung erkennen. Zudem können sich die Kinder mittelfristig an die an-

schaulichen Ereignisse erinnern, d.h. dass die Erkenntnisse in die kognitive Struktur integriert werden.
Von besonderem Interesse ist noch eine Studie, die sich mit Langzeitwirkungen von naturwissenschaftlichen Bildungserfahrungen im frühen Kindesalter befasst. Studienanfänger des Diplomstudiengangs Chemie wurden befragt, was ihre Studienwahl beeinflusst hat. Natürlich stehen dabei schulische Erfahrungen, insbesondere in der Zeit der Sekundarstufe, an der Spitze. Darüber hinaus aber haben 37% der Befragten außerschulische Einflüsse geltend gemacht, darunter gehen 22 % auf vorschulische Erfahrungen zurück (Lück 2004, S. 87).
Als weitgehendes Neuland im Vorschulbereich bedarf die naturwissenschaftliche Bildung einer besonders überzeugenden Begründung. Allerdings hat in diesem Bereich auch noch die Grundschule einen nicht geringen Nachholbedarf. Das legen nicht nur entwicklungspsychologische Argumente nahe, das steht auch in den Defizit-Listen der „Analysten" internationaler Vergleichstudien und es steht längst auf den Fahnen der Exportnation Deutschland. Die Chancen für erfolgreiches Lernen in diesen Bereichen sind groß. Sie müssen aber besser genutzt werden.

### 2.4.2 Mathematische Grundbildung

Noch immer steht der deutsche Kindergarten dem fachlichen Lernen skeptisch gegenüber. Das gilt besonders für den Bereich der mathematischen Grundbildung. Bis zu einem gewissen Grad ist diese Ablehnung verständlich, wurde doch in den Früherziehungskonzepten der 1970er Jahre gehörig über das Ziel hinausgeschossen. So war beispielsweise „New Maths" an den begrifflich-formalen Rahmen der Strukturmathematik und an deren Fachsprache gebunden. Sie musste schon deshalb scheitern, weil sie weder mit den Verstehensleistungen noch mit den Bedürfnissen von Kindern des Elementarbereichs in Einklang zu bringen waren (Wittmann 2004, S. 49).

*Begründung der mathematischen Grundbildung*

Und trotzdem muss eine zeitgemäße domänenspezifische Bildung im Vorschulalter auch mathematische Denk- und Lernprozesse einschließen. Das zeigen zum einen die Erfahrungen anderer Länder, wie Frankreich und die Niederlande, und auch die Ergebnisse und Konsequenzen der Pisastudie weisen in diese Richtung. Da jeder Lernprozess auf vorangegangenen Lernerfahrungen aufbaut, müssen seine jeweiligen Voraussetzungen offen und klar sein. Kindern, die im Grundschulalter Lernschwierigkeiten bei mathematischen Problemstellungen haben, fehlt es meist an Voraussetzungen, die als

Erfahrungen im Vorschulalter erworben wurden. Unterschiedliche Lernumgebungen im Vorschulalter, sowie latente Anregungen und Förderprozesse im kindlichen Spiel haben zu unterschiedlichen Lernvoraussetzungen für das systematische und organisierte Lernen in der Grundschule geführt – ein Umstand, der nicht ohne weiteres hingenommen werden kann. Ein Ausgleich kann nur dann erfolgen, wenn in vorschulischen Einrichtungen Lernumgebungen bereitstehen, die allen Kindern entsprechende Erfahrungen ermöglichen.

*Mathematische Grundbildung und Sprache*
Es geht nicht primär um Mathematik, sondern um den Nutzen mathematischen Denkens im kindlichen Lern- und Erfahrungsprozess. Deshalb ist es wichtig, die Vorläufer des mathematischen Denkens zu identifizieren und in ein Vorschulcurriculum zu integrieren (van Oers 2004, S. 313). Dieses Denken besteht gerade nicht primär im Verstehen von (isolierten) Operationen im Anschluss an Piaget (Klassifikation, Aneinanderreihung, Eins-zu-eins-Zuordnung u.a.), sondern im Anwendungsbezug und in der Kontextualisierung mathematischer Prozesse:
„In aktuellen Ansätzen zur Mathematikerziehung wird ... die Bedeutung der Sprache, des Problemlösens und des Schlussfolgerns als Basis mathematischen Denkens betont. Aus diesem Blickwinkel wird mathematisches Denken als Prozess verstanden, in dem schematische Lösungen für wichtige Problemstellungen mit Hilfe von quantitativen und räumlichen Beziehungen angestrebt werden“ (van Oers, 314).
Zeitgemäße Konzeptionen kehren deshalb mathematisches Denken im Zusammenhang mit Sprache und dem sprachlichen Ausdruck hervor, sowie die sozialen Prozesse, in denen dies geschieht, nämlich den Alltagsaktivitäten von Kindern.
Wittmann verweist sogar auf den spielerischen Charakter der Mathematik selbst:
„Mathematik ist ein Spiel. Da Kinder von klein auf ein ursprüngliches Verhältnis zu Zahlen und Formen haben, kann die Motivation für mathematische Aktivitäten von Anfang an aus dem Fach selbst geschöpft werden.“ Und weiter: „Der spielerische Zugang zur Mathematik fügt sich organisch in die Grundprinzipien der Vorschulerziehung ein. Daher lassen sich mathematische Aktivitäten in Form echter mathematischer Spiele zwanglos in das Arbeitsprogramm von Kindergärten integrieren.
Mathematische Aktivitäten fordern und fördern nicht nur den Kopf, sondern auch das Wechselspiel von Kopf, Auge, Sprache, Ohr, der Feinmotorik der

Hände und der Grobmotorik des gesamten Körpers. Die mathematische Früherziehung muss auf dieses volle Spektrum von kognitiven und sozialen Fähigkeiten zielen. Wenn sie das tut, leistet sie einen wichtigen Beitrag zur Erziehung überhaupt" (Wittmann, S. 52/53).

*Konkretisierungen*

Die Autoren verweisen vor allem auf das kindliche Spiel, in dem problemhaltige Situationen enthalten sein können. Van Oers nennt in seinem Beitrag Beispiele:

So möchte ein vierjähriger Junge beispielsweise wissen, wie oft er mit seinem Spielzeugauto im Raum hin und herfahren muss, um die vielen Murmeln einer Schachtel zu transportieren. Auf eine Ladung passen sechs Murmeln. Er unterhält sich mit anderen über das Problem und schließlich auch mit der Erzieherin. Entweder er probiert es aus; dann muss er bei jeder gefahrenen Ladung eine „Zählstrich" machen; oder aber er ordnet die unbestimmte Menge an Murmeln zunächst nach Sechser-Portionen oder Sechser-Ladungen und versucht die erhaltenen „Häufchen" zu zählen (vgl. van Oers, S. 320).

Das Kind macht bei einer solchen Spielhandlung eine ganze Reihe von mathematisch orientierten Erfahrungen, aber auch von allgemeinen Alltagserfahrungen: Es steuert ein bestimmtes räumliches Ziel an und fördert damit seine Grobmotorik (möglicherweise muss es dabei ja auch noch Hindernisse überwinden oder umfahren). Es macht mit symbolischen Repräsentanten (Strichliste) Bekanntschaft. Es führt einfache Formen des Bündelns (Zerlegen unbestimmter Mengen) aus. Es nimmt Kontakt auf mit Erwachsenen oder auch mit anderen Kindern, argumentiert und ringt mit ihnen um eine Lösung. Es zählt Murmeln und Ladungen und führt damit mengenerfassende Zählvorgänge aus. Es erfährt, dass mit diesen Handlungen und Aktivitäten Probleme gelöst bzw. Fragen beantwortet werden.

In einem Schuhladen findet sich meist nur ein Schuh der Art und Größe im Regal. Warum wohl? Kinder stellen Vermutungen an. Der andere bleibt in der Schachtel. Und: Was könnten wir tun, damit die Verkäuferin den zweiten Schuh gleich findet, wo doch die Schachteln alle gleich aussehen? Mit einem gleichen Symbol im Schuh des Regals und auf der entsprechenden Schuhschachtel (beispielsweise ein Schmetterling) finden wir den zweiten Schuh sofort. Das Kind lernt hier neben den allgemeinen Sprach- und Denkvorgängen auch die Eins-zu-eins-Zuordnung und macht damit eine wichtige mathematische Grunderfahrung.

Die vielen indirekten Fördermaßnahmen für geometrisches und arithmetisches Denken können nur aufgezählt werden: Eine Reihe von Bewegungsübungen und -spiele (Rückwärtsgehen, Seitwärtsgehen, rhythmisches Laufen, Tanzen im Zwei- und Dreivierteltakt, uvm.), Kartenspiele für Vorschulkinder, Brettspiele, Bauspiele aller Art, Montessori-Spiele. Bei all diesen Spielen geht es – direkt oder indirekt – um Mengen, die Anordnung von Mengen, um Zahlen und Mengenstrukturen.

*Folgerungen*

Die Folgerungen gelten im Prinzip für die gesamte bildungsorientierte Kindergartenarbeit, aber wegen der vorhandenen Abstinenz gegenüber der mathematischen Grundbildung natürlich vor allem für diesen Bereich:

Zum einen geht es darum, für Erzieherinnen umfangreiche Fort- und Weiterbildungsmaßnahmen durchzuführen, da die gegenwärtigen Anforderungen sowohl dem traditionellen Berufsverständnis als auch den früheren Ausbildungsstandards widersprechen. Darüber hinaus muss die Ausbildung der Erzieherinnen auf Fachhochschul- oder Hochschulniveau angehoben werden. Schließlich führt an einer schon älteren Forderung kein Weg vorbei: Die Zusammenarbeit von Kindergarten und Grundschule muss systematisch ausgebaut werden, wenn Bildung anschlussfähig werden soll. Dazu mehr in den Kapiteln 4 und 5.

### 2.4.3 Sprachliche Bildung im Vorschulalter

Noch vor gut zwanzig Jahren wurde als gegenwärtige und künftige Aufgabe des Kindergartens die „Entwicklung muttersprachlichen Könnens im ganzheitlichen pädagogischen Prozess“ proklamiert (Sprey-Wessing 1986, S. 18). Was immer Erzieherinnen darunter verstanden haben, es war nahezu ausschließlich Sprache als Medium der Kommunikation gemeint. Als erste Annäherung an schulische Kompetenzen wurden bestimmte Spielhandlungen beschrieben: Es geht dabei um die Fähigkeit, Verstehensleistungen vom Kontext abzuheben. So erfordern beispielsweise das gemeinsame Betrachten von Bilderbüchern bereits Dekontextualisierungsleistungen, da die Gegenstände dort bereits aus dem Alltagskontext herausgehoben sind. Eine Förderung schulischer Kompetenzen ist die klassische Form des Geschichtenerzählens und insbesondere des Vorlesens. „In Geschichten sind Situationen und Geschehnisabläufe sprachlich verschlüsselt. Ihr Verständnis und ihre Wiedergabe sind parallel zur Informationsvermittlung in der Schule zu sehen, die ja ebenfalls narrative Inhalte weitergibt“ (Oerter 1993, S. 384).

*Neue Begründungsansätze*

Der erste Schritt, die Sprache nicht mehr nur als Medium zu betrachten, ist der Gebrauch der Metakommunikation im Spiel. Pellegrini & Galda konnten

einen Zusammenhang zwischen der Metakommunikation im Spiel und der schulischen Kompetenz nachweisen; insbesondere beim Rollenspiel werden Formen der distanzierten Handhabung von Beziehungen, Strategien und Sachverhalten eingesetzt (Pellegrini & Galda 1991; Oerter 1993).
Ein ganz neuer Impuls für die Sprachförderung im Vorschulbereich kam aus der Legasthenieforschung, die wohl in den 1970er Jahren zunächst an ihre Grenzen stieß. Will man nämlich die Ursachen der Lese-Rechtschreib-Schwierigkeiten der Grundschule identifizieren, so muss man die bisherige Lerngeschichte dieser sog. Risikokinder analysieren. Das geschieht seit gut fünfzehn Jahren in Längsschnittstudien, die den Zugang zur Schrift beschreiben und die Bedingungen der Lesesozialisation auflisten.
Das Deutsche Pisa-Konsortium stellt dazu fest:
„Vom Beginn des regulären Schriftspracherwerbs bis zur zielorientierten Nutzung von Texten durchlaufen Schüler im Laufe der Lesesozialisation einen Entwicklungsprozess, der sich als komplexes Zusammenspiel verschiedener Teilfähigkeiten beschreiben lässt. Dieser Prozess wird in einem erheblichen Maße durch den Schriftspracherwerb in der Grundschule geprägt, er beginnt jedoch schon früher. Bereits im Vorschulalter wird der Grundstein für eine erfolgreiche Lesesozialisation und den kompetenten und zielorientierten Umgang mit Texten gelegt“ (Pisa 2000, S. 73/74).
Wie sich dieser Grundstein zusammensetzt bzw. welche Faktoren oder Merkmalsbereiche am Aufbau der Lesefähigkeit beteiligt sind, haben in Deutschland Skowronek & Marx untersucht. Sie unterscheiden spezifische und unspezifische Prädiktoren:
„Als spezifische Prädiktoren werden solche Merkmalsbereiche bezeichnet, die … Aufgabenstellungen umfassen, welche überwiegend beim Erwerb der Schriftsprache von Bedeutung sind. … In diese Kategorie fallen die Aufgabenstellungen zur phonologischen Bewusstheit und zum Bereich Aufmerksamkeit und Gedächtnis. Phonologische Bewusstheit bezeichnet dabei die Fähigkeit, lautsprachliche Einheiten, die beim Schriftspracherwerb angesprochen werden und die unterhalb der Bedeutungsebene der Sprache angesiedelt sind, wie z. B. Phonemgliederung, Verbinden von Lautfolgen, Erkennen von Klanggleichheiten, zu erkennen und darauf zu reagieren. Unter den Inhaltsbereich Aufmerksamkeit und Gedächtnis fallen alle Aufgabenstellungen, die das Bearbeiten und Verarbeiten von grundlegenden Prozessen des Lesens und Schreibens ermöglichen, begleiten und fördern. Dabei werden als phonologische Fertigkeiten der Gedächtnisabruf von Bild-, Wort- oder Zahlenmaterial, die Gedächtnisspeicherung von Laut- und Buchstabenfolgen oder die Berücksichtigung der räumlichen Orientierung von Buchstaben sowie das Be-

achten der Links-Rechts-Anordnung von Symbolfolgen unterschieden" (Marx 2004, S. 92/93).

*Komponenten der Literalität*

In den Untersuchungen von Marx & Skowronek steht die technische Lesefertigkeit im Vordergrund. Die Komponenten der Literalität aber sind noch komplexer. Sollen Kinder auch in der Lage sein, verstehend zu lesen, so geht es auch um das Verständnis von Sprache. Dabei wird oft übersehen, dass beide Komponenten, das technische Lesen einerseits und das Verstehen von Sprache andrerseits „jeweils verschiedene Teilkomponenten mit je eigenen Entwicklungsgeschichten und Determinanten integrieren" (Leseman & de Jong 2004, S. 169).

Auf theoretischer Ebene sind zunächst drei Grundannahmen von Bedeutung:

1. Lesekompetenz., Literalität (engl. Litracy ) umfasst einen Komplex von Fähigkeiten und Einstellungen, die ermöglichen, dass die kommunikative Absicht des Textautors vom Leser verstanden wird.
2. Diese Lesekompetenz entwickelt sich über mehrere Stufen und in mehreren „Pfaden" über mehrere Jahre hinweg je nach Angeboten mehr oder weniger rasch und mehr oder weniger gründlich.
3. Entwicklungsdauer und Entwicklungsqualität hängen zum einen von einer entsprechend anregenden Umgebung, sicher auch vom individuellen Neugierverhalten des Kindes ab.

*Beschreibung der fortschreitenden Lesekompetenz (emergent literacy)*

Um die Entwicklung der Lesekompetenz angemessen beschreiben zu können, bedienen wir uns zweier Modelle: Das Modell von Snow hat den Vorteil, die einzelnen Stränge besser zu beschreiben, das von Bertau und Speck-Hamdan legt größeren Wert auf die einzelnen Entwicklungsschritte.

Snow unterscheidet als Ausgangspunkt drei Komponenten. Weil sie seiner Annahme zufolge vorwiegend in der Familie stattfinden, bezeichnet er sie als *(Familien)-Sprache (1)*: Hier geht es um die kognitive Förderung und Erfahrungen mit Hilfe von Reimen, Liedern, Versen, Sprüchen, etc.

*(Familien)-Literalität (2)*: Hier sieht das Kind, dass Erwachsene mit Sprachtexten umgehen, ihm wird vorgelesen; erste Versuche, den eigenen Namen zu schreiben.

*(Familien)-Konversation (3)*: Es erfolgen Gespräche über persönliche Erlebnisse; das Vorlesen (und Sprechen über das Gelesene) erfolgt bedeutungs- und verstehensorientiert.

Die drei Komponenten verlaufen in der Praxis zum Teil ineinander verzahnt; es geht jedoch immer darum, dass Kinder Sprachangebote erhalten, mit

Sprachtexten in Form von Vorlesen erste Erfahrungen machen und in einer schon fortgeschrittenen Form über das Gelesene sprechen und sich generell sprachlich mit Erwachsenen auseinandersetzen. Dies alles geschieht zwischen drei Jahren und dem Schuleintritt und es ereignet sich beileibe nicht nur in der Familie, sondern auch in vorschulischen Einrichtungen. Die ersten Spracherfahrungen (1) führen zu ersten phonologischen und kognitiven Fähigkeiten, Erfahrungen mit der Literalität (2) bringen die ersten Einsichten in die Funktion der Schriftsprache, sowie erste Buchstabenkenntnisse und Schriftkonventionen. Die Konversationsebene (3) schließlich führt zur verstehenden und kontextunabhängigen Sprachfähigkeit.

Die Einzelschritte selbst sind allerdings hier etwas grob. Sie müssen verfeinert werden: Die Sprachentwicklung hat ihren Ausgangspunkt zunächst in mündlichen Spracherfahrungen (1); es handelt sich um ein Sprechen in der und zur Situation. Allmählich erfolgt eine erste Verzahnung von Mündlichkeit und Schriftlichkeit (2). Hier hat allerdings das Kind zunächst noch eine sehr passive Rolle. Ihm wird vorgelesen d.h. aber auch: Es wird über nicht Vorhandenes gesprochen. Mündlichkeit und Schriftlichkeit ist verzahnt auf einer ersten formalen Lernphase (3). Es geht zwar immer noch um Vorlesen; es werden aber Gespräche über die Texte geführt. Schließlich weist Mündlichkeit und Schriftlichkeit vielfältige Formen auf (4). Metasprachliches Wissen, auch unterhalb der Bedeutungsebene wird eingeführt. Soweit es sich dabei um informelles Lernen handelt, wurde dafür der Begriff der sich entwickelnden Literalität (emergent literacy) eingeführt (Leseman & de Jong, S. 172).

Der Weg führt also von kontextgebundenen Sprecherfahrungen in mehreren Schritten zum Erwerb von metasprachlichen Wissen und dessen Anwendung im Lesen und Schreiben.

Fassen wir zusammen:

1. Schriftspracherwerb ist auf viele Vorerfahrungen angewiesen, deren Entwicklung und Struktur heute besser beschrieben werden kann.
2. Diese Vorläufer des Schriftspracherwerbs werden in der Zeit bis zum Schuleintritt in bewussten und unbewussten Spracherfahrungsprozessen („emergent literacy“) gelernt, wenn entsprechende Anregungen vorhanden sind oder geschaffen werden. Andernfalls fehlen notwendige Grundlagen für den Einstieg in den eigentlichen Leselernprozess.
3. Wenn entsprechende Entwicklungsschritte fehlen, sind die Vorschuleinrichtungen aufgefordert, über entsprechende Angebote eine Förderung zu veranlassen.

4. Um angemessen fördern zu können, sind diagnostische Verfahren anzuwenden, welche die erreichte Entwicklungsstufe anzeigen.
5. Die neuen anspruchsvollen Erfordernisse der Vorschulbildung haben die Konsequenz, die Ausbildung der Erzieherinnen qualitativ zu verbessern.

*Anregungspotential für eine Sprachförderung in der Vorschulzeit*

Die englische Vorschulpädagogin Marian Whitehead (2004) weist darauf hin, dass sprachlich-literarische (literacy) Grundbildung auf anthropologische Voraussetzungen aufbaut:

- „Babys kommen mit einem immanenten sprachlichen Instinkt zur Welt;
- Babys sind kontaktfreudige und spielerische Unterhalter;
- ihr Gehirn entwickelt sich sehr schnell und ist auf Lernen ausgerichtet;
- Formen non-verbaler Kommunikation sind Grundlage des Spracherwerbs;
- kleine Kinder verwenden Sprache, um ihren Erfahrungen Sinn zu verleihen und
- die Lernfähigkeit wird am meisten mit fürsorglichen Erwachsenen gefördert" (Whitehead 2004, S. 298).

Das gemeinsame Betrachten von Bilderbüchern mit Kleinkindern ist für die Entwicklung von Literalität in mehrfacher Hinsicht von Bedeutung: Zum einen ahnt das Kind, dass zwischen den Buchdeckeln eine „eigene Welt" vorhanden ist, es werden Bedeutungen aus Bildern abgeleitet, es erfolgt eine gemeinsame Aufmerksamkeit der Betrachter und es werden gemeinsame innige Erlebnisse gestartet. In einer frühen Phase haben diese Prozesse u.U. auch prägenden Charakter. Wie ein englisches Projekt nachweisen kann, haben diese fundierenden Prozesse Langzeitwirkung (Whitehead S. 300; vgl. die zweite Spur in Snows Modell).

Auch im Umgang mit Tönen, Rhythmen und Reimen finden sich Elemente des frühen Spracherwerbs. Unsere Kultur ist reich an Reimen, Gedichten, Kinderversen, Schlaf- und Wiegenliedern, Zungenbrechern, Wortspielen, Sprichwörtern und Volksweisheiten, die von Kleinkindern aufgenommen und verarbeitet werden. Endreime, Alliterationen, Reimpaare, Lautmalereien und auch Sprachmaterial unterhalb der Bedeutungsebene wie Silben und Buchstaben wird auf diese Weise erfahrbar gemacht. Sprachliche Spielereinen dieser Art führen letztlich zu der „neuen Phonetik" und machen die phonologische Ebene der Sprache allmählich bewusst. Inzwischen sind Curricula und Trainingsprogramme auf dem Markt, die derartige Bildungsprozesse unterstützen (Küsper & Schneider; Günther; siehe Anhang!)).

Die Allgegenwärtigkeit von Symbolen und Schrift macht es möglich, dass Kinder im Alter von vier bis sechs Jahren auch „erfahrungsorientiert" Lesen

und Schreiben lernen: Straßennamen, Hausnummern, Werbelogos, Bilderbücher, Hinweisschilder, Aufschriften auf öffentlichen Gebäuden (Rathaus; Parkplatz, Supermarkt, Post...) werden von Kindern beachtet, zum Teil auch schon verwendet und vermitteln zudem auf der Metaebene die Einsicht von der kommunkativen Funktion der Schrift. Hierher gehören auch Alltagsprobleme wie die Frage, woher weiß der Briefträger, wohin er seine Briefe und Pakete tragen muss? Bei der Förderung geht es darum, möglichst viele Zeichen und Symbole in der Umgebung der Kinder aufzustellen und in ihre Spielhandlungen einzubauen.
Einen Schritt weiter führt die Möglichkeit, wenn Kinder selbst Zeichen oder Bildsymbole „erfinden". Im Hinblick auf den vorbereitenden Charakter für Funktionswissen für den Schriftspracherwerb ist es besonders wichtig, wenn die Zeichen in einer kommunikativen Situation zur Anwendung kommen, d.h. wenn es sich um Vereinbarungen handelt.

*Beispiele aus der Praxis*
Im Bayerischen Bildungs- und Erziehungsplan nimmt die sog. Literacy-Erziehung einen breiten Raum ein. Bei den praktischen Beispielen sind neben anderen Bereichen der Sprachförderung in diesem Bereich genannt:: Die Bilderbuchbetrachtung, das Erzählen und Vorlesen, Umgang mit Reimen und Gedichten, Laut- und Sprachspiele, Rollen und szenische Spiele. Einen besonderen Schwerpunkt bilden die „Aktivitäten rund um das Buch":
Diese Aktivitäten sind eine wesentliche Dimension von Literacy-Erziehung. Die Leseecke, sie ist klar abgegrenzt und attraktiv gestaltet; es gibt einen kleinen Tisch mit Tonträgern und Kopfhörern; die Bücher sind für Kinder zugänglich; möglichst viele Gattungen sind vertreten: Bilderbücher, Sachbücher, Märchenbücher, Lexika, Zeitschriften; außerdem Tonmaterialien (Hörspiele, Lieder, Märchen); die Kinder können Bücher ausleihen; in der Bücherei finden sich auch „Bücher" (oder Hörtexte) mit Geschichten der Kinder; es gibt Buchausstellungen und Besuche in Bibliotheken. Bibliothekspersonal sind wichtige Kooperationspartner; sie beraten pädagogische Fachkräfte und Eltern (Bildungs- und Erziehungsplan (leicht gekürzt), S. 217).
Literacy fördernde Aktivitäten sind auch spielerische Erfahrungen mit der Schriftkultur und der Schrift:
Schilder auf der Straße oder kurze Werbespots entziffern; stets wechselnde Plakate in der Einrichtung präsentieren; Schriftzeichen aus andern Kulturen kennen lernen; den eigenen Namen schreiben; Plakate herstellen, „Briefe" an Freunde verschicken; Rollenspiele mit Schreibszenen: Büro, Restaurant,

Post, Schule; Kinder sammeln Lieblingsbuchstaben; stets wechselnde Logos und Hinweisschilder an den Wänden (Bildungs- und Erziehungsplan, S. 218)
Es gibt allerdings im Kindergarten noch keine Fächer wie in der Schule. Gleichwohl sind Szenen und Situationen denkbar, in denen themenbezogen gearbeitet wird. Im Allgemeinen verwirklicht sich Sprachförderung in der Kindertagesstätte in „informellen" Situationen:

- In der gestalteten Umgebung (Präsenz von Schrift)
- In der Kommunikationssituation (in einer kindgemäßen Gesprächskultur)
- Im Kontext des Kinderspiels (Reime und Verse)
- Im Kontext mit anderen Themenschwerpunkten
- In Projekten

## 2.5 Qualität von Kindertagesstätten: Empirische Befunde

In Qualitätsstudien geht es um die Wirksamkeit von Kindertagesstätten im Hinblick auf eine positive Entwicklung der Kinder. Lange Zeit hatten gerade vergleichende Studien ihre Defizite. Die Erfassungsinstrumente waren zu ungenau. Erst in den letzten Jahren können bei differenzierter Erfassung einer großen Population Ergebnisse als gesichert gelten. Im Folgenden soll vorwiegend eine englische Studie referiert werden, die diesem anspruchsvolleren Standard gerecht wird. Es ist das EPPE-Projekt (EPPE = The **E**ffective **P**rovision of **P**re-School **E**ducation).
Wir referieren hier nicht die aufwändigen Versuchsbedingungen, sondern kommen gleich zu den Ergebnissen:

1. „Vergleichende Analysen des Entwicklungsstandes von vorschulisch betreuten Kindern und ausschließlich in Familien betreuten Kindern zeigen auf, dass der Besuch einer vorschulischen Einrichtung neben der kognitiven Entwicklung der Kinder ebenso Aspekte des Sozialverhaltens fördern, zu denen z.B. Selbstständigkeit, Konzentrationsfähigkeit, Kooperationsfähigkeit sowie in Beziehung zu anderen Kindern Gemeinschaftsfähigkeit gehören (Sylva u.a. 2004, S. 156)
2. „Kinder, die keine (oder nur sehr kurz) vorschulische Einrichtung besuchten, weisen beim Schuleintritt geringere kognitive Fähigkeiten und weniger Konzentrations- wie auch Gemeinschaftsfähigkeit auf" (ebenda S. 156).
3. Je früher die Kinder in eine Einrichtung kommen, desto höher sind die Entwicklungsvorteile im kognitiven und sozialen Bereich (S. 157)
4. Auch Lernschwierigkeiten werden in den Einrichtungen vermindert, wenn auch nicht in jedem einzelnen Fall, so doch in der Tendenz.

5. „Die Ergebnisse legen nahe, dass benachteiligte Kinder und jene, für die Englisch die Zweitsprache darstellt, von spezifischer Unterstützung in vorschulischen Einrichtungen, besonders hinsichtlich Sprachfähigkeit und Vorläuferfähigkeiten des Lesens, profitieren" (S. 157).

Ging es in diesen fünf Punkten vor allem um den Unterschied zwischen vorschulischer Einrichtung und häuslicher Bildung und Erziehung, so soll nun die Qualitätsunterschiede verschiedener Einrichtung ins Auge gefasst werden. Was sind Merkmale effektiver vorschulischer Einrichtungen?

Die wichtigsten Faktoren: Die Erzieherinnen-Kind-Interaktion ist dann am wirkungsvollsten, wenn „die Mitarbeiterinnen emotionale Wärme zeigen und aufmerksam auf die individuellen Bedürfnisse von Kindern eingehen" (S. 159). Eine entscheidende Rolle für die Qualität der Einrichtung spielt der Qualifikationsgrad der Erzieherinnen. Er fördert insbesondere die intellektuellen Fähigkeiten der Kinder.

Die herausgehobenen Kompetenzen guter Erzieherinnen sind:

- *Die Fähigkeit zu angemessener Interaktion mit den Kindern:* Unterstützen, aber nicht führen oder gar gängeln, Anregungen für Problemlösungen und Konzeptrealisierungen geben. „In effektiven Einrichtungen werden solche gemeinsam geteilten Denkprozesse angeregt" (S. 160).
- *Didaktisch-curriculares Fachwissen:* Gute Kenntnisse der Inhalte verbunden mit dem Wissen um Strategien sind wichtige Bestandteile der pädagogischen Arbeit
- *Wissen über das Lernen kleiner Kinder:* „Die wirkungsvollste pädagogische Arbeit besteht sowohl aus der anleitenden Vermittlung von Lerninhalten als auch aus dem Zur-Verfügung-Stellen von frei gewählten, jedoch potenziell lehrreichen spielerischen Aktivitäten."
- *Unterstützung der Kinder bei Konfliktlösungen:* Es muss Disziplin- und Verhaltensregeln geben. Sie sollten nur gemeinsam erarbeitet und gewaltlos sein.
- *Beratung bei häuslichen Lernprozessen:* Effektive Einrichtungen arbeiten mit den Eltern zusammen und versuchen gemeinsame Standards mit den Eltern zu erarbeiten (S. 162).

## 2.6 Schulvorbereitende Einrichtungen

Schulvorbereitende Einrichtungen sind in den meisten Bundesländern als Schulkindergarten bekannt. Je nach Konzept waren aber auch andere Namen im Gebrauch. So nennt sie Sachsen beispielsweise Vorbereitungsklassen und

Bayern hat neben wenigen Schulkindergärten vor allem Diagnose- und Förderklassen.
Der Schulkindergarten ist eine Einrichtung, die schul*pflichtigen*, aber nicht schul*fähigen* Kindern den Übergang zur Grundschule durch gezielte Förderung erleichtern soll. Er ist daher eine Übergangsinstitution von besonderer Qualität.

*Geschichte*

Die Idee geht auf die Zeit vor dem Ersten Weltkrieg zurück, der gezielte Ausbau erfolgte allerdings erst nach dem Zweiten Weltkrieg und hängt sehr eng mit der Schulreifediskussion der fünfziger Jahre zusammen. Zurückgestellte Kinder sollten in einer eigenen Institution „aufgefangen" werden. Seine heutige Funktion erhielt der Schulkindergarten allerdings erst mit der veränderten Sicht von Begabung und Lernen Ende der sechziger Jahre. Lerndefizite wurden damals nicht mehr als (endogene) Reiferückstände interpretiert, sondern als Sozialisations- und Lernrückstände, die nur durch eine gezielte Förderung ausgeglichen werden können. Solange vorschulische Einrichtungen wie Kindergarten, Vorschulklassen, Eingangsstufen, Modellklassen usw. weder alle Fünfjährigen erfassen, noch entsprechende Binneneinrichtungen zu gezielter Förderung lernschwacher Kinder aufweisen, wird es für einige Schüler Schwierigkeiten beim Übergang zur Schule geben
Organisatorisch gehören Schulkindergärten zur Grundschule, sie werden in der Regel von Sozialpädagogen oder Grundschullehrerinnen betreut. Im ausgehenden 20. Jahrhundert bauten vor allem die Länder Nordrhein-Westfalen und Niedersachsen diese Einrichtung aus. Sie versprachen sich davon sowohl eine Entlastung des Eingangsstufenbereiches, wohl aber auch eine Verbesserung der Situation der betroffenen Kinder.

*Aufgaben des Schulkindergartens*

Der nachfolgende Empfehlungskatalog aus Niedersachsen beschreibt die Aufgaben für diese Einrichtung, ist aber gleichwohl repräsentativ für den Schulkindergarten allgemein:
„Aufgabe des Schulkindergartens ist es, alle Kinder ihren individuellen Möglichkeiten entsprechend in ihrer gesamten Persönlichkeit zu fördern, sowie Entwicklungsrückstände bzw. Störungen im sozialen, emotionalen, motorischen oder kognitiven Bereich aufzuarbeiten.
Die Bereitschaft der Kinder zum Spiel und ihre Freude am Spielen müssen erhalten und weiterentwickelt werden bzw. ihre Spielfähigkeit muss geweckt werden, denn die Fähigkeit und Bereitschaft mit anderen zu spielen und zu

lernen ist eine notwendige Voraussetzung für weiteres Arbeiten und schulisches Lernen.

Ausgehend von ihren individuellen Lernerfahrungen und Lernfähigkeiten, sollen die Kinder im Schulkindergarten grundlegende Fähigkeiten und Fertigkeiten für erfolgreiches Lernen in der Schule erwerben. Im Einzelnen soll/sollen

- ihr Selbstvertrauen aufgebaut und gefestigt,
- ihre Lernbereitschaft gefördert bzw. geweckt,
- ihre Fähigkeit zur Selbstkontrolle erweitert,
- ihre Bereitschaft und Fähigkeit mit anderen Kontakt aufzunehmen, zu spielen und zu arbeiten verbessert,
- ihre Konzentrations- und Merkfähigkeit erweitert,
- ihr Aufgabenverständnis weiterentwickelt,
- ihre Sprechbereitschaft und Sprechfähigkeit in der Gruppe gefördert,
- ihre Grob- und Feinmotorik weiter ausgebildet und
- ihre visuelle, auditive und taktile Wahrnehmungs- und Differenzierungsfähigkeit geschult werden.

Die Arbeit führt allmählich von den Formen des vorschulischen Lernens zu den spezifischen Formen des Lernens in der Grundschule" (Empfehlungen 1990, S. 5).

Die Einschätzung des Erfolges von Schulkindergärten ist bislang vorwiegend subjektiv. Mit Ausnahme der Bielefelder Studie aus dem Sonderforschungsbereich existieren keine empirischen Untersuchungen.

Die allgemeine Aufgabe lautet, individuelle Entwicklungsförderung zu leisten. Gleichwohl wird es differenzierte Aussagen zur Typik von Entwicklungsrückständigkeiten geben müssen, die allerdings von den Akteuren vor Ort zu je eigenen „Diagnose- und Förderplänen" verarbeitet werden müssen.

*Voraussetzungen für die Arbeit im Schulkindergarten*

Insofern kommt der Qualifikation der Lehrer/Erzieher ein besonderer Stellenwert zu: Von Psychologen benötigen sie Entwicklungsdaten zu den einzelnen psychischen Bereichen, insbesondere Einblicke in die Entwicklungsdefizite, von Erzieherinnen die besondere Fähigkeit der kindgemäßen Arbeitsweise im Elementarbereich und von Lehrerinnen die spezielle Unterrichtskompetenz (Fachkompetenz). Eine solche Profession gibt es bislang nicht. Weder Sozialpädagogen, noch Erzieherinnen, auch nicht erfahrene Grundschullehrer(innen) sind entsprechend umfassend vorgebildet. Sie besitzen allenfalls eine Teilkompetenz und geraten dadurch in Gefahr, die Aufgabenstellung einseitig auszulegen.

Die einzelnen Bundesländer versuchen gegenwärtig diese Ausbildungsmängel durch gezielte Maßnahmen auszugleichen:

- Sie geben Handreichungen heraus, als praktisches Informationsmaterial für die konkrete Arbeit.
- Sie erarbeiten Fort- und Weiterbildungscurricula und führen entsprechende Kurse durch.

*Selektion und die Folgen*

So sehr die Richtlinien und Empfehlungen für den Schulkindergarten den Aspekt der Förderung betonen, es darf nicht verkannt werden, dass die Einweisung in eine derartige Institution ein erster Akt der Selektion ist - mit allen bekannten negativen Nebenwirkungen. Der Schulkindergarten wird deshalb trotz seiner hehren Aufgabenstellung eher als "Not- und Reparaturbetrieb" (Tietze) aufgefasst werden müssen, der solange notwendig ist, wie andere dringende Reformen im Übergangsbereich nicht greifen. Anlass zum Nachdenken geben auch die Ergebnisse von zwei Studien aus Nordrhein-Westfalen:

„Die erste ist eine differenzierte Auswertung einer Landesstatistik. Danach hat sich die Situation sowohl hinsichtlich der Kindergartenversorgung als auch im Schuleingangsbereich (Schüler je Lehrer und Klassenfrequenzen) in den letzten Jahren kontinuierlich verbessert. Diese Tendenz schlägt sich allerdings nicht in der Zurückstellungsquote nieder, die im gleichen Zeitraum zwischen sieben und neun Prozent liegt. Die zweite Studie untersucht die Bedingungen für die Zurückstellung vom Schulbesuch in einem größeren Zusammenhang. Danach sind nicht nur individuelle Schülermerkmale von Belang. In der Studie wird auf folgende Bedingungen aufmerksam gemacht:

Das „Vorhandensein eines Schulkindergartens" an einer Grundschule beeinflusst die Zurückstellung nach Schulbeginn am stärksten, d.h. an Schulen mit Schulkindergarten werden deutlich mehr Kinder zurückgestellt als an anderen Grundschulen.

Je größer die Klassenfrequenz am ersten Schultag, desto höher ist die Zurückstellungsquote, d.h. in größeren Klassen werden überproportional mehr Kinder zurückgestellt als in kleinen Klassen; konkret: In Klassen mit einem Anfangsbestand von über 28 Schülern ist die Zurückstellungsquote viermal so hoch wie in kleinen Klassen mit unter 20 Schülern am Schuljahrsanfang.

Die vorschulische Förderung im Kindergarten wirkt sich leicht, aber eindeutig positiv auf einen erfolgreichen Schulstart aus: Je mehr Kinder einer Anfangsklasse einen Kindergarten besucht haben, desto weniger Schulanfänger werden vom Schulbesuch zurückgestellt.

Die Verwendung von standardisierten Testverfahren scheint sich bei der Entscheidungsfindung eher ungünstig auszuwirken: Je häufiger ein Klassenlehrer solche Tests zur Feststellung der Schulreife einsetzt, desto höher fällt die Zurückstellungsquote in seiner Anfangsklasse aus.
Ältere, erfahrene Klassenlehrerinnen gehen den Ergebnissen zufolge in der Tendenz etwas vorsichtiger mit der Maßnahme der Zurückstellung um als ihre jüngeren Kollegen" (Mader 1985, S. 43).
Da vorhandene Einrichtungen „beschickt" werden müssen, entwickeln sie ganz offenbar eine Eigendynamik. Zusammenfassend lässt sich sagen, dass der Schulkindergarten die Ambivalenz von Förderung und Auslese mit anderen vergleichbaren Einrichtungen so z. B. der Sonderschule gemeinsam hat. Roßbach zieht das folgende Fazit, das unkommentiert wiedergegeben werden soll:
„Unter den jetzigen Bedingungen, d.h. speziell auch unter den Bedingungen des Schulanfangs mit einer relativ hohen Selektivität sowie einer Grundschule ohne eine integrierte Förderung lernschwacher Kinder, schneidet die Förderung im Schulkindergarten recht gut ab. Der Schulkindergarten erscheint in dieser Perspektive als eine pädagogisch sinnvolle und legitimierte Institution. Diese positive Einschätzung des Schulkindergartens darf jedoch nicht als Legitimation für eine bildungspolitische Passivität herangezogen werden. Sie bewertet nur die Schulkindergartenförderung unter den derzeitigen und nicht unter alternativen Bedingungen. Sie gibt keine Antwort auf die Frage, ob nicht bessere Effekte erzielt werden können

- durch eine didaktisch-methodische Optimierung des Schulkindergartencurriculums selbst,
- durch eine veränderte Einschulungsregelung z. B. in Form einer institutionellen Verzahnung von Elementar- und Primarbereich,
- durch eine verstärkte Integration sozialpädagogischer Fachkräfte in die Grundschulen" (Roßbach 1985, S. 57).

Inzwischen ist allerdings durch eine intensiv geführte Diskussion, sowie durch die Ergebnisse aus dem Bielefelder Sonderforschungsbereich ein Wandel in der Beurteilung von Schulkindergärten eingetreten.
„Schafft die Schulkindergärten ab!" fordert Faust-Siehl in einem Kommentar. Der Ruf wird mit mehreren Argumenten belegt:

- „Der Zuweisung geht eine Zurückstellung voran, die nachweislich auf unsicheren Urteilen und Entscheidungen beruht.
- Die Zuweisung erfolgt gar nicht immer aufgrund eindeutiger Schulfähigkeitskriterien, sondern hängt nicht selten mit anderen Umständen zusammen (große Klassen, Entfernung zum Schulkindergarten).

- Der Schulkindergarten fördert zu allgemein, nicht spezifisch genug, sodass die Benachteiligung nicht beseitigt werde; das beweist auch die hohe Versagensquote von Kindern, die nicht selten zu einem späteren Zeitpunkt scheitern“ (Faust-Siehl 1994, S. 2).

Die Folge ist: Die Schulfähigkeit ihrer Kinder muss die Schule mit ihren Kindern selbst erarbeiten! (Arbeitskreis aktuell, Mitteilung des Grundschulverbandes 1995/Nr. 49).

Das geschieht im Allgemeinen beim integrativen Schulanfang:

„Alle Kinder kommen nach Vollendung des sechsten Lebensjahres in die Schule. Statt auf der Basis notwendig unsicherer oder auch falscher Entscheidungen die Kinder ‘zur Förderung zu bringen’, wird die Förderung zu den Kindern gebracht: in den kleinsten Klassen im Schulwesen, geleitet durch Teams von Pädagog(inn)en, die über grundschul-, sonder- und sozialpädagogische Kompetenz verfügen, in einer altersgemischten, jahrgangsübergreifenden Gruppe mit unterschiedlicher Verweildauer, unter vollem Einsatz der personellen und materiellen Ressourcen, die bisher schon für zurückgestellte Kinder zur Verfügung stehen!“(Faust-Siehl 1994, S. 2)

Der Ausweg widerlegt zwar die oben genannten Argumente gegen den Schulkindergarten weitgehend, die Bedingungen für einen integrativen Schulanfang scheinen aber keinesfalls gelöst – möglicherweise in theoretischen Abhandlungen, nicht aber in den Köpfen der verantwortlichen Schulen und Lehrer; denn auch hier steckt die Modell- und Versuchspraxis erst in den Anfängen, die empirische Bewährung steht ebenso noch weitgehend aus, wie die Umsetzung der Ergebnisse in den normalen Schulalltag.

Es zeichnet sich ab, dass wir in den nächsten zehn Jahren wohl mehrere Einschulungsmodelle nebeneinander haben werden: Das ausleseorientierte Modell mit Schulkindergarten und das integrierte in verschiedenen Varianten (vgl. Kapitel 4).

## 2.7 Zusammenfassung

Die Ansprüche an die Vorschulerziehung haben sich in den vergangenen zwanzig Jahren entscheidend gewandelt. Zu den bisherigen Aufgaben treten neue Bildungsaufgaben hinzu: Es sind vor allem domänenspezifische Vorläuferfähigkeiten und -fertigkeiten für zentrale Bildungsbereiche der Grundschule. Das betrifft vor allem die Sprachbildung, sowie die mathematische und naturwissenschaftliche Bildung. Sie werden heute nur von einem Teil der Kinder in „naturwüchsigen“ Spiel- und Erfahrungsprozessen gelernt, für die

anderen (sog. Risikokinder!) wäre der spätere Schulerfolg in Frage gestellt, wenn diese „Vorläufer-Bildung“ nicht bereits im Alter zwischen vier und sechs Jahren als Angebot einer anregungsreichen Umgebung ermöglicht wird. Dabei wird von den jeweiligen Fachleuten gefordert, an den dieser Alterstufe gemäßen Spiel- und Erfahrungsprozessen festzuhalten und jede Art von „Verschulung“ zu vermeiden.
Qualitätsstudien in Kindertagesstätten haben zweierlei ergeben:
Zum einen sind diese der häuslichen Erziehungs- und Bildungsarbeit überlegen. Zum andern zeigen sich diejenigen Tagesstätten überlegen, deren Personal emotionale Wärme zeigt und fachlich gut ausgebildet ist. Letzteres in Deutschland noch zu verbessern, ist daher – wie schon mehrfach betont – eine vordringliche Aufgabe der Bildungspolitik.

# 3 Schuleingangsdiagnostik

Welche Zielsetzung wird mit diagnostischen Maßnahmen schon vor Schulbeginn verfolgt? Bei Burgener-Woeffray steht die Diagnostik lediglich im Dienste (primär) bildungspolitischer Entscheidungen. Sie liefert die Begründungen für die Entscheidungen, entscheidet nicht selbst. Und dennoch gibt es in der Geschichte der Schuleintrittsdiagnostik genügend Beispiele, die belegen, dass die Fachleute für Diagnostik als vorbereitende Instanz auch Normen setzten, die dann schließlich als bildungspolitische Entscheidungen vollzogen wurden.
Wenn jetzt am Ende der sog. Schulreife- bzw. Schulfähigkeitsdiskussion Uneinigkeit darüber besteht, ob der Begriff ausgedient hat oder weiterverwendet werden sollte, so hat das nur einen Grund: Die Schuleingangsdiagnostik wird unterschiedlich in ihrer Funktion bewertet. Die einen sehen in der Schulfähigkeitsfeststellung lediglich ein diagnostisches Instrument für die Ermittlung des Entwicklungsstands für verschiedene Bereiche, fern jeder Entscheidungsbefugnis für die Verwendung der Testergebnisse. Für die anderen war die Schulfähigkeitsfeststellung ein Selektionsinstrument von Anfang an. Kein Wunder, wenn man jetzt schon den Begriff Schulfähigkeit für obsolet erklärt, wenn von selektiven Maßnahmen beim Schulstart abgerückt werden soll.
In diesem Kapitel geht es um die Darstellung der Rolle der Diagnostik für die Einschulung. In der zweiten Hälfte des 20. Jahrhunderts spielten derartige Verfahren eine unterschiedliche Rolle und erfuhren in der Diskussion immer wieder Korrekturen.

## 3.1 Die Schulreife-Diskussion

Gegenüber einer früheren Auffassung, Kinder, die am Schulanfang scheitern, seien von geringer Intelligenz, stellen die Nachforschungen von Arthur Kern (1951) einen großen Fortschritt dar, berücksichtigen sie doch ein wesentliches Moment, das bislang für die Schulreifefeststellung von zentraler Bedeutung war: Kinder entwickeln sich, geistig, körperlich, sozial. Diese Entwicklung verläuft weder gleich schnell noch kontinuierlich; Kinder durchlaufen

Entwicklungsphasen, in denen jeweils unterschiedliche Fähigkeits- und Fertigkeitspotenziale ausgebildet werden.

Wir wiederholen noch einmal die zentralen Annahmen zur Schulreife von Kern:

1. Zum Eintritt in die Schule muss ein bestimmter Reifestand erreicht sein, um den schulischen Anforderungen zu genügen. Festgemacht wird dieser Zustand vorwiegend an der kognitiven Reife, an bestimmten Formen der Denk-, Gliederungs- und Unterscheidungsfähigkeit.
2. Zur Überprüfung des Reifegrades wird der Grundleistungstest entwickelt, auf dem spätere Schuleingangstests aufbauen: Die visuelle Gliederungsfähigkeit ist häufig mit feinmotorischen Fertigkeitsanforderungen verknüpft. Hinzu kommt simultanes Erfassen von Mengen, Symbol-, Regel- und Sprachverständnis. Anhand des Gesamttestwertes wird schließlich festgestellt, ob ein Kind voll, nur bedingt oder nicht schulreif ist (Rauer 1984, S. 456).
3. Wie die biologische Entwicklung so ist auch die geistige Reife weitgehend genetisch bedingt. Das bedeutet: Entwicklung und Wachstum lassen sich nicht forcieren. Eingriffe (auch pädagogische) stören die natürliche Entwicklung. Diese letzte Aussage geht auf die Phasenlehre einer älteren Entwicklungspsychologie zurück, wie sie vor allem in den zwanziger Jahren von Oswald Kroh, Adolf Busemann und Otto Tumlirz vertreten wurde. Danach sind auch geistige Dispositionen weitgehend erfahrungsresistent und entwickeln sich reifungsbedingt.
4. Konsequenterweise müssen in der Entwicklung verzögerte Kinder zur „Nachreife" noch ein Jahr vom Schulbesuch zurückgestellt werden.

Die Kritik an der einseitig theoretischen Annahme läutete bereits in den 1960er Jahren „eine neue Etappe der Schulreifediskussion" ein. Die Entwicklung der Kinder, insbesondere die geistige Entwicklung, sei keinesfalls vorwiegend ein endogener Vorgang. Der Irrtum wurde bald auch empirisch widerlegt und eine neue Instruktionstheorie gewann Kontur: Die Entwicklung sei entscheidend auch von Lern- und Erfahrungsprozessen abhängig. Defizite müssten deshalb durch fördernde Lernprozesse ausgeglichen werden; noch besser: man lasse es durch präventive Förderung bzw. durch eine kontinuierliche Anregung des geistigen Wachstums erst gar nicht zu Defiziten kommen. Die schulorganisatorische Konsequenz könne demzufolge nicht die Zurückstellung nichtschulfähiger Kinder, vielmehr müsse sie deren Förderung sein. Weil der Reifebegriff biologistische Assoziationen nahe legte, wurde fortan von *Schulfähigkeit* gesprochen.

*Schulfähigkeitstests und Konsequenzen.*
Die veränderte Sichtweise hatte im Wesentlichen zwei Konsequenzen: Zum einen gewann Frühförderung (also schon vor Schulbeginn!) an Bedeutung. Vorschulische Einrichtungen sollten keine bedürfnisorientierten Bewahranstalten für Kinder sein, sondern Bildungseinrichtungen mit spezifischen Aufgaben. Außerdem sollten von nun an nichtschulfähige Kinder gesondert gefördert werden.
Die Testpraxis wurde weiter ausgebaut und vor allem die kognitive Entwicklung erfasst. Doch bald erkannte man die Einseitigkeit eines solchen Unternehmens. Weil sich nahezu alle psychischen Funktionen gegenseitig stützen (zuweilen allerdings auch gegenseitig blockieren) kann es nicht nur um die kognitive Entwicklung gehen. In ganzheitlichen Lern- und Entwicklungsprozessen besteht vielmehr ein enger Zusammenhang zwischen Emotion, Motivation und Kognition, ja sogar primär körperliche Funktionen wirken oft entscheidend auf die psychische Entwicklung ein (z. B. die Motorik).

## 3.2 Traditionelle Schulfähigkeitstests

Als traditionell werden Schulreifetests betrachtet, die auf Auslese ausgerichtet sind (Rüdiger u.a. 1976; Kammermeyer 2005). Sie haben gegenüber Kern den Kriterienkatalog erweitert, bleiben aber weitgehend im kognitiven Bereich. Sie sind an den üblichen *Testkriterien* orientiert und geben vor, die klassischen Kriterien *Objektivität, Validität und Reliabilität* zu erfüllen. Auf Einzeltests gibt es eine bestimmte Punktzahl. Die Punkte werden am Ende zusammengezählt und der Gesamtpunktwert mit einer Normtabelle verglichen. Auf diese Weise kommt man zu einer Beurteilung von *„schulreif“, „bedingt schulreif“ und „nicht schulreif“*. Gegenüber Kern sind zwar die Messinstrumente verbessert und erweitert worden und auch das „Nachreifen“ galt inzwischen als überholt, man musste fördern, aber nach wie vor war das Schicksal der „nicht-schulfähigen“ Kinder das Gleiche: Sie wurden ausgesondert. Auch die schulorganisatorischen Rahmenbedingungen wurden nicht grundlegend geändert, vor allem wurde die Ausleseorientierung beibehalten.
Bevor wir über deren Konsequenzen nachdenken, muss allerdings die Testpraxis selbst in Frage gestellt werden: Wie in einer Längsschnittstudie nachgewiesen werden konnte, bewältigten 66% der als nicht schulfähig getesteten Kinder das erste Schuljahr erfolgreich (Krapp & Mandl 1977; Kammermeyer 2005). Solche Ergebnisse führten letztlich diese Testpraxis ad absurdum und

man favorisierte eine (eher informelle) Diagnostik, die psychische Dispositionen beschrieb, aber nicht in Messungen und Skalierungen einordnete.
In einer Zwischenbilanz lässt sich festhalten:
Die Einschulung erfolgt nicht nach dem Lebensalter, sondern nach dem Entwicklungsalter. Das hat weit reichende organisatorische Folgen.
Kinder wachsen in unterschiedlichen Lebensverhältnissen auf und befinden sich demzufolge – je nach frühkindlicher informeller (aber auch institutioneller) Förderung und Anregung – beim Schuleintritt in unterschiedlichen Stadien der geistigen und seelischen Entwicklung.
Die hohe Fehlerquote bei den traditionellen Diagnoseverfahren hat ebenfalls zu einem Umdenken geführt und rückt einerseits die subjektive Beurteilungskompetenz von Lehrer(innen) und Erzieherinnen in den Mittelpunkt und lenkt andrerseits die Aufmerksamkeit auf das Umfeld des Kindes.

## 3.3 Die Weiterentwicklung der Schuleingangsdiagnostik

In den 1980er Jahren wurde das Kieler Einschulungsverfahren entwickelt. Es versucht, die Kritik an der für kleine Kinder unnatürlichen Testsituation zu überwinden. Die Autoren verzichten zwar nicht gänzlich auf einen Test, sie stellen aber das sog. Unterrichtsspiel in den Mittelpunkt, in dem Kinder in einer unterrichtsähnlichen Situation agieren, die vorstrukturierte Aufgaben enthält und in die Lehrerinnen und Lehrer ihre subjektive Beobachtungs- und Beurteilungskompetenz einbringen. Weitere Daten werden durch Gespräche mit Eltern und Erzieherinnen erhoben. In der Kritik am Kieler Einschulungsverfahren ist wohl die starke Betonung der Sichtweise der Lehrkräfte, sowie – damit zusammenhängend – die ungenügende intersubjektive Überprüfbarkeit der Entscheidungen der wichtigste Punkt (Kammermeyer 2005, S. 302).
Hacker hat in den 1990er Jahren in einem Lehrerarbeitskreis vor allem die inhaltliche Seite des Unterrichtsspiels weiterentwickelt, die Aufgabenstellungen thematisch zentriert und stärker auf die Erfahrungswelt der Kinder bezogen. Hier ein Beispiel:
Die Pausenhalle ist wie eine offene Schule mit Lern- und Spielangeboten gestaltet. Das Unterrichtsspiel stellt einen rhythmisierten Unterrichtsvormittag einer Schulklasse dar. Zehn Stationen werden dabei durchlaufen:
- Eine freie Eingangsphase, in der die sechs Kinder spontan vom Raum bzw. von einzelnen Angeboten Besitz ergreifen.
- Die Begrüßung und Vorstellung der Kinder, die sich an die Hand nehmen und somit eine Gruppe werden.

- Der Sitzkreis, in dem der Tagesplan anhand einer Übersicht erläutert wird.
- Der Erzählkreis, in dem das Tagesthema eröffnet wird: Zum Thema Einkauf erzählen Lehrer und Schulneulinge (Letztere freiwillig) Geschichten.
- Ortswechsel: Eine Einkaufsgeschichte wird vorgelesen und die Abfolge der Geschichte (in sechs Bildkarten dargestellt) in die Reihe gebracht.
- Einkaufsszene: Die Kinder erhalten Spielgeld und einen Einkaufszettel und spielen Einkaufen, dabei wird das Zählen von Geld, das Ausführen von Aufträgen geübt.
- Sie gehen in einer aufgebauten Einkaufsstraße spazieren, dort sind besondere Läden: die Post, ein Zahlen-, Buchstaben- und Wörterladen usf. Sie führen Aufträge aus.
- Die Kinder führen musikalische Bewegungen aus, singend zu einem Lied: Wenn ich fröhlich bin, klatsch ich in die Hand, spring ich in die Luft, dreh ich mich im Kreis, hüpf ich auf einem Bein, ... . Sie erhalten einen gefalteten Papierhut und bemalen diesen.
- Ein freies Spiel bildet den Ausklang.

Die Kriterien für die Aufgabenstellungen sind wie beim Kieler Einschulungsverfahren allerdings oft subjektive „Vorlieben" von Lehrer(innen). Das ist bis zu einem gewissen Grad akzeptabel, weil dieses subjektive Prinzipienrepertoire ja auch deren Unterricht zugrunde liegt.

Kammermeyer hat in einer Studie untersucht, welche Präferenzen Lehrerinnen und Erzieherinnen bei Schulfähigkeitskriterien haben. Ihnen wurden zwölf Kriterien vorgelegt: Arbeitsverhalten, Denkfähigkeit Feinmotorik, Gedächtnis Gliederungsfähigkeit, Grobmotorik, Konzentration, Mengenerfassung, Selbstständigkeit, Sozialverhalten, Sprachverständnis und Wahrnehmung.

Die Ergebnisse:

„Für Lehrerinnen und Erzieherinnen übereinstimmend wichtig sind vor allem Wahrnehmung, Sprachverständnis und Konzentration, weniger wichtig sind Mengenerfassung und Gliederungsfähigkeit. Große Streuungen finden sich in der Grob- und Feinmotorik. Erzieherinnen und Lehrerinnen unterscheiden sich signifikant in der Wichtigkeit, die sie Schulfähigkeitskriterien beimessen. Der Unterschied beruht vor allem in der Bedeutung, die der Selbstständigkeit und der Feinmotorik zugesprochen wird. Beide Kriterien werden von Erzieherinnen als wesentlich wichtiger angesehen als von Lehrerinnen" (Kammermeyer 2005, S. 302/303).

Ein Paradigmenwechsel in der Schulfähigkeitsdebatte wird sichtbar: Das Kind mit seinen psychischen Eigenschaften ist nur ein Faktor; die Erfahrungs- und Lernwelten des Kindes müssen ebenfalls berücksichtigt werden.

## 3.4 Öko-psychologische Faktoren

Unterrichtsspiele sind zudem praktische Wegbereiter der Einschulung aus ökopsychologischer Perspektive. Bislang war das Schulfähigkeitskonstrukt nämlich eine schulpädagogische Einbahnstraße. Alle Aufmerksamkeit richtete sich auf das Kind und dessen körperlich-psychische Voraussetzungen. Dabei galt implizit das schulische Anforderungsprofil als festgelegt und unumstößlich. Schulfähigkeitstests sind in dieser Perspektive in erster Linie Auslesetests. Wird das voraussichtliche Scheitern prognostiziert, müssen die Kinder gesonderten Einrichtungen zugeführt werden. Man kann sich allerdings auch ein Schuleingangssystem vorstellen, das in der Lage ist, flexibel auf unterschiedliche Voraussetzungen von Kindern zu reagieren. Dieses System darf Schulfähigkeit nicht allgemein voraussetzen, sondern muss diese, im Hinblick auf einige Kinder, zur Aufgabe und Zielsetzung machen. Solchen Versuchen liegt eine ökologisch-systemische Betrachtung zugrunde, die Schulfähigkeit als Voraussetzung, zugleich aber als inhaltliche Aufgabe wahrnimmt und in einer differenzierenden Struktur einen Ausgleich sieht, nicht durch Selektion, sondern in der Förderung defizitärer psychischer Funktionen. Nickel und Baumann schreiben zu den drei Bezugsgrößen des ökopsychologischen Ansatzes, nämlich den Schülern, der Schule und der Ökologie Folgendes:
„Auf Seiten der Schüler spielen dabei die bereits dargestellten körperlichen, kognitiven, motivationalen und sozialen Faktoren eine entscheidende Rolle. Wiederholt erwähnt wurden bisher auch die Bedingungen dieses Konstrukts, die sich aus dem schulischen Bereich ergeben und zwar sowohl aus dem Schulsystem und den daraus abgeleiteten allgemeinen Anforderungen als auch aus den speziellen Unterrichtsbedingungen. Sie sind nach ökopsychologischem Verständnis auf gleicher Ebene mit den individuellen Voraussetzungen im Schüler zu sehen. Die einen können nicht ohne die anderen verstanden und in ihrer Gewichtigkeit bewertet werden, sie bilden gleichsam Nute und Feder im Sinne eines Konstrukts der Passung, das wir dann als Schulreife bezeichnen. Dazu gehört aber noch eine dritte, ebenfalls gleichgewichtige Komponente, nämlich die Ökologie im familiären, vorschulischen und schulischen Bereich. Dabei kommt es ganz wesentlich darauf an, dass sich diese drei Umweltsysteme gegenseitig unterstützen und fördernd zusammenwirken. Denn nur dann ist ein bruchloser, gleitender Übergang von einem Lebensbereich in den anderen möglich“ (Baumann/Nickel 1997, S. 174).
Im systemischen Ansatz geht es um das Zusammenwirken von Schulsystem (dessen Aufbau und Struktur, Anforderungen in den Anfangsklassen, aber

auch dessen spezielle Unterrichtsbedingungen, Lernmethoden und Erzieherverhalten, ...), Vorschulsystem (Art der Einrichtung, Ausstattung, Spiel- und Lernbedingungen, Anregungspotenzial, ...), sowie Familiensystem (Wohnverhältnisse, Kinderzahl, Lern- und Entwicklungsanregungen, materielle Bedingungen, ...) und schließlich dem Kind mit seinen somatischen, kognitiven, motivationalen und sozialen Voraussetzungen. All diese Daten müssen durch Beobachtung, Befragung bzw. Gespräche ermittelt, aufeinander bezogen und schließlich interpretiert werden; bei alledem ist Teamarbeit angesagt. Das Team setzt sich aus professionellem (Psychologen, Beratungslehrer) und halb-professionellem Personal (Lehrerinnen und Erzieherinnen), sowie den Eltern zusammen. Nur so kann ein möglichst umfassendes Gesamtbild vom Kind und dessen Entwicklungsgeschichte zustande kommen.
Burgener-Woeffray bringt einen weiteren inhaltlichen Diagnoseaspekt ins Spiel: Bislang wurde einseitig auf aus Entwicklungsbereichen abgeleiteten Schulfähigkeitskriterien Wert gelegt (z.B. Kognition, Motivation); Es gehe beim Schulerfolg aber streng genommen darum, das Augenmerk auf die Voraussetzungen für die spezifischen Aufgabenstellungen im Anfangsunterricht zu richten. Insbesondere der Schriftspracherwerb und der Umgang mit Mengen und Zahlen im Erstunterricht haben Vorläuferfertig- und -fähigkeiten, die als Voraussetzungen zu identifizieren sind (sog. proximale Schulfähigkeitskriterien). Weisen Kinder diese Vorläufermerkmale nicht oder nur unvollständig auf, so müssen sie als Risikokinder gelten. In den letzten zehn Jahren wurden zur Identifikation diese Vorläuferfertigkeiten Tests bzw. Screening-Verfahren entwickelt, die im Folgenden vorgestellt werden sollen.

## 3.5 Zur Diagnose der Vorläufer schulischer Domänen

### 3.5.1 Verfahren zur Ermittlung des Stands der Sprachentwicklung

Den Autoren dieses Verfahrens ging es zunächst um die Forschung im Bereich der Lese-Rechtschreib-Schwierigkeiten. Die Legasthenieforschung hatte mit ihren Querschnittsstudien zwar Defizite von lese-rechtschreib-schwachen Kindern identifiziert, konnte über deren Ursachen aber nur Vermutungen anstellen. Bei einem Wechsel des Forschungsparadigmas sah dieser Sachverhalt anders aus: Es war zwar bekannt, dass der Schriftspracherwerb nicht erst mit dem entsprechenden Lehrgang im Anfangsunterricht beginnt, sondern auf bedeutsame Vorläuferfertigkeiten aufbaut, diese waren aber nicht im Detail identifiziert. Insbesondere ging es um jene Fähig- und Fertigkeiten, die einen hohen Vorhersagewert im Hinblick auf spätere Schwierigkeiten

beim Schriftspracherwerb besitzen. Die entscheidende Frage war: Welches sind die entscheidenden Prädiktoren (Vorhersagefaktoren), die keinesfalls fehlen dürfen, wenn das Kind nicht bei der weiteren Schreib-Leseentwicklung ins Hintertreffen kommen will (vgl. Marx 2004, S. 91)?
So entstand ein Diagnose-Instrumentarium, das durch aufwändige Längsschnittforschung hinreichend evaluiert ist und im letzten Vorschuljahr eingesetzt werden kann. Es ist die Grundlage für eine präventive Förderung von proximalen Vorläuferfertigkeiten noch im Kindergarten und leistet – in dieser Perspektive – eine wertvolle Hilfe nicht nur für betroffene Kinder, sondern auch für die Anschlussfähigkeit von Elementar- und Primarbereich. (Siehe Beschreibung des Screenings im Anhang)
Der Test sollte etwa zehn Monat vor Schulbeginn durchgeführt werden und ein halbes Jahr später. In den dazwischen liegenden gut zwanzig Wochen kann ein Förderprogramm aufgelegt und durchgeführt werden (entweder für alle oder für Risikokinder). Gut geeignet ist für diesen Fall das Würzburger Trainingsprogramm zur Vorbereitung auf den Erwerb der Schriftsprache (Anhang).
Das Trainingsprogramm ist sehr umfangreich und besitzt eine feste Struktur. Was die Länge des Programms angeht, gibt es eine gute und eine schlechte Nachricht: Die schlechte zuerst: Es erstreckt sich auf zwanzig Wochen, die gute: Die tägliche Einheit dauert nur zehn Minuten.
Allerdings weisen die Autoren auch darauf hin, dass sich die positive Wirkung nur bei konsequenter Anwendung des Programms in täglicher Arbeit einstellt. Das gilt insbesondere für die fünfte und sechste Einheit. Während die ersten vier Einheiten sich gut in Alltagshandlungen und in das tägliche Spiel integrieren lassen und den Erzieherinnen auch nicht fremd sind, handelt es bei den letzten beiden Einheiten um Neuland, das auf den ersten Blick nicht unbedingt in den Kindergarten gehört. Das darf aber nicht dazu führen, diesen Teil zu vernachlässigen, denn die positiven Effekte des Programms – so ein Teilergebnis der Studien – hängen vor allem mit diesen Einheiten zusammen. Ohne sie hat das Training keine längerfristige Wirksamkeit. Die Lehrerschaft beklagt zuweilen den verschulten Charakter des Programms.

### 3.5.2 Der Osnabrücker Test zur Zahlentwicklung (OTZ)

Auch die Entwicklung der mathematischen Kompetenz beginnt weit vor Schulbeginn. Allerdings ist diese, je nach Intelligenz, Anregungspotenzial und Erfahrungen der Kinder unterschiedlich. Den aktuellen Stand der Entwicklung zu ermitteln, dazu dient der Osnabrücker Test zur Zahlentwicklung. Das in den Niederlanden ausgearbeitete und an 800 Kindern erprobte Pro-

gramm wurde in Osnabrück für deutsche Verhältnisse umgearbeitet und nochmals an 300 deutschen Kindern erprobt.
Während die niederländischen Forscher ein Förderprogramm, zum Test passend, entwickelt haben, ist die Übertragung dieses Trainingsprogramms zur Förderung der mathematischen Kompetenz als deutschsprachiges Programm (noch) nicht verfügbar. Insofern sind im mathematischen Bereich, wie übrigens auch im Bereich der Naturwissenschaften generell, die Erzieherinnen und die Lehrerinnen für den Anfangsunterricht auf „phantasievolle Eigenproduktion" angewiesen, wobei sie sicher die Angebote des Lehr- und Spielmittelmarktes nutzen können (eine genaue Darstellung findet sich in Anhang 3).

## 3.6 Zusammenfassung

In der Schuleingangsdiagnostik sind eindeutige Entwicklungstendenzen zu erkennen, die sich allerdings noch nicht gänzlich durchgesetzt haben:

1. Die Diagnostik an der Schwelle zum Schuleintritt nutzt heute vielfältige Informationsquellen: Neben den Tests und Screening-Verfahren gibt es die Beobachtung in natürlichen Spiel- und Lernszenen und ausführliche und standardisierte Befragungen von Eltern und Erziehern.
2. Diagnostische Bemühungen der verschiedensten Art beginnen früher und versuchen, das letzte Kindergartenjahr mit einzuschließen, um frühzeitige Förderung „anzuschieben".
3. Die Ergebnisse all dieser Bemühungen haben nicht zum Ziel, eine wie auch immer definierte „Schulfähigkeit" festzustellen, um Kinder die diesem Kriterium nicht gerecht werden auszuschließen, sie sind vielmehr die Grundlage für eine effektive Förderung entwicklungsrückständiger Kinder. (Förderdiagnostik nicht Auslesediagnostik!)
4. Die Diagnostik sollte keine Angelegenheit der Experten sein, die Verfahren müssen schließlich so aufgebaut sein, dass sie von „Jedermann", d.h. in unserem Fall von Erzieherinnen und Lehrer(innen) durchgeführt werden können. Von diesen wird freilich künftig eine besondere Kompetenz dafür verlangt und erwartet.
5. Die Inhalte der Diagnostik (und auch die Förderung) legen mehr Wert auf proximale Fertigkeiten und Fähigkeiten, weil sie die Chancen des Schulerfolgs verbessern.

# 4 Die neue Schuleingangsstufe – ein Reformversuch

Trotz vieler Einzelreformen in der zweiten Hälfte des 20. Jahrhunderts sind beim Schuleintritt auch einige Faktoren konstant geblieben: Der Beginn der Schulzeit im August/September und vor allem der Beginn der Schulpflicht: Stichtag ist seit 1964 (Hamburger Abkommen der Kultusminister) der 30. Juni. Wer bis zu diesem Zeitpunkt das sechste Lebensjahr vollendet hat, wird ab dem 1. August schulpflichtig. Später kamen sowohl die Möglichkeit einer vorzeitigen Schulaufnahme als auch eine Zurückstellung vom Schulbesuch für ein Jahr hinzu. Die beiden Maßnahmen tragen dem Umstand Rechnung, dass nicht alle Kinder zum gleichen Zeitpunkt schulreif bzw. schulfähig werden. Sie stellen den Versuch dar, nach dem *Alter der Entwicklung* einzuschulen, nicht nach *Lebensalter.* Diese Reformschritte hatten einige offensichtliche aber auch unausgesprochene Annahmen:

1. Wichtig war eine erfolgreiche Schullaufbahn, sie kann eher garantiert werden, wenn das Kind eine Entwicklungsstufe erreicht hat, von der aus es die schulischen Anforderungen erfüllen kann.
2. Eine wesentliche Voraussetzung ist auch, dass diese Entwicklungsstufe (möglichst eindeutig!) identifizierbar ist.
3. Und eine weitere Annahme: Die schulische Lehr-Lernorganisation ist auf eine weitgehende Homogenität der Lerngruppen angewiesen.
4. Das Heranführen entwicklungsverzögerter Kinder an dieses Anforderungs- und Leistungsniveau gelingt am besten durch eine separate Förderung.

Auf diesen Annahmen baut die gängige Einschulungspraxis nahezu bis heute (mit wenigen Ausnahmen) auf. Es wird nach einem (vermuteten) Entwicklungsalter eingeschult und entwicklungsverzögerte Kinder erfahren eine separierte Förderung in eigenen Einrichtungen.

Zwei Umstände sind wohl entscheidend, die – beginnend in den 1990er Jahren – ein allmähliches Umdenken einleiteten:

Zunächst nahmen die Zurückstellungsquoten im letzten Quartal des vorigen Jahrhunderts kontinuierlich zu. Besonders hohe Zahlen weisen die neuen Länder ab 1992 (bis zu 15 % eines Jahrgangs) auf. Gleichzeitig ging die vorzeitige Einschulung kontinuierlich zurück.

Die ursprüngliche Intention, dass sich nämlich frühe und späte Einschulung in etwa die Waage halten, geriet in eine Schieflage.. Das führte letztlich zu einem durchschnittlichen Einschulungsalter von ca. 6;9 Jahren. Hinzu kam, dass sich der Schulerfolg bei den zurückgestellten Kindern immer weniger häufig einstellte, die frühere Begründung für die Zurückstellung also nicht mehr stach. Die gesamte Einschulungspraxis hatte den Nebeneffekt einer insgesamt späteren Schulaufnahme, ein Trend, der im internationalen Vergleich betrachtet, in die falsche Richtung lief.
Ein zweiter Umstand kam um die Jahrhundertwende vermeintlich zunächst aus einer ganz anderen Richtung. Deutschland schnitt bei den internationalen Vergleichsuntersuchungen schlecht ab. Die Misere hat viele Ursachen; zwei davon spielen in unserem Zusammenhang eine Rolle: Deutschland vernachlässigt die Frühförderung. Bei den erfolgreichen Ländern befindet sich ein hoher Prozentsatz der Fünfzehnjährigen (um den Vergleich dieser Altersgruppe ging es!) bereits im 10. und 11. Schuljahr, während die deutschen Schüler erheblich darunter lagen. „Wenige Jahre später belegt die Pisa-Studie von 2000 die Nachteiligkeit von Zurückstellungen und Klassenwiederholungen. Bei ca. 36% der 15-Jährigen ist die Schullaufbahn bereits ein oder zwei Jahre verzögert" (Pisa-Konsortium 2001 S. 473 f.; zit. nach Faust 2006, S. 330). Das Gebot der Stunde lautet also: Eine frühere Einschulung aller Kinder ist notwendig.

## 4.1 Vorgeschichte der Reformversuche

Ein festes Datum für den Start einer neuen Schuleingangsstufe lässt sich zwar nicht sagen, jedoch können die ersten Schulversuche zu einer solchen Reform in Brandenburg als deren Auftakt bezeichnet werden.
Die Brandenburger Grundschule Neu Zittau erprobte bereits zwischen den Jahren 1992 und 1995 in dem Projekt „Flexible kindgemäße Schuleingangsphase" (FLEX) einen kindgerechten Schulanfang. Der Intention des bradenburgischen Schulreformgesetzes gemäß (Klassen 1 und 2 sollen eine pädagogische und organisatorische Einheit bilden!) wurden ABC-Klassen gebildet, die in der Regel zwei Altersgruppen umfassen (vgl. Lambrich & Steuer 1997, S. 51). Erst nach zwei Jahren wurde über die weitere Schullaufbahn entschieden, es sei denn einzelne fortgeschrittene Kinder konnten die ABC-Klasse bereits nach einem Jahr verlassen. Die Lehrer(innen) resümieren:
„Unsere Schuleingangsphase bietet den Kindern eine individuelle Verweidauer zwischen einem und drei Jahren. ... Erstmalig im vergangenen Schul-

jahr besuchten zwei Kinder nur ein Jahr die Schuleingangsphase. Sie lernen jetzt erfolgreich in der dritten Klasse. In den drei Jahren der Erprobung des Projektes besuchten 13 Kinder (von 110) drei Jahre die FLEX. Davon konnten zehn ihre Leistungen verbessern. Drei Kinder hatten größere Lernprobleme" (Ruppelt & Roth 1996, S. 36).

Eine wesentliche Vorarbeit für die neue Schuleingangsstufe leistete auch der Grundschulverband, der in einer Denkschrift für einen „Kindgerechten Schulanfang“ eine „Einschulung ohne Auslese“ forderte:

„Die Grundschule darf nicht länger „Schulfähigkeit“ als Eingangsbedingung voraussetzen, sie hat vielmehr die Pflicht, alle Mädchen und Jungen aufzunehmen und anzunehmen, so wie sie sind. Die Grundschule ist so zu gestalten, dass sie die „Schulfähigkeit“ ihrer Schülerinnen und Schüler selbst erarbeiten kann“ (Bildungspolitische Dokumente, Prengel 1999, S. 241).

Nach diesen Vorleistungen kam 1997 so etwas wie der „offizielle“ Startschuss für die Reform: Es war der KMK-Beschluss vom 24. Oktober 1997. Wegen seiner herausgehobenen Bedeutung soll er hier in Auszügen zitiert werden:

„Die Kultusministerkonferenz hat die allgemein zu beobachtende Tendenz zur späteren Einschulung schulpflichtiger Kinder zum Anlass genommen, die gegenwärtige Einschulungspraxis zu überprüfen und Vorschläge zur Optimierung des Schulanfangs zu erarbeiten“ (KMK-Empfehlung von 1997).

Zu einer ganz klaren und eindeutigen Aussage (wie der Grundschulverband) kam die KMK nicht; sie empfahl nicht den generellen Verzicht auf Auslese, schränkte diese aber durch drei Aussagen stark ein:

1. Sie empfiehlt eine Änderung bzw. Verschiebung der Stichtage um ein Vierteljahr
2. Die Eltern sollen ermuntert werden, von der Möglichkeit vorzeitiger Schulaufnahme vermehrt Gebrauch zu machen.
3. Eine Zurückstellung soll nur im Ausnahmefall möglich sein: Nämlich, „wenn zu erwarten ist, dass eine Förderung im schulischen Rahmen keine für die Entwicklung des Kindes günstigeren Voraussetzung schafft“ (Empfehlungen)

Die KMK-Empfehlungen sind das Ergebnis einer mehrjährigen Diskussion der Ländervertreter, von Experten aus Pädagogik und Psychologie, sowie Vertretern von Begleituntersuchungen. Im Zeitraum zwischen 1998 und 2003 starteten die meisten Bundesländer eine Versuchsphase der neuen Schuleingangsstufe, jeweils mit einem eigenen Profil und eigenen Schwerpunkten, sodass auch bei dieser Reform die „föderale Vielfalt“ erhalten blieb.

## 4.2 Die Bausteine der Reform

Im Anschluss an die KMK bildeten sich die nachfolgenden Aufgabenbereiche bzw. Maßnahmen für die neue Schuleingangsstufe heraus:

1. Schulaufnahme für alle Kinder, die das sechste Lebensjahr vollendet haben
2. Flexible Handhabung der Stichtagsregelung
3. Auf Wunsch und Antrag der Eltern vorzeitige Schulaufnahme
4. Keine Schulfähigkeitstests, keine Zurückstellungen. Erarbeitung der Schulfähigkeit im ersten Schuljahr
5. Erstes und zweites Schuljahr bilden eine Einheit, unter Umständen altersgemischte Lerngruppen und die Möglichkeit der unterschiedlichen Verweildauer in der Eingangsstufe
6. Einsatz von Sonder- bzw. Förderpädagogen
7. Vertiefte und erweiterte Kooperation mit dem Kindergarten
8. Kooperationen von Grundschulförderklassen und ersten Schuljahren
9. Halbjährliche Einschulungstermine

*Schulaufnahme ohne Auslese:*
Im Idealfall sollen alle Kinder eines Jahrgangs aufgenommen werden. Allerdings verweist schon die revidierte Gesetzgebung darauf, dass weiterhin Ausnahmen zuzulassen sind, z.B. bei zu starken Entwicklungsverzögerungen oder bei starken Behinderungen, die eine Einschulung in eine normale Grundschulklasse nicht als günstig erscheinen lassen. Doch auch diese Kinder könnten aufgenommen werden, wenn eine Grundschulförderklasse als „Auffangeinrichtung" bereit stünde. Nach einer Erhebung von 2005 stellen einige der 16 Bundesländer noch immer zurück, nur wenige berichten, dass diese Maßnahme nicht mehr vorgesehen ist und der Rest spricht von (meist seltenen) Ausnahmefällen (Faust 2006, S. 339).

*Flexible Stichtagsregelung und vorzeitige Einschulung*
Sie ist ebenso uneinheitlich, wie die Regelung zur Schulaufnahme. Die meisten Länder sind noch nicht in eine flexible Regelung eingestiegen. Es besteht aber die generelle Tendenz, den Einschulungstermin vorzuverlegen, d.h. auch Kinder für schulpflichtig zu erklären, die bis zum 30. September oder bis zum 31. Dezember sechs Jahre alt werden. Wenn eine frühere Einschulung gewünscht ist, dann muss man mit dieser Regelung generell ernst machen. Man darf dabei allerdings nicht übersehen, dass jüngere Kinder unter Umständen ein anderes Anforderungsniveau brauchen und entsprechend differenzierte Angebote gemacht werden müssen. Flexibilisierung bezieht sich

demnach vor allem auch auf eine verbesserte didaktische und methodische Arbeit der Lehrer(innen).
Vorzeitige Einschulung ist bei vielen Eltern nicht sehr populär. Wie Statistiken zeigen, liegt sie bei etwa 3%. In den neuen Bundesländern ist sie sogar noch niedriger. Hier sind viele Eltern für eine späte Einschulung, oft auch aus Motiven, die nichts mit der geistigen Entwicklung zu tun haben. Zuweilen wird das Kriterium der Schulfähigkeit missbraucht, um der Schulpflicht für ein Jahr zu entgehen.

*Die Zwei-Jahres-Einheit und die flexible Verweildauer:*
In Brandenburg gilt der jahrgangsübergreifende Unterricht der Eingangsstufe als das „Kernstück der Reform" (Liebers, 2001). Baden-Württemberg bietet diesen Reform-Baustein immerhin als eine „Option" an. Man muss schon fast ein halbes Jahrhundert zurückgehen, um Beispiele für jahrgangsübergreifenden Unterricht in Regelschulen zu finden. Zwangsläufig, wegen der geringen Schülerzahl, mussten in Landschulen mehrere Jahrgänge zusammengefasst werden. Mit der Landschulreform (in der DDR unmittelbar nach dem zweiten Weltkrieg, in der Bundesrepublik in den 1960er Jahren) wurde die Jahrgangsklasse favorisiert. Allerdings entstanden bereits zwanzig Jahre später wieder jahrgangsübergreifende Modelle in Reformschulen: Petersen- und Montessorischulen favorisieren sie ebenso, wie die Bielefelder Laborschule.
Die heutige Begründung geht zum Teil auf die positiven Erfahrungen in den Modellschulen zurück. Nach Hanke gibt es fünf weitere pädagogische Argumente, sie als wichtigen Baustein der Reform zu sehen:
- Es gibt vielfältige alltägliche Lebenssituationen, die die Kinder aus dem Kindergarten und den Tageseinrichtungen kennen. Diese Kontinuität kann für das schulische Lernen und für die Bewältigung des Übergangs durchaus positiv sein.
- Eine Einschulung zu ganz unterschiedlichen Zeitpunkten ist möglich, eben auch halbjährlich, man könnte sich sogar eine individuelle Einschulung (jeweils am 6. Geburtstag des Kindes) vorstellen, wie es in Neuseeland üblich ist.
- Jüngere Schüler(innen) lernen von älteren, die ihre Schulerfahrung weitergeben. Dadurch, dass das Schulleben vorgelebt werden kann, erfährt der Lehrer eine Entlastung. Und: Die Älteren erleben Entwicklungsfortschritte bewusster.
- Durch jährlich (oder halbjährlich) neue Zusammensetzungen können sich soziale Beziehungen immer wieder neu und anders herausbilden.

- Länger (als zwei Jahre) verweilende Kinder bleiben in der Gruppe, sehen sich auch nicht, wie in der Jahrgangsklasse, als Wiederholer (Hanke 2007, S. 139/140)

Jahrgangsübergreifender Unterricht ist allerdings beileibe kein Selbstläufer. Er erfordert von den Lehrkräften besondere Anstrengungen bezogen auf die Individualisierung und eine Bejahung einer Pädagogik und Didaktik der Vielfalt (A. Prengel, 1999)

*Sozialpädagogisches Unterstützungspersonal*

Sozial- und förderpädagogische Kompetenz wird für den Anfangsunterricht schon lange gefordert und ist in einigen Reformschulen bereits seit Jahren selbstverständlich. In der neuen Schuleingangsstufe ist dieses Personal eine notwendige Konsequenz sowohl aus der Einschulung ohne Zurückstellung als auch aus dem jahrgangsübergreifenden Unterricht. Der neuen Vielfalt muss durch unterschiedliche Lernangebote Rechnung getragen werden. In den offenen Lernsituationen müssen unterschiedliche didaktische Kompetenzen agieren.

Zusammengefasst verfolgt „die neue Schuleingangsstufe“ drei Zielsetzungen:

- *Bildungspolitisch:* Reduktion der Zurückstellungen, Einschulung jüngerer Kinder und dadurch Senkung des durchschnittlichen Einschulungsalters
- *Schulorganisatorisch:* Ausrichtung der Einschulung an den individuell unterschiedlichen Lernvoraussetzungen und Maßnahmen zum Chancenausgleich ohne Selektion und
- *Pädagogisch-didaktisch*: durch die Jahrgangsmischung unumgänglich gemachte, der Heterogenität angepasste differenzierte und individualisierte Gestaltung des Anfangsunterrichts sowie Zusammenarbeit der Lehrpersonen in einem Team mit unterschiedlichen Kompetenzen“ (Faust 2006, S. 332).

## 4.3 Schulversuche in den einzelnen Bundesländern

Auf der Grundlage der KMK-Empfehlungen wurden in den Ländern der Bundesrepublik Deutschland in den letzten zehn Jahren zum Teil umfangreiche Schulversuche zur Erprobung von Eingangsstufenmodellen durchgeführt. Dass dabei in den einzelnen Bundesländern nicht alle Reformbausteine Berücksichtigung fanden, überrascht nicht, sollte sich doch – zumeist wegen der leeren Kassen – die Reform „ressourcenneutral“ vollziehen; zudem widersprach so mancher Baustein der „offiziellen Bildungspolitik“ des Landes.

Faust hat in einer Studie die einzelnen Länder befragt und sich dabei auf die beiden wichtigsten Bausteine (jahrgangsübergreifende Lerngruppenorganisation und Einsatz von sozial- und/oder förderpädagogischer Kompetenz) konzentriert:

- Eine Gruppe von Ländern hat die beiden Merkmale berücksichtigt und arbeitet in den Versuchen sowohl jahrgangsübergreifend als auch mit entsprechender Fachkompetenz.
- Eine weitere Gruppe lehnt zwar das sozialpädagogische Personal ab, stellt aber förderpädagogische Kräfte zum Teil zur Verfügung bzw. arbeitet mit solchen zusammen. Gleichzeitig wird das Modell der jahrgangsübergreifenden Lernorganisation angeboten.
- Andere Länder arbeiten mit Fachpersonal zur Unterstützung von Beobachtung, Diagnose, Differenzierung und Förderung, behalten aber die Jahrgangsklasse bei. Flexible Verweildauer ist hier nicht möglich, nur die herkömmlichen Maßnahmen von „Sitzenbleiben" und „Springen".
- Schließlich haben einige Länder zwar kein sozialpädagogisches Fachpersonal herangezogen, wohl aber die Erfahrungen des Personals von schulvorbereitenden Einrichtungen genutzt (vgl. Faust, S. 333).

Es gibt Länder, die mehrere Modelle erprobten, oder sie überließen es den Schulen, welche Modelle erprobt werden sollen, während andere Ministerien ein bestimmtes Modell vorgaben und sich Schulen zur Erprobung auswählten. Zwar ist die Versuchsphase in den meisten Ländern inzwischen abgeschlossen oder sie steht vor dem Abschluss, zur Regeleinrichtung ist die neue Schuleingangsstufe bislang nur in wenigen Ländern geworden. Man kann vermutlich nicht davon ausgehen, dass diese Länder aufgrund von negativen Erfahrungen die Reform ablehnen; vielmehr soll die Lehrerschaft in landesweiten Fortbildungsmaßnahmen besser auf die Reform vorbereitet werden.

## 4.4 Die wissenschaftliche Begleitung

Die wissenschaftliche Begleitung hat bei größeren und umfassenden Schulversuchen eine lange Tradition. Sie reicht vom Methodenvergleich beim Schriftspracherwerb bis zum Vergleich von unterschiedlichen Institutionen bei der Förderung Fünfjähriger.

Bei der neuen Schuleingangsstufe finden wir verschiedene Erhebungsmethoden bei der wissenschaftlichen Begleitung, die sich auf drei Grundtypen reduzieren lassen:

- Die Untersuchung erfolgt nach dem empirisch-quantitativen Paradigma: Hier werden Ausgangs- und Enddaten der zu vergleichender Gruppen erhoben. Dazwischen liegen unterschiedliche Lernorganisationsformen. Nach diesem Verfahren hat ein Bundesland zum Beispiel den Unterricht in jahrgangsübergreifenden Klassen mit dem von Jahrgangsklassen verglichen. Wichtig sind dabei unter Umständen zweierlei Enddaten: Zum einen ist der Zeitpunkt am Ende des Versuches relevant, aber ebenso wichtig ist die Langzeitwirkung unterschiedlicher Maßnahmen, vor allem am Ende des vierten Schuljahrs.
- Ein qualitatives Paradigma stützt sich auf Methoden der Handlungsforschung; Hier geht es um eine enge Kooperation von Forschern und Akteuren der Praxis, sie entwickeln gemeinsam Reformpotenzial in Form von Unterrichtsmethoden, Medien, Bewertungsmaßstäben für Schülerleistungen usf., prüfen in realen Unterrichtszenen deren Realisierungsbedingungen und analysieren und bewerten anschließend die Ergebnisse. Entscheidend ist in diesem Zusammenhang der Prozesscharakter der Entwicklung, bei jedem „Durchlauf" ergeben sich Verbesserungen, die in den weiteren Prozess einfließen. Wenngleich die Erfahrungsergebnisse für die Bildungspolitik zunächst im Mittelpunkt stehen. Weil man ja die Durchführbarkeit von Reformmaßnahmen überprüfen möchte, so hat dieses Paradigma doch weitere Effekte: Es stärkt die Reformkompetenz von Lehrerinnen und Lehrern, es entstehen die Grundlagen für die Lehrerfortbildung, die sich an die Versuchsphase anschließen muss.
- In einem dritten Verfahren werden im Wesentlichen Erfahrungsberichte von teilnehmenden Lehrerinnen und Lehrern ausgewertet.

Die wissenschaftliche Begleitung von Schulversuchen ist jedoch nicht unproblematisch, vor allem wenn die Vorgaben der verantwortlichen Kultusministerien eng gesteckt sind. So ist es vorgekommen, dass qualifizierte Wissenschaftlerteams die Begleitung ablehnten, weil die Behörde unter anderem quantitative Forschung nicht zuließ. Die begrenzten Etats sind ebenfalls ein Hindernis. Aus pragmatischer Sicht sollten Wissenschaftler die Unterstützung von Schulversuchen nicht gänzlich verweigern; denn sie haben, auch wenn die Grenzen eng gesteckt sind, Vieles beizutragen:

*Beratende Unterstützung der Konzeption:* Wissenschaftler können aufgrund ihrer Literaturkenntnisse das Ministerium konzeptionell beraten, können von Studien aus anderen Ländern berichten und auf diese Weise die Entscheidung über die Reformkonzeption vorbereiten.

*Ausarbeiten einer Grundinformationsbroschüre:* Sie sind für die Schulen gedacht, die am Schulversuch teilnehmen. Die Experten besitzen die Fachkompetenz, derartige Grundlagen auszuarbeiten.

*Vorstellen und Erläutern der Konzeption gegenüber den Vertretern der Versuchsschulen:* Die Schulen, insbesondere die unmittelbar beteiligten Lehrerinnen und Lehrer, müssen schon zum Start hinreichende Kenntnisse, die sie in die Lage versetzen, die Reform zu starten. Es ist gleichzeitig die erste Fortbildungsveranstaltung für die Träger der praktischen Reform.

*Unterstützung bei der Entwicklung von Einzelbausteinen der Reform vor Ort:* Erarbeitung von Modellen z.B. für den Einsatz der „Sonderlehrkraft" (aus Förderschule oder Sozialpädagogik): Integrative und selektive Modelle im Vergleich. Einzelne Schulen entwickeln diese Modelle, führen sie praktisch durch. Die Erfahrungen werden auf der nächsten Tagung mitgeteilt, diskutiert und weiterentwickelt.

*Die wissenschaftliche Begleitung organisiert im halbjährigen Rhythmus Tagungen sämtlicher Versuchsschulen des Landes:* Hier wird der Stand der Reformbemühungen ausgetauscht und erarbeitete Modelle zu einzelnen Bausteinen vorgestellt. Thematische Schwerpunkte sind jeweils sinnvoll.

*Erarbeitung von diagnostischen Materialien:* Lern- und Entwicklungsstandserhebungen sind in heterogenen Gruppen besonders wichtig. Lehrerinnen müssen zunächst in vorhandene Screening-Verfahren eingeführt werden und zunehmend in Stand gesetzt werden, für ihre besondere Situation selbst solche Verfahren zu entwickeln.

*Entwicklung von besonderen Modellen für den differenzierenden Förderunterricht:* Neben der diagnostischen Arbeit ist an einer ständigen Verbesserung des individuellen Förderunterrichts sowohl inhaltlich als auch methodisch zu arbeiten.

*Befragung der Schulleitung und der Lehrer(innen):* Über Fragebogen wird der Fortgang der Reform innerhalb der Einzelschule erfasst. Die Fragen zielen auf statistische Daten (z.B. Wie viele Einschulungsfälle; gäbe es unter anderen Umständen Zurückstellungen; werden tatsächlich Kinder zurückgestellt und warum), auf Fakten bei der Organisation des Unterrichts, auf den Einsatz welcher diagnostischer Verfahren, ...), aber auch auf Einschätzungen und Beurteilungen.

Der Autor und seine Mitarbeiter sowie Vertreter der Schulverwaltung und Schulleiter, sowie Lehrerinnen und Lehrer der Versuchsschulen kamen zu dem generellen Ergebnis, dass eine Einschulung ohne Selektion möglich ist, dass aber sozial- und förderpädagogisches Zusatzpersonal ebenso erforderlich sind, wie eine konsequente diagnostische Begleitung der Lernprozesse und eine entwicklungsgemäße Förderung der einzelnen Kinder.

## 4.5 Ergebnisse der Versuchsphase

Die umfangreichen Zwischen- und Abschlussberichte enthalten mit Sicherheit viele Erfahrungen, die den Regelschulen des jeweiligen Landes zugute kommen. Veröffentlicht ist dieses Material größtenteils nicht. Verallgemeinernd lässt sich Folgendes festhalten:

Angeregt durch die KMK haben nahezu alle deutschen Bundesländer Schulversuche zur Schuleingangsstufe über mehrere Jahre durchgeführt. Die Anstrengungen zeitigten Ergebnisse, die zu Veränderungen führen, allerdings nicht ohne Einschränkungen.

Vier Bundesländer haben die Schuleingangsstufe bereits als Regeleinrichtung eingeführt.

Am deutlichsten sind die Reformen zum Einschulungszeitraum. Schon jetzt hat die Hälfte der Bundesländer den Einschulungszeitpunkt um mindestens ein Vierteljahr vorverlegt. Eine frühere Einschulung gehörte ja zu den Zielsetzungen der Reform. Aus diesem Grund ist auch eine Verschiebung der vorzeitigen Einschulung erfolgt. Einige Länder haben hier den Zeitpunkt erheblich nach vorne verlagert oder ganz gleich auf eine untere Grenze verzichtet (Faust, S. 339).

Bei den Kriterien der Einschulung fällt auf, dass zunächst das Alter entscheidend ist und erst in zweiter Linie die Schulfähigkeit. Diese soll ja, nach den Empfehlungen von 1997, unter Umständen erst in der Schule hergestellt werden. Dennoch bestehen bis auf wenige Ausnahmen die Länder noch darauf, auch das Kriterium der Schulfähigkeit als Einschulungskriterium anzugeben. Prüft man dieses Kriterium am Modus einer möglichen Zurückstellung, so ergibt sich folgendes Bild:

- Einzelne Länder halten an der Zurückstellungspraxis fest, *„noch"* – wird man ergänzen müssen, denn in diesen Ländern ist die Schuleingangsstufe noch nicht Regelpraxis. Sie verbleiben folgerichtig auch bei der bekannten schulvorbereitenden Einrichtung, die schulpflichtige aber noch nicht schulfähige Kinder auffängt und fördert. Man sollte davon ausgehen, dass das Personal dieser Einrichtungen schon aufgrund seiner Erfahrungen in die Anfangsklassen integriert wird.
- Einige Länder engen die Möglichkeit der Zurückstellung stark ein. Sie sprechen von „Ausnahme- oder Einzelfällen" und geben eine medizinische

Indikation an. Und in zwei Fällen kann auch eine Zurückstellung aus „sprachlichen Gründen“ erfolgen. Mit derart restriktiven Maßnahmen hofft man die hohen Quoten des vergangenen Jahrzehnts erheblich zu reduzieren und das durchschnittliche Einschulungsalter zu senken.

- Eine weitere Gruppe lehnt die Zurückstellung ab und hat (folgerichtig) auch die schulvorbereitenden Einrichtungen aufgelöst.
- Bezogen auf die Einrichtung von jahrgangsübergreifenden Lerngruppen gibt es in der bundesdeutschen Schuleingangsstufe ebenfalls ein heterogenes Bild.
- Nur zwei Länder gehen gegenwärtig davon aus, diese neue Form des Anfangsunterrichts flächendeckend einzuführen, verbunden mit einer flexiblen Verweildauer in dieser Bildungsstufe.
- Das Gros der Länder sieht eine solche Option vor, überlässt es aber der Einzelschule oder unteren Schulbehörde diesen Reformschritt zu vollziehen. Man muss davon ausgehen, dass ein großer Teil der Lehrerschaft zu diesem Schritt nur zögerlich bereit ist. So haben beispielsweise in Baden-Württemberg, ein Land, das in der Versuchsphase mehrere Modelle diese Reform angeboten hat, nur etwa 10% der Versuchsschulen die Variante der jahrgangsübergreifenden Klassenbildung gewählt.
- Ein kleiner Teil von Bundesländern lehnt diesen Baustein mehr oder weniger rigide ab und belässt es bei der Jahrgangsklasse, über die Gründe kann nur gemutmaßt werden: Zum Teil sind es sicherlich die Lehrerinnen und Lehrer, die einer solch heterogenen Lerngruppe noch skeptisch (vielleicht auch manchmal hilflos) gegenüber stehen. Ein weiterer Grund könnte in den neuen Bundesländern sein, dass man erst vor wenigen Jahren kleinen Schulen, die um ihren Erhalt kämpften, die Bildung von jahrgangsübergreifenden Lerngruppen versagt hat.

In einem Bundesland (Baden-Württemberg) wurden Wirksamkeitsuntersuchungen durchgeführt. Will man valide Ergebnisse haben, so gestalten sich solche Studien aufwändig und kostspielig. Dass gerade auch die jahrgangsübergreifende Lernorganisation (das sog. A-Modell in Baden-Württemberg) einer genauen Analyse unterzogen wurde, ist besonders verdienstvoll. Ihr stehen ja nach wie vor, wie wir oben festgestellt haben, nicht nur Lehrerinnen und Lehrer skeptisch gegenüber, sondern auch viele Bildungspolitiker in den Kultusministerien. Eine zweite Studie untersucht die Zusammenarbeit mit Grundschulförderklassen (B-Modell). Umso deutlicher muss das Ergebnis hervorgehoben werden:

„In den Einstellungen zur Schule und gegenüber den Mitschülern und in der Lernentwicklung in Deutsch und Mathematik finden sich nur in einzelnen

Aspekten Vorteile für die Schulversuchsklassen (tendenzieller Sprachvorteil für die A-Modelle, in Mathematik für das B-Modell, im Hinblick auf Risikokinder Vorteile in Deutsch und Mathematik in den A-Modellen)" (Faust, S. 337).
Insgesamt gesehen kann man davon ausgehen, dass der zentrale Baustein der Reform, nämlich die Jahrgänge eins und zwei lernorganisatorisch zusammenzufassen, keine Nachteile bringt. Eindeutige Vorteile dieser Maßnahme sind in der sozialen Entwicklung zu sehen und am Ende des vierten Schuljahrs sind die Kinder durchschnittlich ein Vierteljahr jünger als im Landesdurchschnitt. Zu einem ähnlichen Ergebnis kommt auch eine etwas ältere Brandenburger Studie. Hier waren die Leistungen am Ende der Schuleingangsstufe mit den Leistungen des zweiten Schuljahrs im Landesdurchschnitt vergleichbar (Liebers 2004, S. 163ff.). Schwankungen sind wohl eher auf die Unterrichtsqualität als auf den Systemvergleich zurückzuführen, vermutet Hanke (Hanke, 2007, S. 140).
Die Untersuchungen zur Schuleingangsstufe bestätigen damit frühere Untersuchungen zur Altermischung von Schulkassen: Entgegen vorherrschenden Klischees und Vorurteilen, sind keine erkennbaren Nachteile der Altersmischung auszumachen. Deutlich wird aber auch, dass besondere Anstrengungen zur Bewältigung der „neuen Vielfalt" notwendig sind. So wurde in ergänzenden Lehrerbefragungen herausgestellt, dass der Aufwand höher ist und dass sie sich stärker mit Formen offenen Unterrichts auseinandersetzen mussten.

## 4.6 Zusammenfassung

Gegenüber den KMK-Empfehlungen von 1997 ist sowohl ein Schwund der Reformideen als auch des Reformelans auszumachen. An den Ländern, welche bereits zur landesweiten Einführung der Schuleingangsstufe schritten, ist abzulesen, dass es ihnen vor allem um eine frühere Einschulung geht. Sie sind im Wesentlichen durch zwei Maßnahmen erreicht worden:
- Durch eine Änderung der Stichtagsregelung, für die normale Einschulung, wie für die vorzeitige.
- Durch die Aufnahme aller Kinder und einen (weitgehenden) Verzicht auf Zurückstellung). Konsequenterweise wurden in diesem Zusammenhang auch die schulvorbereitenden Einrichtungen abgeschafft.
- Das Dilemma der knappen Ressourcen tritt hier ein weiteres Mal zutage. So wird auf zusätzliches Personal verzichtet. Eine echte Reform wäre die Al-

tersmischung gewesen. Sie wird so schnell nicht flächendeckend kommen. Zu hoffen ist aber zweierlei:

- Zum einen werden es einige Länder einzelnen Schulen überlassen, ob sie diesen Reform-Eckstein einführen wollen.
- Zum andern muss man die Neue Schuleingangsstufe als nicht abgeschlossen betrachten. Der gegenwärtige Stand ist nur eine Etappe auf dem Weg zu weiteren Reformen.

# 5 Der Ausbau einer Kooperationskultur

Die Resistenz der Strukturen des Bildungswesens war wohl im vorigen Jahrhundert die Ursache dafür, dass die Visionen des Strukturplans und vergleichbare Pläne dieser Zeit keine Chancen zur Realisierung hatten. Wie die wenigen Reformschulen in Deutschland belegen, wäre eine Übergangsschule, beginnend mit dem fünften Lebensjahr, wohl die Lösung für eine bessere Anschlussfähigkeit zwischen Vorschul- und Grundschulbereich gewesen.
Der Rückzug auf die Kooperation der Instanzen blieb zunächst die einzige Möglichkeit, den Weg der Kinder in die Schule zu erleichtern. Die gegenwärtige Reform der Schuleingangsstufe, der „neuen" wie sie zur Unterscheidung von der in den 1970er Jahren genannt wird, birgt allerdings die Gefahr, die Kooperation der Instanzen aus den Augen zu verlieren und zu vernachlässigen. Dabei – so unsere These – ist gerade eine konzeptionell erneuerte Kooperation eine wichtige Voraussetzung für den Erfolg, den die neue Schuleingangsphase haben soll. Folgerichtig haben sich inzwischen die meisten Bundesländer diesen Erfordernissen angepasst und ihre Kooperationsempfehlungen aus den 1980er Jahren überarbeitet. Hier soll auch die historische Genese noch einmal nachgezeichnet werden.

## 5.1 Kooperation in Erlassen und Empfehlungen

Die Bekanntmachungen der Kultusministerien (zuweilen auch der Landessozialministerien) waren keine Erlasse im engeren Sinne. Es fällt auf, dass die Behörden eine direkte Verordnung vermieden und ihren Verlautbarungen den Charakter von Empfehlungen gaben. Das geschah zum Teil sogar mit bemerkenswerter Kreativität, sind doch Empfehlungen stärker auf Appelle und Rechtfertigungen angewiesen als Erlasse.
Das Kernstück der Übergangsempfehlungen war durchgängig bei allen Ländern der Appell an die Kooperation zwischen Kindergarten und Grundschule. In dem nachfolgenden Katalog sind vielfältige Kooperationsformen vorgeschlagen:

- Gespräche/Erfahrungsaustausch
- Konferenzen/Besprechungen

- Hospitationen
- schriftliche Informationen
- Planung und Durchführung gemeinsamer Veranstaltungen, Vorhaben, Projekte
- stundenweise Mitarbeit eines Erziehers/Lehrers in der jeweils anderen Einrichtung
- gemeinsame Fortbildungsveranstaltungen.

In Bremen allerdings war die Zusammenarbeit schon damals gesetzlich fixiert, auch Nordrhein-Westfalen schrieb regelmäßig stattfindende Gesprächskreise vor.

Wie die Zusammenarbeit im Einzelnen empfohlen wurde, belegte das nachfolgende Beispiel:

„Die pädagogische Zusammenarbeit zwischen Kindergarten und Grundschule soll sich zum jetzigen Zeitpunkt vor allem auf drei Gebiete erstrecken:
- auf gezielte Vorhaben für Kindergartenkinder und Schulanfänger;
- auf gemeinsame Elternarbeit und
- auf Formen spezieller Zusammenarbeit von Erziehern und Grundschullehrern.

Die Zusammenarbeit von Erziehern und Lehrern mit den Eltern hat das Ziel, den spezifischen Auftrag von Kindergarten und von Grundschule darzustellen, um damit das Verständnis für die angemessene pädagogische Förderung des Kindes zu vertiefen. Neben den allgemeinen praktizierten Formen der Elternarbeit bieten sich für die Kooperation folgende Möglichkeiten an:
- Gemeinsam von Erziehern und Lehrern veranstaltete Elternabende, für Eltern von Kindergartenkindern, insbesondere für künftige Schulanfänger;
- Zusammenarbeit mit Elternbeiräten von Kindergarten und Grundschule in Fragen des Übergangs;
- Zusammenarbeit bei der individuellen Beratung in Fragen der vorzeitigen Aufnahme und Zurückstellung von Kindern“ (Baden-Württemberg).

Die Länder beließen es dennoch nicht bei solchen Empfehlungen. Sie trafen flankierende Maßnahmen, welche die Wahrscheinlichkeit für tatsächliche Kooperationen erhöhen sollten. So hatte Berlin die Einzugsbereiche von Vor- und Grundschule vereinheitlicht und damit eine wichtige Voraussetzung für die praktische Realisierung der Zusammenarbeit geschaffen. Hamburg führte so genannte Arbeitsfeldberater ein, die die konkrete Zusammenarbeit aller Pädagogen und Eltern absichern sollte. Auch in Baden-Württemberg gab es schon damals Beauftragte zur Beratung und Förderung der Kooperation.
Dieses Land erließ zusätzlich Durchführungsbestimmungen:

„Die Empfehlung zur Kooperation zwischen Kindergarten und Grundschulen ist rechtzeitig vor Beginn des neuen Schuljahres in der Gesamtlehrerkonferenz zu besprechen. Die Gesamtlehrerkonferenz entscheidet, ob und welche Kooperationsvorhaben durchgeführt werden. Die Schule meldet diese dem jeweiligen staatlichen Schulamt."
Bayern dokumentierte durch die Unterstützung eines sehr umfangreichen Modellversuchs, dass eine Optimierung dieser Zusammenarbeit notwendig ist. Die weit über Bayern hinaus beachteten Veröffentlichungen dieses Modellversuchs waren zwischenzeitlich eine wichtige Quelle für ein differenziertes Verständnis der Übergangsprobleme, vor allem aber auch für eine Vielzahl von praktischen Anregungen einer gemeinsamen Übergangspraxis. Darüber hinaus wurde in dem bayerischen Beispiel deutlich, dass die Kooperation doch eine beachtlich umfangreiche Reform darstellte.

## 5.2 Hindernisse, Schwierigkeiten, Irrtümer

Reformen und Veränderungen bedürfen bestimmter Bedingungen. Ist der Reformdruck groß genug und sind entsprechende Voraussetzungen vorhanden, werden sie gelingen. Die Kooperation hatte damals solche günstigen Bedingungen nicht. Hindernisse überwogen zweifellos. Fünf Problembereiche wurden sehr bald erkannt:

1. Die Kompetenz der Betroffenen
2. Probleme der Organisation
3. Vorurteile und Statusfragen
4. Eine gewisse Einseitigkeit bei der Wahl der Inhalte
5. Ein fehlendes Kooperationskonzept

Die *Kompetenzfrage* bezog sich sowohl auf das Wissen von der Materie *„Übergang"*, wie auf die Einschätzung der Bedeutung des Problems. Die beiden Faktoren hingen zusammen, da mit dem Einblick in die Zusammenhänge die Einschätzung der Bedeutung wächst. Fortbildungsveranstaltungen waren aus dieser Sicht von besonderem Gewicht. Darüber hinaus musste der Stellenwert der Frage schon in der Lehrerausbildung besser verankert werden, was zweifellos nicht hinreichend geschah. Mehr als Dreiviertel der Befragten fühlten sich bei einer Untersuchung im Stich gelassen, wenn es um das Thema Zusammenarbeit von Kindergarten und Grundschule ging. Bei den Erziehern war die Situation ähnlich (Huppertz & Rumpf 1983, S. 113). In den Antworten der Befragten trat allerdings nicht selten eine passive Be-

rufsauffassung zutage: „Man hat es mir nicht gesagt, also bin ich an meinem Nichtwissen unschuldig.“
Außerdem standen einer vielfältigen und fruchtbaren Zusammenarbeit eine Reihe *organisatorischer Probleme* im Wege. In Gesprächen mit Lehrern wurden zwei dieser Probleme immer wieder genannt: Die Hospitation im Kindergarten ist in erster Linie ein Zeitproblem. Der eigene Unterricht hat Vorrang und darf nicht vernachlässigt werden. Auch Zusammenkünfte wären wegen ihres erheblichen zeitlichen Aufwandes unter den gegenwärtigen Arbeitsbedingungen nicht in dem Maße zu leisten, wie es notwendig wäre. In die gleiche Richtung ging das Untersuchungsergebnis: über 85% der Lehrer äußerten sich so (Huppertz & Rumpf 1983, S. 119). Ein weiterer Aspekt war der Zeitfrage: Vielfach übernahmen Viertklasslehrer im darauf folgenden Jahr die Anfangsklasse. Genau diese Lehrerinnen aber waren in derselben Zeit mit dem Übergang nach der Grundschule beschäftigt und somit in ihrer Aufmerksamkeit anderweitig gebunden.
Ein weiteres Problem: Die Einzugsbereiche von Kindergärten und Grundschulen deckten sich meist nicht, was zu einer unübersichtlichen Kooperationsstruktur geführt hätte. Darüber hinaus waren viele Schulen nicht in der Lage, zu einem relativ frühen Zeitpunkt die Lehrkräfte für die Anfangsklassen zu benennen.
Unterschiedliche Ausbildungsgänge und Arbeitsbedingungen und das unterschiedliche Bild, das sich die Öffentlichkeit von den beiden Institutionen Kindergarten bzw. Schule machte, hatten in den Köpfen der Betroffenen zu *Unterschieden im Status*, im *Selbstverständnis* und damit auch im *Selbstbewusstsein* geführt (Portmann 1988, S. 148). Vorurteile und gesellschaftlich gewachsene Einstellungen waren und sind noch als Hindernisse und Schwierigkeiten nicht immer manifest; latent aber sind sie umso wirkungsvoller. Dieser Umstand ist der psychologische Hintergrund und die Keimzelle für viele Ungereimtheiten und Reserviertheiten, ja für Missverständnisse im Umgang miteinander. Die institutionseigenen Leitvorstellungen der Sozialpädagogik bzw. der Schulpädagogik haben sich zwar in den letzten Jahren angenähert, sie sind aber nicht deckungsgleich. Im praktischen Umgang von Personen erscheinen sie daher in subjektiver Variante und als Vor- und Fehlurteil deformiert. Solche Entwicklungen konnten nur dann vermieden bzw. ins positive gewendet werden, wenn bei beiden Gruppen die Bereitschaft wuchs, sich offen und neugierig für die Informationen der anderen Seite zu zeigen. Gemeinsame Fortbildungsveranstaltungen von Erzieherinnen und Lehrerinnen waren insofern der geeignete Ort, Schwierigkeiten aufzudecken

und aufzuarbeiten, weil hier meist ein „neutraler Berater und Koordinator" zur Verfügung stand.
Erzieherinnen möchten, dass Lehrer(innen) die Kindergartenarbeit nicht nur ernst nehmen, sondern auch auf dieser Arbeit aufbauen. Lehrer(innen) sollten noch bestehende Vorurteile abbauen und sie gegenüber Eltern unterstützen, die oft übertriebenen Ehrgeiz an den Tag legen und schulische Aufgaben vorwegnehmen möchten. Sie möchten generell häufiger angesprochen werden (Portmann 1988, S. 151).
Neben diesen genannten Hindernissen in organisatorischer Hinsicht, die letztlich das ganze Dilemma der Umsetzung in die Praxis verdeutlichen, weil nämlich die für die Empfehlungen notwendigen Rahmenbedingung nicht geschaffen waren, gab es aber auch noch grundsätzliche Schwierigkeiten im thematischen Bereich der Kooperation:
In einer Studie, die im Regierungsbezirk Darmstadt durchgeführt wurde, untersuchten schon 1989 Gernand und Hüttenberger die kooperativen Übergangsaktivitäten zwischen Kindergarten und Grundschule. Ihr Fazit lautete: Sie sind – dort wo sie überhaupt durchgeführt wurden – deswegen so ineffektiv, weil sie in der Regel wenig geeignet sind, die unterschiedliche Sozialtypik der Institutionen Kindergarten und Schule aufzubrechen. Die Autoren konnten aufgrund ihrer Befragung vier Formen der Kooperation unterscheiden:
- Eine Form kann nur bedingt als Kooperation bezeichnet werden, weil der eine Partner (meist die Erzieherinnen) nur eine marginale Rolle spielen
- In einer zweiten Form handelt es sich nicht um eine gleichberechtigte Zusammenarbeit der Partner. Eine Gruppe dominiert.
- Eine dritte Form ist ausschließlich produktorientiert, d.h. es wird über Patenschaften oder gemeinsame Feste diskutiert.
- Eine vierte Form ist prozessorientiert; nur hier wird gemeinsam ein Konzept entwickelt, bzw. über Inhalte oder Erziehungsgrundsätze gesprochen.

Nur die letztgenannte Form sei geeignet, grundlegende Veränderungen in Gang zu setzen, da sie gemeinsame Planung, Handlung und Reflexion zur zentralen Maxime ihrer Kooperation mache (Gernand & Hüttenberger, S. 227).
Zu einem ähnlichen Ergebnis kommt eine Studie des Deutschen Jugendinstituts, die Einzelprojekte beschreibt und zusammenfasst: Danach sind diejenigen Kooperationsmodelle erfolgreich, die einen reformorientierten Schulentwicklungskurs eingeschlagen haben und die auf der Basis gemeinsamer gleichberechtigter Arbeitsgruppen kooperieren ((Hössl & Lipski 1992, S. 74).

## 5.3 Das Erfahrungsprojekt „intensivierte Kooperation“

Vor dem Hintergrund der Forschungsergebnisse von Gernand & Hüttenberger versuchte der Autor mit einem Team von Leipziger Grundschulpädagogen in einer Einzelstudie Elemente einer Kooperationsform zu entwickeln, die dem Kriterium einer Prozessorientierung eher entsprachen. Es konnte keine empirische Studie im engeren Sinne sein, da zunächst nur eine Grundschule und deren Kindertagesstätten (im Einzugsbereich) beteiligt waren. Es handelte sich eher um ein „Austesten“ von Möglichkeiten und Schwierigkeiten in diesem Feld.

Das Kooperationsteam bestand aus der Schulleiterin der Grundschule, zwei weiteren Lehrerinnen, (die als künftige Erstklasslehrerinnen vorgesehen waren), den drei Leitern der Kindertagesstätten sowie den Wissenschaftlern der Universität. In der Anfangsphase der Arbeit ging es mehr um Fortbildung als um konkrete Vorhaben mit den Kindern.

Doch sehr bald drängten die Teilnehmer(innen) darauf, gemeinsam möglichst ganzheitliche Lern-Handlungseinheiten zu planen und durchzuführen. Im Mittelpunkt standen dabei kognitive (sprachliche und mathematische) Inhalte, die Motorik, aber auch sozial-emotionale Dimension sollte nicht vernachlässigt werden. Nicht immer, aber in der Regel arbeiteten dabei die Lehrerinnen mit den fünfjährigen künftigen Schulanfängern.

Insgesamt gesehen war die Jahresplanung dreigeteilt: Im ersten Drittel ging es um gemeinsam geplante Handlungseinheiten mit unterschiedlichen Schwerpunkten. Im zweiten Drittel lag die Aufmerksamkeit auf diagnostischen Aktivitäten. Dabei kamen sowohl standardisierte (Differenzierungsprobe, Bielefelder Screening, OTZ, Körperkoordinationstest) als auch „informelle“, d.h. selbst erarbeitete Verfahren nach dem Vorbild des Kieler Einschulungsverfahrens zum Einsatz, sowie ausführliche Befragungen der Erzieherinnen zu verschiedenen Kindermerkmalen. Ziel der Aktion war, von jedem Kind ein differenziertes Fähigkeits-/Fertigkeitsprofil zu erstellen, das für alle Beteiligten von Wichtigkeit war. Diese Profile bildeten schließlich in der dritten Etappe dieses Jahres die Grundlage für eine individuelle Förderung, die sowohl integrativ als auch in einzelnen Veranstaltungen durchgeführt wurde.

Das Projektteam legte von Anfang an besonderen Wert auf die Einbeziehung der Eltern. Sie sollten nicht nur für den notwendigen, rechtlichen Rahmen sorgen, Sie sollten auch als moralische Instanz das Projekt unterstützen und als eigene verantwortliche Instanz bei der Schulvorbereitung fungieren. Eine besondere Rolle kam ihnen bei der individuellen Förderung in der dritten

Phase zu: Sie wurden entsprechend beraten, diese Förderung zuhause zu unterstützen. Sie wurden deshalb über die diagnostischen Ergebnisse ihres jeweiligen Kindes genau informiert.

Nach einem Jahr wurde in ausführlichen Diskussionsrunden und in Form einer Befragung bilanziert; dabei wurden sowohl positive als auch leidvolle Erfahrungen herausgestellt:

- Am positivsten reagierten die Eltern. Sie klagten für die nachfolgenden Jahre die Fortsetzung des Projekts ein. Sie nahmen vor allem das Signal positiv auf, dass sich die Schule schon frühzeitig für ihre Kinder interessiert und deren Entwicklungsförderung betreibt.
- Bei Schule und Lehrerinnen überwog eine positive Bilanz. Die Arbeit am Schulanfang wird durch diesen intensiven Vorlauf entlastet; den Kindern wie den Lehrerinnen wird ein Stück Unsicherheit genommen. Das versöhnt auch mit der doch beträchtlichen Zusatzbelastung, die die Lehrerinnen vor allem durch die zusätzlichen Sitzungen auf sich nahmen.
- Die Schulleiterin freute sich zwar am Erfolg, beklagte aber den enormen organisatorischen Aufwand, der auf den ersten Blick gar nicht so offensichtlich war. Ein wesentliches Hindernis war dabei die Koordinierung der Termine bei drei Kindertagesstätten und der Transport der Kinder zu schulischen Veranstaltungen.
- Am wenigsten erfreut waren offenbar die Erzieherinnen, die sich oft überstimmt fühlten, im Gegensatz zu den Lehrerinnen keine Stundenermäßigungen bekamen und insgesamt zuweilen passiv wirkten.

Die Erfahrungen der wissenschaftlichen Begleitung sind ebenfalls zwiespältig: Zum einen waren die beteiligten Personen natürlich zufrieden damit, dass eine solche Kooperationen überhaupt zustande kam und dass diese über den Zeitraum von zwei Jahren auch funktionierte. So konnte nachgewiesen werden, dass prozessorientierte Kooperation in einer weitgehend intensiven Form durchführbar ist, dass Lehrer(innen) und Erzieherinnen in der Lage sind oder in die Lage versetzt werden können, Kindbeobachtung zu planen, durchzuführen und daraus Konsequenzen zu ziehen. Darüber hinaus wurden gemeinsame und individuelle Förderprogramme, wenn auch nicht evaluiert, so doch entwickelt und in Gruppen durchgeführt.

Das unterschiedliche Engagement von Lehrerinnen und Erzieherinnen geht vorwiegend darauf zurück, dass sich die Lehrerinnen unter der engagierten Einstellung der Schulleiterin stärker in der Pflicht sahen und zudem erfahrene Lehrkräfte des Anfangsunterricht waren, während die Erzieherinnen einen weniger engagierten Eindruck hinterließen, sei es, dass sie häufiger den gemeinsamen Sitzungen fern blieben, die „Hausaufgaben“ (z.B. das Ausfüllen

eines Erzieherinnenfragebogens) nur zögerlich und oft mit Verspätung erledigten, oder auch sich am Förderprogramm nur teilweise beteiligten. Nicht alle fühlten sich in der Runde wohl, so kann man wohl annehmen, dass diese zusätzliche Arbeit nicht freiwillig gern erledigt wurde.
So ist das Gesamtergebnis als Anfangsversuch auf diesem Gebiet etwas mager, aber letztlich sind doch alle Beteiligten zu dem Ergebnis gekommen, dass Kooperation unter günstigeren Bedingungen nicht nur sinnvoll, sondern notwendig ist.

## 5.4 Der Aufbau einer Kooperationskultur heute

Bei allen Versuchen einer institutionellen Angleichung von Kindergarten und Grundschule bleibt das Hauptziel: Das Kind muss Kompetenzen erwerben, die es in die Lage versetzen, den neuen Aufgaben gerecht zu werden (Bildungs- und Erziehungsplan, S. 119). Dieser Kompetenzerwerb hat mehrere Dimensionen, die im Einzelnen aufgelistet werden sollen:

*1. Die individuelle Dimension*

1.1 Identität mit veränderten Status und Kompetenz als Schulkind entwickeln

1.2 Basiskompetenzen einsetzen, die für die Bewältigung des Übergangs wichtig sind: Kommunikationsfertigkeiten, Problemlösefertigkeiten, Strategien der Stressbewältigung, Selbstvertrauen, soziale Kompetenzen, positive Einstellung zum Lernen

1.3 Schulnahe Kompetenzen einsetzen: Sprachentwicklung, Erfahrung mit Schriftkultur, mathematische Grundkompetenzen, …

*2. Die interaktionale Dimension*

2.1 Aufbau von Beziehungen zu Lehrkräften und anderen Schulkindern in der Klasse

2.2 Verändern der Beziehungen in der Familie infolge größerer Selbstständigkeitserfordernisse

2.3 Sich in Belastungssituationen aktiv Hilfe bei andern suchen

2.4 Sich auf die Lehrkraft als neue Bezugsperson einstellen und Bedürfnisse und Interessen,

2.5 Meinung und Kritik äußern und ertragen

2.6 Anforderungen an die Rolle als Schulkind erfassen und erfüllen

3. *Die kontextuelle Dimension*

3.2 Die Rhythmen von Tages-, Wochen- und Jahresablauf in der Familie und in der Schule miteinander in Einklang bringen

3.3 Sich an der Schulkultur beteiligen und sich auf veränderte Lehrinhalte und Lernmethoden einlassen und neue Lernanforderungen mit Neugier und Motivation aufgreifen

3.3 Sich mit den Auswirkungen des Übergangs zur Schule auf die Familienkultur auseinandersetzen (vgl. Bildungsplan, S. 119)

Bewältigungskompetenzen schaffen ist demnach ein umfangreicher Aufgabenkatalog, an dem mehrere Instanzen – direkt und undirekt – beteiligt sind. Da sich die Kinder noch nicht im schulpflichtigen Alter befinden, fällt diese Aufgabe natürlich vor allem in die Zuständigkeit und in die Verantwortung von Erzieherinnen. Sie sind das professionelle Personal der Tageseinrichtungen von Vorschulkindern. Sollten sie diese spezielle Berufskompetenz noch nicht oder in nicht genügendem Maße aufweisen, brauchen sie entsprechende Fort- und Weiterbildungsinhalte und geeignete Unterstützungssysteme, die sie beraten und instand setzen, die ihnen anvertrauten Kinder angemessen und umfassend auf die Schule vorzubereiten. Insbesondere die unter der ersten Dimension genannten Einzelkompetenzen (Identitätsentwicklung, Basis- und schulnahe Kompetenzen) setzen für das Berufsbild der Erzieherinnen neue Inhalte bzw. neue Akzente, die möglicherweise erst geschaffen oder weiterentwickelt werden müssen und in der künftigen Ausbildung stärker zu verankern sind.

Die interaktionale und kontextuelle Dimension sind Teile der Bewältigungskompetenz, die Kooperation und Kommunikation mit andern Instanzen, in erster Linie mit Elternhaus und Schule, konstitutiv erforderlich machen.

Es ist von Vorteil, dass die Eltern bereits ein fester Partner in der Zusammenarbeit mit dem Kindergarten sind. In der Schwellensituation des Übergangs geht es nun darum, den Eltern deren sich nun verändernde Rolle bewusst zu machen, sie zu beraten und zu begleiten bei der Wahrnehmung ihrer Aufgaben.

Auch den Eltern gegenüber werden Aufgaben, Inhalte und Ziele auf mehreren Ebenen formuliert::

1. *Die individuelle Dimension:*

   Sich mit der neuen Identität als Eltern eines Schulkindes auseinander zu setzen und die entsprechenden Kompetenzen einzusetzen, um sowohl das Kind zu unterstützen als den eigenen Übergang zu bewältigen.

2. *Die Interaktionale Dimension:*
2.1 Als Eltern Beziehungen zu Lehrkräften aufbauen, auch zu Mitschülern des Kindes und deren Eltern.
2.2 Auf mögliche Veränderungen der Beziehungen in der Familie, die sich durch den Übergang in die Schule ergeben, vorbereitet sein.
3. *Die kontextuelle Dimension*
3.1 Die elterliche Verantwortung bei der Mitgestaltung des Übergangs zu Grundschule erkennen, sich dabei aktiv einbringen (Partizipation)
3.2 Die erweiterten Anforderungen aus Familie, Schule und Erwerbsleben miteinander in Einklang bringen
3.3 Sich in die Elterngruppe der (künftigen) Schulklasse bzw. Elternschaft der Schule einbringen (Engagement) (Bildungsplan, S.120)

Als Kern- bzw. „Herzstück" der Kooperation ist die Zusammenarbeit von Lehrer(innen) und Erzieherinnen anzusehen. Nach geltendem Recht haben zwar die Lehrer(innen) zu diesem Zeitpunkt noch keine Verantwortung für die (künftigen) Schulkinder, sie sind aber vor allem bei offiziellen Kooperationsvereinbarungen in eine Mitverantwortung eingebunden.

Es muss noch stärker im Bewusstsein von Lehrer(innen) verankert werden, dass es „vorlaufende", also dem Schulanfang vorausgehende Tätigkeiten und Aufgaben gibt, die auch deshalb intensiv wahrgenommen werden müssen, weil sie den Schulanfang erleichtern und die Schulerfolgschancen (wir vermuten: insbesondere der schwächeren Schüler) erhöhen.

## 5.5 Aufgaben und Prinzipien professioneller Kooperation

In den letzten fünf Jahren sind die meisten Bundesländern dazu übergegangen, die Kooperation zur verpflichtenden Aufgabe zu machen. Sie haben damit auch frühere Empfehlungen und die inhaltlichen Aufgaben der Kooperation präzisiert.

Zu den Aufgaben einer anspruchsvollen Kooperation gehören die folgenden sieben Komplexe:

*Aufgabenkomplex 1: Die Herstellung der inhaltlichen Anschlussfähigkeit:* In diesen Komplex gehören der Austausch von institutionsspezifischen Konzeptionen wie Lehr- und Bildungsplänen, pädagogische Konzeptionen, Erziehungsgrundsätze, auch Tagesablaufpläne und organisatorische Besonderheiten, sowie didaktisch methodische Konzepte. Der Austausch sollte nicht nur (besser: gar nicht in erster Linie!) verbal oder theoretisch erfolgen, sondern über gegenseitige Hospitationen

*Aufgabenkomplex 2: Frühdiagnose und Frühförderung:* Hierher gehören vorschulische Screening- und Testverfahren, sowie Auskünfte der Erzieherinnen über den Entwicklungsstand der Kinder. Daraus müssen dann spezielle Förderungen, gemeinsam und individuell abgeleitet werden (siehe Anhang 3).
*Aufgabenkomplex 3: Informative Schulvorbereitung für die Kinder:* Die künftigen Schulneulingen sollen schon im Kindergarten möglichst viel über die Schule erfahren; das kann erreicht werden durch entsprechende Erfahrungseinheiten im Kindergarten, durch Hospitationen in der Schule, durch Gespräche mit der künftigen Lehrerin oder mit Schulkindern, …
*Aufgabenkomplex 4: Gemeinsame Elternarbeit:* Eine zentrale Aufgabe ist, die Eltern als Partner der Kooperation zu gewinnen, mit ihnen spezifische Aufgabenstellungen zu erarbeiten und sie selbst auf den Übergang vorzubereiten, sowie auf neue Rollen einzustellen.
*Aufgabenkomplex 5: Gemeinsame organisatorische Maßnahmen:* Die Kooperation steht und fällt mit einer guten Organisation. Ansprechpartner (Kooperationskoordinatoren) sind ebenso wichtig, wie gut terminierte und geplante gemeinsame Sitzungen. Der organisatorische Aufwand ist beträchtlich und reicht von der Planung der Einzelveranstaltung bis zur Aufstellung eines Kooperationskalenders im Jahreslauf.
*Aufgabenkomplex 6: Gemeinsame Fort- und Weiterbildung:* Die Einrichtung der Fortbildung ist ein Unterstützungssystem, das beide Partner brauchen, da angenommen werden muss, dass der Aufgabenkatalog nur mit einer entsprechenden Kompetenzerweiterung abgearbeitet werden kann.
*Aufgabenkomplex 7: Gemeinsame Projekte aller Beteiligten:* Neben gemeinsamen kleineren Festen können das schon inhaltliche Projekte sein, die dem Bildungsplan des Kindergartens oder dem Lehrplan der Schule entnommen sind.

### 5.5.1 Bildungs- und Erziehungskonzeptionen

Hier geht es gar nicht so sehr um die in niedergeschriebenen „Dokumenten" gültigen Konzeptionen für Lehren, Lernen oder auch Spielen, sondern um die Konzepte, die die Akteure „in den Köpfen" haben. Diese lernt man am besten kennen, wenn man dem Partner der anderen Einrichtung bei seiner täglichen Arbeit zusieht. Erste gegenseitige Hospitationen dienen dem Kennenlernen der Personen, deren Eigenarten, aber auch der Arbeitsweise, die für die Institutionen allgemein oder gerade für diese Institution typisch ist. Mit Takt, Wohlwollen, möglicherweise aber auch mit Nachfragen oder mit zurückhaltender Kritik setzt man sich auseinander, um zunächst einmal die „Gegenseite“ zu verstehen und damit den konzeptionellen Hintergrund von Spiel- und Arbeitsformen, von Wahlentscheidungen der Kinder für Angebote, etc. zu erschließen.

Ziel ist nicht in erster Linie eine Angleichung der Konzepte, wohl aber eine Prüfung, in welchem Maße sie der Anschlussfähigkeit dienen, sie möglicherweise behindern oder wie sie besser angeglichen werden können. Die Diskussion hat immer die doppelte Fragestellung im Hintergrund:

- Was muss bzw. kann man zwischen den *Einrichtungen* abgleichen, welche Korrekturen müsste bzw. sollte man vornehmen, um Anschlussfähigkeit zu gewährleisten?
- Was kann man den *Kindern* zumuten bzw. wie kann man sie instand setzen, um bestehende und gewollte Differenzen zu meistern?

Das Anpeilen der Anschlussfähigkeit ist kein einmaliger Akt, vielmehr geht es um einen ständigen Prozess einer Verbesserung der Abstimmung von Kindergarten und Grundschule.

### 5.5.2 Frühdiagnostik und Frühförderung

Die neuere Legasthenie- und Dyskalkulieforschung machen darauf aufmerksam, dass die Ursachen für diese Störungen in einer sehr frühen Entwicklungsstufe der Literacy-Entwicklung bzw. der mathematischen Bildung liegen. Kinder, die beispielsweise Lücken in der phonologischen Bewusstheit oder in der Zahlbegriffsentwicklung (neben anderen Entwicklungsrückständen!) aufweisen, gelten schon sehr früh als so genannte Risikokinder für die Lernprozesse in den entsprechenden Fächern der Grundschule. Die meisten Kinder erwerben die für das Rechnen und Lesen lernen notwendigen Vorläuferfähig- und -fertigkeiten in natürlichen, meist unbewussten Lern-, Spiel- oder Erfahrungsprozessen und sind auf eine gezielte Frühförderung (als „veranstalteter Lernprozess“) nicht angewiesen. Allerdings müssen nach Lage der Forschung ein nicht geringer Teil (10 – 15%) von Kindern als Risikofälle eingestuft werden. Je früher diese Kinder eine gezielte Förderung erfahren, desto größer ist die Wahrscheinlichkeit für den Lernerfolg in der Grundschule.

*Frühe Diagnostik*

Ein Kernbereich der inhaltlichen Arbeit von Kooperationsteams ist demnach eine frühe Diagnostik auf- und auszubauen, die entsprechende Daten der Vorschulkinder liefert und damit Risikofälle sichtbar macht. Allgemein gesprochen erscheint es notwendig, zu Beginn des letzen Kindergartenjahres Verfahren und Befragungen durchzuführen, die möglichst viele Persönlich-

keitsdaten der Kinder liefern. Es sind dafür in den letzten zehn Jahren gute und von Erziehern und Lehrern handhabbare Screeningverfahren und Fragebogen entwickelt worden. Im Zweifelsfalle sollte der Beratungslehrer als Unterstützungshilfe bereitstehen (siehe auch in diesem Buch das Bielefelder Screening und den OTZ im Kapitel 4; sowie weitere Vorschläge im Anhang). Kreative und erfahrene Teams wagen sich auch an selbst zusammengestellte Verfahren heran und nehmen das Kieler Einschulungsverfahren als Vorbild, ohne sich genau daran halten zu müssen.
Die Einzelergebnisse gilt es genau aufzulisten; denn sie bilden die wichtigste Grundlage und Informationsquelle für die Förderung.

*Vorschulische Förderung*
Fördern sollte immer zweierlei bedeuten: Es soll zum einen den Kindern helfen, ihre eigenen Lernprozesse voranzubringen, aber ihnen zugleich auch Mut machen und ihr Selbstvertrauen stärken, damit sie sich weiteren Herausforderungen stellen können (Burk 1993, S. 9; Hanke 2007, S. 109). Für Vorschulkinder ist diese doppelte Zielstellung des Förderunterricht besonders wichtig.
Neben der persönlichen Einstellung der „Förderer" kommt es auch auf den didaktischen Kontext und auf die Inhalte der Förderung an: Die Inhalte ergeben sich aus den diagnostischen Analysen, inhaltliche Anregungen erhält man auch von den im Anhang erläuterten Förderprogrammen. Die fördernden Personen sind natürlich vorwiegend die Erzieherinnen, die die Förderhilfen in ihren normalen Kindergartenalltag einlagern müssen. Allerdings gibt es weitere Möglichkeiten: Die Schule bietet einen „Spiel-Förder-Nachmittag" an. Dann sind auch Lehrer(innen) involviert. Derartige Nachmittage können als schulischer „Vorgriff" aufgefasst werden; sie müssen allerdings inhaltlich und organisatorisch gut abgestimmt sein und im Team (vor allem zu Beginn) ausführlich besprochen werden. Solche Sonderveranstaltungen sind allerdings psychologisch und pädagogisch nicht ganz unproblematisch, vor allem wenn Risikokinder abgesondert werden.
Eine weitere Förderchance sollte nicht ungenutzt bleiben: Auch Eltern können in diesen Verantwortungsbereich eingebunden werden. Das sollte allerdings nicht missverstanden werden: Es geht nicht um die Wahrnehmung schulischer Aufgaben durch die Eltern (schon einmal Buchstaben lernen oder zählen), es geht nicht um formale Aufgaben. Es ist schon ein Gewinn, wenn Kinder zuhause von besonderen Ereignissen des Kindergartens berichten „müssen": die Nebeneffekte sind sowohl Gedächtnistraining, als auch kontextunabhängiges Sprechen. Und je nach Förderinhalt gibt es viele Spiele, die nicht nur einen Fördereffekt haben, sondern Eltern und Kinder in eine sprach-

liche und soziale Kommunikationssituation bringen. Es darf nicht unerwähnt bleiben, dass Eltern gründlich in diese Aufgabe eingewiesen werden müssen.

### 5.5.3 Informationen als Schulvorbereitung für die Kinder

Im letzten Kindergartenjahr soll nach den Vorstellungen des Erziehungs- und Bildungsplanes allmählich eine Beziehung zu Lehrkräften und Schulkindern aufgebaut werden, sie sollen sich auf eine Lehrkraft als neue Bezugsperson einstellen und die Anforderungen an die Rolle als Schulkind erfassen.

*Gegenseitige Besuche*

Diese anspruchsvollen kognitiven, emotionalen und sozialen Ziele sind nur dann zu leisten, wenn intensive Kontakte zur Schule hergestellt werden. In dem nachfolgenden Beispiel ging zwar die Initiative von der Lehrerin aus, aber es zeigt doch, dass hier ein intensiver Kontakt stattfand:

„Mein viertes Schuljahr hatte ein lustiges Theaterstück eingeübt, und wir luden die künftigen Schulneulinge aus dem Kindergarten zu einer Vorstellung ein. Das Stück hieß "Stern Naseweis", Schauplatz war der Himmel. Entsprechend war meine Klasse hergerichtet. Die Decke war mit blauen Bettlaken abgehängt, die Wände mit Wolken und Sternen verkleidet. Den Kleinen gefiel das Theaterstück sehr, aber anschließend musste die Vorstellung vom Aussehen eines Klassenraumes doch korrigiert werden, denn, so meinte ein Besucher: „Im Himmel kann man doch nicht Lesen und Schreiben lernen!“

Dass den Kindergartenkindern dieser Besuch gefallen hatte, erfuhr ich später, als mich die Kinder in den Kindergarten einluden. Auf eine lange Tapetenrolle hatte jedes Kind sich selbst gemalt und seinen Namen dazugeschrieben. Darüber stand in großen Buchstaben:

LIEBE FRAU TELLER, WIR WÜRDEN UNS FREUEN, WENN DU UNS IM KINDERGARTEN BESUCHEN KÄMST!

Diese Einladung konnte ich natürlich nicht unbeantwortet lassen und schrieb den Kindern auf einem großen Plakat, dass ich sie bald besuchen würde. Dazu klebte ich die Fotos, die ich vom Schulbesuch gemacht hatte, und hängte das Plakat im Eingang des Kindergartens auf. Wie mir die Eltern später erzählten, war das schon ein erster großer Leseanreiz, denn viele Kinder wollten die Buchstaben selbst entziffern!

Ab Februar ging ich dann montags in einer Freistunde in den Kindergarten. Zunächst sprach ich mit den Erzieherinnen über die Kinder, anschließend ging ich in die einzelnen Gruppen. Ich sah den Kindern beim Spielen und

Malen zu, spielte auch gelegentlich mit und konnte auftauchende Fragen mit den Erzieherinnen klären. Die Kinder freuten sich auf meine Besuche, malten Bilder für mich oder hatten sich schon ein Spiel ausgedacht, das sie mit mir spielen wollten.
Um die einzelnen Kinder besser kennen zu lernen, ging ich dann mit jeweils neun Kindern in einen Gruppenraum, der uns zur Verfügung gestellt wurde. Dort setzten wir uns in den Kreis zum Erzählen. Es gab immer kleine aktuelle Anlässe, über die wir sprachen, wie Geburtstage oder Neuigkeiten aus dem Kindergartenvormittag. Für mich, Lehrerin einer vierten Klasse, war es eine große Umstellung auf diese Altersstufe. Alle wollten sie gleichzeitig erzählen, das Zuhören fiel ihnen schwer und an Stillsitzen war nicht zu denken. Aber alle waren bereit zu erzählen, freuten sich schon auf die Schule und nahmen mich als ihre neue Lehrerin vorbehaltlos an.
An den folgenden Montagen las ich den Kindern das Buch "Jakob und Joachim" vor. Es geht dabei um einen Elefanten, der bei einem kleinen Jungen wohnt und auch zum ersten Mal in die Schule geht. Immer wieder gibt es dabei Gelegenheiten, mit den Kindern über persönliche Dinge zu reden: Was sie am liebsten spielen, was sie sich zum Geburtstag wünschen, was sie in ihrer Schultasche haben. Oder die Kinder können mitmachen und dem Elefanten helfen, bis zehn zu zählen, das Frühstück zu machen oder das Licht auszuknipsen, wenn er abends ins Bett geht.
Aber auch die Situation in der Schule, die der kleine Elefant vorfindet, bietet viele Möglichkeiten, mit den Kindern über den bevorstehenden Schulbesuch zu reden, ihre Vorstellungen von Schule kennen zu lernen und ihren Wünschen zuzuhören.
Das Vorlesen dauerte etwa eine halbe Stunde, die aber immer wieder durch Fragen oder kleinen Aktivitäten unterbrochen wurde. In dieser schon schulähnlichen Situation lernte ich die Kinder besonders gut kennen und erfuhr viel über sie. Das war für mich eine sehr wichtige Erfahrung, denn der Anfang im ersten Schuljahr ist immer wieder eine neue Herausforderung. Nicht nur für die Kinder ist der Übergang schwer, auch meine Skepsis und meine Ängste wurden geringer angesichts der Zugewandtheit und Fröhlichkeit der Kinder“ (Bärbel Teller).
Andere Lehrerinnen bringen Schulkinder mit, die aus diesem Kindergarten stammen. Über Schule wird dadurch umfassender berichtet, weil die Schülerperspektive einbezogen ist. Gegebenenfalls können diese Schulkinder auch von ihrem ersten Schultag erzählen, wie sie mit Neugierde, Erwartungen und Ängsten fertig geworden sind. Ein vielfältiges und positives Bild von Schule zu vermitteln, ist das Hauptanliegen: Die Freude und Erwartung auf Schule

wird erhöht; das Kind bemerkt, dass die Unterschiede gar nicht so gravierend sind und dass es sein Verhältnis und seine Einstellungen zum Spiel nicht grundlegend verändern muss.

Haben die künftigen Schulneulinge mit ihrer Lehrerin erst einmal Pudding gekocht oder von ihr eine Geschichte gehört, dann ist die erste Scheu verflogen und das Vertrauen gewachsen. Das ist sozusagen ein Nebeneffekt des tätigen Umgangs miteinander. Die Lehrerin wird also im Kindergarten zuallererst Lehrerin sein. Indem sie ein buntes Bild von Schule vermittelt, wird die Institution bekannter und die Person vertrauter.

Der Besuch im Kindergarten hat allerdings auch noch andere Nebeneffekte, die zunächst nicht im Vordergrund stehen: Es eröffnet sich die Chance, die künftigen Schulkinder in einer natürlichen Umgebung und in entspannter Situation kennen zu lernen. Dadurch werden sie auf Schwierigkeiten aufmerksam, die zu wissen von besonderer Bedeutung sind.

Außerdem lernt die Lehrerin die Arbeit im Kindergarten kennen. Mehr noch: Sie wird sie anders einschätzen. Der Umgang mit dem Kindergarten wird ihr Bild von Elementarerziehung und -bildung möglicherweise neu ordnen. Das kann sich ganz unterschiedlich auswirken. Sie spricht beispielsweise anders über diese Institution, etwa gegenüber den Eltern. Oder aber sie findet brauchbare Elemente, die sie in ihren Anfangsunterricht überträgt. Das kann mit Formen der freien Arbeit beginnen, sich in einer alternativen Raumgestaltung fortsetzen oder aber in einer Bereicherung der Tätigkeiten im Anfangsunterricht seinen sichtbaren Ausdruck finden. Besuche dieser Art, die ja in der Regel im Kontext einer umfassenderen Kontaktnahme mit dem Kindergarten stehen, befördern also neue Erfahrungen, die zweifelsohne die Qualität des Anfangsunterrichts verbessern, die didaktische und pädagogische Kompetenz erweitern und damit auf indirekte Weise die Arbeit des Schulanfangs erleichtern können. Über solche Nebeneffekte wird ein Teil des Aufwands „zurückgegeben". Am Ende schließt sich der Kreis: Der verbesserte Unterricht kommt dem Kind zugute und einem erfolgreichen Übergang.

*Schulhospitationen*

Ortswechsel: Aus der Sicht der Kinder ist das Kennenlernen ihrer künftigen Lern- und Lebensstätte unverzichtbar. Der Besuch kann auch im Zusammenhang mit einer umfassenderen Aufgabe des Kindergartens stehen. Dann sind im Jahresverlauf sicher mehrere Besuche mit unterschiedlichen Akzentsetzungen vorgesehen.

So kann ein Besuch vornehmlich der Raumwahrnehmung dienen, ein Nachmittag ist dazu sogar besser geeignet. Die Kindergartenkinder sind zunächst

unter sich und erkunden zusammen mit ihrer Erzieherin Raum, Materialien und Schulatmosphäre. Sie entdecken Gleiches und Unterschiedliches und nehmen allmählich die neue Umgebung in ihren Besitz.
Die Lehrerin kann hinzukommen, ihnen die Schulutensilien aus ihrer Sicht erläutern und mit ihnen sogar Schule spielen, wenn die Situation dafür geeignet ist. Bei einem Besuch in einem ersten Schuljahr finden die Besucher eine ähnliche Situation, wie sie sie selbst bald erleben. Vertrautes und Neues steht nebeneinander. Freunde werden getroffen und anderes mehr.

*Patenschaften*
Von einer Patenschaftswoche berichtet das folgende Beispiel:
„Nach Pfingsten besuchten die Kindergartenkinder mit ihren Erzieherinnen die Schule.
Zunächst wurde die Gruppe vom Schulleiter begrüßt und durch das Schulhaus geführt. Anschließend nahmen die Kinder, in Gruppen aufgeteilt, am Unterricht der ersten und zweiten Schuljahre teil.
In der Woche darauf führten wir die Patenschaftswoche durch. Die Kindergartenkinder konnten, mit einem Schulkind als Paten, einen ganzen Tag am Unterricht des Patenkindes teilnehmen.
Die Kinder, die nicht einen ganzen Tag am Unterricht teilnehmen wollten, konnten jederzeit – in Begleitung eines Schulkindes – wieder zurück in den Kindergarten gehen.
Die Patenschaftswoche verlief zur Zufriedenheit aller. Alle Kindergartenkinder fanden einen Paten und nahmen einen ganzen Tag am normalen Unterricht teil. Auf unsere acht Klassen verteilt, hatte jede Klasse zwei bis drei Gäste in der Woche. Das war auch für die Kollegen keine Belastung. Manche Kinder wären gerne häufiger zur Schule gekommen, aber dadurch hätte sich die Anzahl der Gäste in den Klassen erhöht.
Die Vorschulkinder lernten an diesen Tagen die Lehrerinnen unserer Schule kennen, die üblichen Rituale wie gemeinsames Frühstück, die Spielpause u.ä., die Räumlichkeiten wurden vertrauter und erste Kontakte zu Schulkindern geknüpft. Ich denke, dass damit ein wichtiger Schritt zum Übergang vom Kindergarten in die Schule getan war“ (Bärbel Teller).
Ist das Eis erst einmal geschmolzen, ergeben sich weitere Besuche automatisch. Man kann allmählich dazu übergehen, gemeinsame Vorhaben durchzuführen. Sie bedürfen einer besonders gut abgestimmten Koordination. Eltern können dabei einbezogen werden.

*Korrespondenz*
Eine besonders intensive Form der Information über Schule ist die Korrespondenz. Sie können sowohl mit der Lehrerin als auch mit Schulkindern erfolgen.
Die Personalisierung der bisherigen Beziehungen ist nur dann von besonderem Wert, wenn sie beidseitig erfolgt. Auch die Lehrerin stellt sich in der Korrespondenz als Person dar und spricht das Kind persönlich an:

*Liebe Sabine, heute schreibt Dir Deine Lehrerin. Ich heiße Frau Neumann und freue mich schon auf den Tag, an dem Du zu mir in die erste Klasse kommst. Aber erst einmal sind noch Ferien, da fahre ich mit meiner Familie an die Nordsee. Was machst Du in diesem Sommer? Sicher kannst Du davon im September erzählen. Mich interessiert auch: Was spielst Du am liebsten? Wer sind Deine Freunde? Wie sieht Deine Schultüte aus? Du siehst, ich bin schon ganz neugierig auf Dich. Du kannst mir schreiben - oder auch etwas malen. Du kannst es aber auch erzählen, wenn Du im Herbst in meine Klasse kommst. Es grüßt Dich Deine Lehrerin Frau Neumann.*

Erste Kontaktnahmen müssen nicht lang sein. Das außerschulische Leben ist einbezogen, eine Antwort ist erwünscht, aber nicht gefordert. Vor allem aber schafft die Lehrerin im Elternhaus eine besondere Situation: Der Brief wird von der Mutter vorgelesen. Dabei bleibt es im Allgemeinen nicht, ein Gespräch über Schule schließt sich an. Auf diese Weise stiftet die Lehrerin durch die Korrespondenz eine Schulsituation im Elternhaus.
Eine weitere Korrespondenz kann stärker auf Materialien und Utensilien der Büchertasche abheben. Dieses Thema kann aber auch innerhalb einer Klassenkorrespondenz mit Schulkindern durchgeführt werden. Wie schon in anderem Zusammenhang erwähnt, haben Klassenkorrespondenzen bestimmte Funktionen: Sie signalisieren eine „Schülerschule". Sie setzen nicht „Schule" und Lehrer gleich. Für den Schulneuling werden damit die Mitschüler ins Bewusstsein gerückt. Mitschüler können für Schulneulinge gerade am Anfang Orientierungspersonen sein, sie können aber auch eine Bedrohung darstellen – vor allem in informellen Situationen der Pause und des Schulwegs. Korrespondenzen schaffen hier auf beiden Seiten entspannte und günstige Voraussetzungen für den Schuleintritt. Für die Klasse selbst ist die Korrespondenz zudem ein Lern- bzw. Schreibanlass mit konkretem Lebensbezug, eingebettet in ein projektorientiertes Vorhaben.

Konkrete Beispiele reichen von Briefen, in denen Schulgeschichten erzählt werden, über Einladungen zu gemeinsamen Unternehmungen bis hin zu Plakaten für Schulfeiern, Sportfesten usw.

*Einschulungskalender*
Mit besonderer Begeisterung basteln Schüler(innen) einen Einschulungskalender, der sowohl als gemeinsame Collage (Klassenarbeit) angelegt sein kann (und der seinen Zielpunkt im ersten Schultag hat) oder in einer etwas anspruchsvolleren Form als Leporello gestaltet ist. Schüler bemalen hier Einzelkarten, die die Tage bis zum Schulbeginn markieren.
Korrespondenzen zwischen Schulklassen und Schulneulingen können auch zu Patenschaften führen zwischen höheren Klassen der Grundschule und der neuen ersten Klasse. Solche Patenschaften sind auf das Engagement der beteiligten Lehrer angewiesen und geben nur dann einen Sinn, wenn sie vor Schulbeginn aufgenommen wurden, wenn sie am ersten Schultag und den ersten Schulwochen in Form von gemeinsamen Aktionen und alltäglichen Hilfestellungen gepflegt werden und wenn sie nicht nur zwischen Klassen bestehen, sondern vor allem zwischen Einzelpersonen geknüpft werden, weil vor allem in informellen Situationen Helfer und Hilfestellungen beim Eingewöhnen notwendig sind. Paten sind zudem informelle Informationsquellen über das Schulleben.
Zusammenfassend kann zu diesem Thema festgehalten werden: Schule als die künftige „Kinderheimat" muss erlebt und erfahren werden – nicht auf einmal, sondern in kleinen Schritten. Außerdem geht der Weg von der Information zur Aktion: d.h. Kinder sollten zunehmend in Handlungen zusammen mit Schulkindern eingebunden werden.

### 5.5.4 Elternarbeit

Die einst weitgehende Akzeptanz der Funktionstrennung von Erziehungs- und Bildungsaufgaben zwischen Elternhaus und Schule ist im historischen Verlauf obsolet geworden. Aktuell wird das Verhältnis dieser beiden Partner neu austariert, insbesondere durch folgende Umstände:

- Durch Veränderungen in der Familie (häufigere Ein-Eltern- und Ein-Kind-Familien, Berufstätigkeit beider Elternteile)
- Durch Veränderungen der Kindheit (Spielverhalten, Freizeitverhalten, Medienwelt)
- Durch Veränderungen in der Berufs- und Arbeitswelt (Arbeitsbeanspruchung und Arbeitslosigkeit) (Kirk, 2005, S. 246)

Die traditionelle Trennung zwischen Erziehungs- und Bildungsaufgaben lässt sich so nicht mehr aufrechterhalten. Die Eltern können sich der *Bildungs*verpflichtung ihrer Kindern nicht mehr verweigern, wie auch die Schule *Erziehungs*aufgabe zunehmend stärker wahrnehmen muss.
Die Elternarbeit zwischen Kindergarten und Schulanfang ist von folgenden Bedingungen beeinflusst:

- Es gibt sowohl das natürliche Recht und die „Erziehungspflicht" der Eltern, als auch einen staatlichen Erziehungsauftrag, der durch die Schule wahrgenommen wird (Grundgesetz, Artikel 6; 7). Beide haben demnach sich überschneidende Aufgaben. Nur über eine Kooperation von Anfang an können Missverständnisse vermieden und die Gesamtpersönlichkeit des Kindes angemessen gefördert werden.
- Väter und Mütter sind einerseits Partner der Erzieherinnen und der Lehrer(innen) im Kooperationsprozess, andrerseits nehmen sie doch zum Teil eine andere Rolle ein: Auch die Eltern müssen den Übergang bewältigen (Eltern eines Kindergartenkindes zu Eltern eines Schulkindes), sie vollziehen den Übergang, während die Fachkräfte diesen nur moderieren (Griebel & Niesel 2004, S. 121).

Gleichwohl kommen den Eltern mehrere Rollen und Aufgaben zu: Sie sind wichtige Informanten der Lebenswelt des Kindes und Informationsempfänger der neuen schulischen Welt und müssen dabei unterstützt werden ihren eigenen Übergang zu bewältigen. Ferner sollen sie – in Zusammenarbeit mit den Fachkräften – den Übergang der Kinder unterstützen.
Zur Bewältigung dieser Aufgaben ist die Unterstützung der Fachkräfte notwendig. Eltern sollten die Gelegenheit haben, sich umfassend über den Übergangsprozess zu informieren und sich daran nach ihren Möglichkeiten zu beteiligen. Der Weg geht über *Information, Partizipation* zum *Engagement.*

*Informationspotenziale*
Die klassische Veranstaltung ist der Elternabend im Kindergarten mit Beteiligung der (künftigen) Lehrerinnen. Die Inhalte: Die Arbeitsweisen von Kindergarten und Grundschule, darin das Gleiche, aber auch das Unterschiedliche, die notwendig gewordenen Veränderungen seit ihrer Schulzeit (von der Auslese zur Förderung z.B.), die Aufgabe der Früherkennung des Entwicklungsstandes.
Eine weitere Etappe sind Informationsdaten zur Entwicklung des Kindes. Diese werden in Einzelgesprächen weitergegeben. Allerdings ist es genauso wichtig, die Auffassungen und Einschätzungen von Eltern zu erfragen. In offenen Gesprächen tun sie dies von selbst kund.

*Partizipationsmöglichkeiten*

Eltern sind selbstverständlich Partner der Kooperation und (nach Möglichkeit) an allen Sitzungen des Kooperationsteams beteiligt. Sie sind schon aus rechtlichen Gründen für viele Aktivitäten und Entscheidungen unverzichtbar. Ein Nebeneffekt ist sicher auch, dass sie die besonderen Anstrengungen um ihre Kinder vor Augen geführt bekommen.

Eine weitere Teilnahme am Übergangsgeschehen erfolgt über Hospitationen, im Kindergarten, bei speziellen Übergangsveranstaltungen (z.B. Frühdiagnostik oder Frühförderung) und im normalen Schulbetrieb eines ersten Schuljahrs. Solche Hospitationen geben in vielerlei Hinsicht Aufschlüsse: Zum einen veranschaulichen sie allgemeine und „theoretische" Informationen aus den Elternabenden, zum andern sehen sie ihr Kind in anderen Kontexten agieren und schließlich kann es in Bezug auf die eigenen Übergangsängste beruhigend wirken.

*Elternengagement*

Die Übergänge zwischen Partizipation und Engagement sind fließend. Eltern können sich vor allem dort engagieren, wo sie kompetent sind. Sie „versorgen" zunächst einmal das Kooperationsteam mit Informationen über Familienverhältnisse, über Einzelheiten von Kindereigenarten und -wünschen, Kindervorstellungen und -ängsten. Ein weiterer Punkt wäre die Organisation von Veranstaltungen und Treffs, Elternstammtische etc. Schließlich sind sie u. U. gefordert, wenn es um die häusliche Förderung ihrer Kinder geht (siehe S. 110). Eltern brauchen, wie ihre Kinder, die Grundüberzeugung, „den anstehenden Veränderungen ihres Lebens nicht machtlos ausgeliefert zu sein, sondern einen aktiven Part im Prozess der Ko-Konstruktion einzunehmen" (Griebel & Niesel 2004, S. 122).

Beachten sollte man auch, dass Mütter und Väter den Übergang unterschiedlich wahrnehmen und daher möglicherweise damit unterschiedliche Strategien der Bewältigung anwenden bzw. brauchen.

Wie sich Konzeptionen von Elternabenden im letzten Jahrzehnt gewandelt haben, zeigt der folgende Bericht:

„Inzwischen bin ich in ein Kooperationsteam für den Übergang eingebunden und weiß deshalb mehr über die Nöte und Ängste von Eltern, die ein Kind zur Einschulung haben. Die ersten Kontakte knüpfe ich bereits bei meinen Hospitationen im Kindergarten. Auch von den Erzieherinnen habe ich schon viel erfahren.

Den ersten offiziellen Kontakt bahne ich behutsam an. Die erste Elternversammlung geht zwar vom Kindergarten aus und wird auch von diesem ausgerichtet, aber ich bitte darum, dieser Einladung einen persönlichen Brief beizufügen: Hier stelle ich mich vor, sage den Eltern, dass ich mich auf ihre Kinder freue und erläutere ihnen ein paar Gesichtspunkte zum neu gegründeten Kooperationsteam aus meiner, d.h. aus schulischer Sicht.
Früher glaubte ich, alles über Schulfähigkeit und die besonderen Anforderungen der Grundschule gegenüber dem Kindergarten darstellen zu müssen. Das habe ich aufgegeben, weil damit mehr die Ängste der Eltern geschürt werden.
Erst in weiteren Elternabenden übernehme ich einen Teil der Regie und versuche die Eltern zu aktivieren: In Kleingruppen wurde über ihre und ihrer Kinder Gefühle, Erwartungen und Ängste, aber auch über ihre Vorstellungen von Unterschieden zwischen Kindergarten und Grundschule gesprochen und im Plenum berichtet. Das anschließende Video zeigte unsere Freiarbeit im ersten Schuljahr. Ich erläuterte, dass durch diesen modernen offenen Unterricht auch der Anschluss zum Kindergarten besser gewahrt sei und wir die Kinder vorsichtiger als früher an die Anforderungen der Grundschule heranführen. Meist habe ich dann in der Rückmeldung erfahren, dass diese Art der Information viele Unsicherheiten abbaut" (Hanna Reck).

*Schuleinschreibung*
Die offizielle Schuleinschreibung hat sich durch die Reformen der letzten Jahrzehnte gewandelt. War es vordem ein rein administrativer Akt, bei dem die Schulneulinge eine Randrolle spielten, so kann sie heute mehrere „Gesichter" haben. Allerdings hängt die Gestaltung der Schuleinschreibung auch vom Programm ab, was in einem mehr oder weniger intensiv verlaufenen Kooperationsjahr – auch mit den Eltern – alles gelaufen ist. Vorzeitige Schulaufnahme, sowie in wenigen Fällen eine Zurückstellung sollte eigentlich bereits geklärt sein, Dennoch kann dieser Verwaltungsakt zum Anlass genommen werden, einen informativen und unterhaltsamen Nachmittag zu gestalten.
Für eine pädagogisch gestaltete Schuleinschreibung hier ein Beispiel:
Soll das Kind im Mittelpunkt stehen, so drückt sich diese Intention schon in der Einladung aus: Es ist ein sinnvoller Schreibanlass, obwohl der Adressat noch nicht lesen kann. Schließlich weiß er schon: Hier steht etwas, das betrifft mich und meine Mutter wird es mir vorlesen. Die Schule signalisiert Kontaktnahme zum Hauptbetroffenen, es erfolgt eine schriftliche Kommunikation.

Am Tag der Einschreibung selbst ist eine reibungslose Organisation wichtig:

- Die Anmeldeformalitäten stehen nicht im Mittelpunkt. Sie dauern möglicherweise auch deshalb nicht lange, weil die meisten Eltern die Anmeldeblätter bereits ausgefüllt mitbringen. Eine Lehrkraft steht für die Klärung von Unstimmigkeiten zur Verfügung.
- Wartende Eltern besichtigen in der Pausenhalle eine kleine Ausstellung über die Schule: Ergebnisse von Projekten oder Materialien für den Erstunterricht etc. ...
- Für sie hält sich der Schulleiter oder eine andere Kontaktperson bereit: Gespräche, Schulbesichtigung, Kaffeepause.
- Die Einschreibetermine sind gestaffelt. Auf diese Weise ist immer nur eine Gruppe von Eltern anwesend; diesen kann der Schulleiter seine volle Aufmerksamkeit widmen.

Die Eltern erfahren so, dass sie in der Schule gern gesehene Gäste sind. Die Institution ist an einem guten Einvernehmen interessiert.

Das Zimmer der ersten Klasse ist mit Spielecken und Bilderbüchern reichlich ausgestattet, vielleicht sogar mit einem besonderen Schmuck versehen. An die Tafel ist ein Bild gemalt mit einem knappen Text. Ein kleiner Tisch- bzw. Stuhlkreis ist aufgebaut.

Die Kinder erfahren: Die Schule ist ein angenehmer Lernort.

Im Klassenzimmer sind sowohl eine Lehrerin, als auch eine Erzieherin anwesend. Sie ermuntern die Ankömmlinge zu spontanem Spiel und verweisen auf Spielecken und Material. Bei der Materialbereitstellung hilft unter Umständen der Kindergarten aus, obwohl das Angebot auch schuleigene Lern- und Spielmittel enthalten sollte. Auch die Schule hat wie der Kindergarten ein reiches Angebot zum Spielen und Beschäftigen.

Nach einer Aufwärmphase bitten die Lehrerin und die Erzieherin die Kinder in den Schulkreis. Schüchterne Kinder halten sich in der Nähe der Erzieherin auf. Nun wird eine Geschichte erzählt, vorgelesen oder ein Plakat bzw. ein Bild betrachtet. Die Kinder erzählen, antworten auf Fragen oder führen einen kleinen Auftrag aus.

Schule heißt auch: Zuhören und ausharren können, fragen, antworten und erzählen können.

Es gibt Schulen, die arbeiten zusätzlich mit Schülern aus Anfangsklassen. Meist handelt es sich um Schüler, die den Kindern aus dem Kindergarten bekannt sind. Sie können gerade bei den informelleren Situationen gute Dienste tun. Schüler zeigen Neuankömmlingen die Schule. Das gleiche Prinzip gilt für die Eltern: Auch Elternsprecher (aus Anfangsklassen) bereichern das Bild, weil sie den neuen Eltern Schule und Schulprobleme aus einer anderen Sicht vermitteln.

### 5.5.5 Gemeinsame organisatorische Aufgaben

Das Zusammenwirken von mindestens drei Instanzen (Lehrer(innen), Erzieherinnen und Eltern(-vertreter)) erfordert einen beträchtlichen Organisationsaufwand, der sich allerdings verringert, wenn die Kooperation „läuft". Dieser Aufwand ist sicherlich der Grund dafür, dass manche Einrichtungen nur zu Minimalprogrammen kommen. Kooperationsvereinbarungen müssen auch nicht bereits am Anfang besonders umfangreich sein, man kann „klein" anfangen und wachsen.

Am Anfang steht für die Fachkräfte je ein Kooperationsbeauftragter. Die Aufgaben von Kooperationsbeauftragten sind meist in Erlassen festgelegt. Diese sollten gegenüber den anderen Lehrkräften und Erzieherinnen einen Kompetenzvorsprung besitzen. Die vielfältigen Aufgaben reichen von der Organisation von gemeinsamen Sitzungen über die rechtlichen Abklärungen mit den Eltern bis zur Vorbereitungen eines örtlichen Kooperationskalenders. Zusätzliche organisatorische Probleme entstehen auch dadurch, dass Kinder einer Grundschule aus mehreren Kindergärten kommen und umgekehrt ein Kindergarten seine Kinder in verschiedene Grundschulen schickt. Solche Probleme lassen sich nur durch Etablierung eines größeren Netzwerkes lösen. Darüber hinaus müssen generelle Überlegungen erfolgen hinsichtlich der Konzentration von Ressourcen: Nicht jedes Kooperationsteam vor Ort muss „das Rad neu erfinden". Man kann in bestimmten Fragen regional zusammenarbeiten und Diagnose- und Förderprogramme beispielsweise gemeinsam entwickeln. Das gilt vor allem auch für das weite Feld der gemeinsamen Fort- und Weiterbildungsveranstaltungen von Lehrer(innen) und Erzieherinnen (siehe unten!).

Alle Organisationsaktivitäten werden im Kooperationskalender zusammengefasst. Dieser enthält alle Maßnahmen, Veranstaltungen Sitzungen und Treffen des Teams innerhalb eines Jahres und hat daher eine zeitliche, am besten eine Monatsstruktur. Der genaue Plan muss vor Ort erstellt werden, daher sollen hier nur einige allgemeine Hinweise gegeben werden:

Das Team muss sich Klarheit darüber verschaffen, welche „Aktivitätsformen" es durchführt:

- *Hospitationen* von Erzieherinnen in der Grundschule und von Lehrerinnen im Kindergarten

- *Treffen* der „Koop-Beauftragten“: Zur Vorbereitung oder Aufarbeitung von Sitzungen
- *Besuche* von „Kita-Kindern“ in der Grundschule
- *Sitzungen* des Koop-Teams zum Austausch von Erfahrungen oder zur Vorbereitung gemeinsamer Vorhaben
- *Veranstaltungen:* Elternabende, Feiern, Projekte
- *Unterrichtsspiele*: zu diagnostischen oder anderen Zwecken
- *Förderunterricht*: Erzieherinnen und/oder Lehrerinnen führen diesen durch
- *Fortbildungen*: Thematische Schwerpunkte richten sich nach den Bedürfnissen
- *Organisatorische Planungen*: Jahresplanung, Monatsplanung, Planung von Veranstaltungen
- *Moderatorensitzungen*: Veranstaltungen, in denen man über sein eigenes Tun und über seine Vorstellungen spricht.

In praktischen Beispielen von Jahreskalender findet sich meist eine dreiteilige Struktur, die sich aus der Ferienordnung ableitet (bis Weihnachten; bis Ostern und bis zum Schuljahrsende). Das muss aber nicht so sein. Grundsätzlich finden sich Aktivitäten, die sich monatlich wiederholen, andere die nur ein oder zweimal im Jahr auftauchen. Das legt eher eine monatliche Aufteilung nahe. Letztlich muss sich – hier wie in vielen anderen Organisationsfragen – das Team vor Ort auf eine Form einigen.

### 5.5.6 Gemeinsame Fortbildung

Wie auch aus empirischen Untersuchungen bekannt ist, zeichnet sich die Ausgangslage der Kooperation durch „geringe Kenntnis der Erzieherinnen und Grundschullehrer(innen) über konkrete Arbeit in der Kooperationseinrichtung“ und durch „Vorbehalte zwischen Erzieherinnen und Grundschullehrer(innen) und ihren pädagogischen Konzepten“ aus (Carle & Samuel 2007, S. 225). Wenn mehr vorhanden ist, als die durch die gesetzlichen Rahmenbedingungen gegebene Verpflichtung, nämlich auch der Wille zu einer erfolgreichen Kooperation, dann wird man sich auf dem Weg zu einer gemeinsamen Fortbildung begeben.

Auch die Fortbildung hat in der Organisation mehrere Ebenen:

- Inzwischen werden von Landesinstituten Veranstaltungen auch zur Kooperation angeboten, die detailliert über die Kooperation informieren (siehe unten Beispiel Bayern).
- Eine zweite Ebene ist die Region, in der nach den Bedürfnissen der Kooperationsteams Fortbildungen geplant und durchgeführt werden müssen.

- Vor Ort schließlich wirken die Koop-Beauftragten als Multiplikatoren, die ihren Informationsvorsprung an das Team weitergeben.

Geht es bei dem Thema Fortbildung zunächst um Information über die Kooperationsinhalte, so muss zusätzlich das Problem der gegenseitigen Vorbehalte der kooperierenden Gruppen angegangen werden: Sicherlich eine längerfristige Aufgabe, die nicht in einem Jahr gelöst werden kann. Im ständigen Bemühen darum helfen sicher Sitzungen, in denen die eine Seite die andere über ihre Arbeit informiert. Wenn die Erzieherinnen ein Element ihrer Arbeit pädagogisch erläutert, so ist diese Information zunächst einmal für die (unwissenden) Grundschullehrer(innen) ein Fortbildungsinhalt und umgekehrt. Neben dem „Zuhören können" geht es bei den Adressaten auch um Takt und Toleranz, zunehmend auch um Empathie in die spezifische Situation des Andern.

Ein umfassendes Netzwerk für die Fortbildung ist offenbar bundesweit erst im Aufbau. Durch die Unterstützung des Instituts für Frühpädagogik und durch die Gründung eines interministeriellen Arbeitskreises ist auf diesem Gebiet der Freistaat Bayern am weitesten. Hier wurde ein Multiplikatorenkonzept entwickelt und in der Akademie für Lehrerfortbildung in Dillingen durchgeführt. Diese Ausbildung hat das ehrgeizige Leitziel „Gemeinsam Lernchancen nutzen" und umfasst folgende Inhaltsbereiche:

- Die Darstellung der Bildungsinhalte von Kindergarten und Eingangsstufe
- Ein Übergangskonzept als Grundlage für Unterstützung von Vorschulkindern beim Übergang zum Schulkind
- Bewährte Formen der Zusammenarbeit und die Erarbeitung neuer Formen
- Die Erarbeitung eines Leitfadens bzw. einer Handreichung (diese ist inzwischen zusammen mit einer DVD erschienen) (Akademieveröffentlichung Nr. 5037; Griebel & Niesel, S. 157 ff.)

Mittelfristig geht es auch um eine stärkere Betonung solcher Inhalte in den jeweiligen Ausbildungsgängen und langfristig um eine Angleichung der Ausbildungsstrukturen.

### 5.5.7 Gemeinsame Projekte von Kindergarten und Grundschule

Gemeinsame Projekte müssen allmählich entstehen und stellen gewissermaßen eine Hochform der Zusammenarbeit dar. Sie stehen sicher nicht am Anfang der Zusammenarbeit. Gemeinsamer Unterricht, gemeinsamer geöffneter Unterricht und gemeinsame Projekte bilden Stationen, die einen unterschiedlichen Aufwand erfordern.

*Das Nürnberger Projekt „Übergangsmanagement Kindergarten – Grundschule":* Die Nürnberger Helene von Förster-Grundschule und die ihr zugeordnete Kindertagesstätte „Am Röthenbacher Landgraben“ bauen gegenwärtig ihre bereits seit längerem bestehende Kooperationsarbeit aus. Zusätzlich wird das Projekt „gesponsert“ und erhält damit das Profil eines Entwicklungsprojekts. Das Besondere ist eine Schwerpunktsetzung neben den gängigen Kooperationsaktivitäten.

Zu den allgemeinen Aufgaben der Kooperation gehören:
- Gemeinsame Projekte von Vor- und Grundschulkindern
- „Deutsch 160“
- Besuche in den Klassen
- Tests zur phonologischen Bewusstheit
- Teilnahme an gemeinsamen Fortbildungen
- Erarbeitung und Durchführung gemeinsamer Elternabende
- Spontane Hilfsaktionen bei Lehrerausfällen
- Gemeinsame Teilnahme im Stadtteilarbeitskreis

Ein gemeinsames Projekt war beispielsweise eine Schulrallye, die die künftigen Schulanfänger und die Kinder des ersten Schuljahrs gemeinsam durchführten. Die Erstklässer sollten den kleineren „Fast-Schulkindern“ ihre Schule vorstellen: In altersgemischten Kleingruppen mussten Stationen der Schule „abgelaufen“ und dabei an jeder Station eine Aufgabe bewältigt werden: Die Schulkinder lasen in jeder Gruppe die Aufgabe vor: *In der Schulleitung: Klopfe an und erzähle Frau Hesselbach, wer du bist, wie alt du bist und aus welchem Kindergarten du kommst. Gehe dann weiter ins Sekretariat.“* Oder: *„In der Toilette: Zähle die Waschbecken und die Klos. Öffne und schließe einen Wasserhahn. Gehe weiter zum Handarbeitszimmer.“*

Zudem wurde bei jeder Station ein Puzzleteil mitgenommen, das am Ende zu einem Elefantenpuzzle zusammengefügt werden konnte.

Hinter dem Begriff „Deutsch 160“ verbirgt sich ein Sprachförderprogramm für künftige Schulkinder mit Migrationshintergrund, das inzwischen für alle bayerischen Grundschulen verpflichtend ist, da es sich in einer dreijährigen Versuchsphase bewährt hatte. Der Name verweist auf 160 Förderstunden zur Verbesserung der deutschen Sprache, die sich auf das Jahr vor Schulbeginn verteilen und zur Hälfte im Kindergarten und zur anderen Hälfte in der Grundschule stattfinden und von einer dort ansässigen Lehrkraft erteilt werden, also insgesamt vier Wochenstunden, in etwa vierzig Schulwochen. Weil Vertreter beider Institutionen beteiligt sind, ist die Erstellung eines gemeinsamen Förderkonzepts zwingend notwendig; sie wird damit Teil der Zusammenarbeit.

Besondere Aufmerksamkeit allerdings verdient der Schwerpunkt Mathematik im Projekt Übergangsmanagement. Die Beteiligten sind der Meinung, dass

die Vorläuferfähig- und -fertigkeiten für dieses Fach – gegenüber dem Schriftspracherwerb – bislang weniger Förderung erfahren haben und dringend notwendig sind. Das Kooperationsteam ist im Aufbau eines solchen Konzepts schon recht weit. Es hat einen differenzierten Inhaltskatalog erarbeitet, der sich sowohl am Bayerischen Erziehungs- und Bildungsplan für Kindertagesstätten als auch am Bayerischen Lehrplan für die Grundschulen orientiert.
Neben dem Inhalt werden auch besondere methodische Grundsätze verwirklicht und die Lerngruppen neu „gemischt". Zielgruppe ist eine altersgemischte Gruppe aus Kindern im letzten Kindergartenjahr und der ersten Jahrgangsstufe – verbunden mit der Option, die Alterstufe sowohl nach oben wie nach unten zu erweitern. Die Erfahrungswerte sprechen für altersgemischte Lerngruppen; denn: Die Jüngeren lernen am Modell, erhalten Hilfe und Anleitung, während die Älteren mehr Verantwortung als bisher übernehmen und Rücksicht üben müssen. Insgesamt gibt es weniger Konkurrenz und Rivalität, und damit weniger Konflikte.
Zu den methodischen Besonderheiten zählt die Lern- und Erfahrungswerkstatt Mathematik, die sich im Aufbau befindet und eine anregungsreiche Lern- und Tätigkeitsumgebung abgeben soll. Besonders die Vertreter des Kindergartens legen besonderen Wert darauf, dass die Werkstatt altersgemäße Erfahrungen in Spiel- und Handlungszusammenhängen ermöglicht und sich von schulischen Lernwerkstätten und Lernmaterialsammlungen unterscheidet. Altersmischung und Erfahrungsorientierung ermöglichen in dieser Kombination eine Zusammenführung von sachlichem und sozialem Lernen (Der Bericht ist aus einem Interview mit der Kooperationsbeauftragten der Grundschule A. Scholz hervorgegangen).

## 5.6 Zusammenfassung

Die Zusammenarbeit von Kindergarten und Grundschule galt in den 1980er Jahren eher als Notlösung, nachdem die Reformen der 1970er Jahre gescheitert waren.
Inzwischen allerdings wird sehr intensiv an dem Ausbau einer erweiterten und vertieften Kooperationskultur gearbeitet, die geeignet ist, neben der in Gang gekommenen *Neuen Schuleingangsstufenreform* zum „zweiten Standbein" zu werden.
Auch die Transitionstheorien der letzten Jahre münden in diese praktischen Forderungen ein: Kinder und deren Eltern müssen mit Übergangsbewälti-

gungsstrategien ausgestattet werden, die sie im praktischen Umgang und in der Kommunikation mit den am Übergang Beteiligten lernen.
Das Aufgabenfeld dieser Kooperation hat sich vor diesem Hintergrund in den letzten Jahren bedeutend erweitert: Es hat seinen Ausgangspunkt in gegenseitigen Besuchen, leistet umfassende schulische Vorfeldarbeit im Bereich von Diagnose und Förderung und mündet ein in gemeinsame Projekte von Kindern (aus beiden Institutionen), Eltern, Erzieherinnen und Lehrer(innen).
Die Aktionen sind nicht nur geeignet, bei künftigen Schulneulingen entsprechend Kompetenzen aufzubauen; sie sind gleichzeitig ein breites Feld für immanente Fortbildung von Erzieherinnen und Lehrerinnen, die neue Perspektiven ihres jeweiligen Berufes erfahren, damit sie die Arbeit des Andern schätzen und nicht zuletzt ihre künftigen Schüler(innen) besser kennen lernen.
Letztlich erhält die Einzelschule durch die Kooperation neue Möglichkeiten an die Hand, ihr eigenes Profil zu schärfen und Reformen „von unten“ einzuleiten.

# 6 Schulanfang und Anfangsunterricht

Mit dem Eintritt in die Schule beginnt für die Bildungswege der Kinder eine neue Etappe, die mit den bisherigen in Einklang stehen soll. Die Darstellung dieser Etappe soll unter drei Aspekten erfolgen: Zum einen geht es darum, deren Sonderstellung im Rahmen der Grundschuldidaktik herauszuarbeiten, die in der Geschichte der Grundschule schon immer gegeben war. Zum zweiten sind die Inhalte dieser Bildung zu kennzeichnen und zu begründen und schließlich die Reformelemente einer in Umrissen erkennbaren Schuleingangsstufe zu beschreiben, zu begründen und zu konkretisieren.

## 6.1 Zur Geschichte des Anfangsunterrichts

„Für den Anfangsunterricht ist eine strenge Scheidung der Lehrfächer nach bestimmten Stunden nicht vorgeschrieben, statt ihrer vielmehr ein Gesamtunterricht zuzulassen, in dem die verschiedenen Unterrichtsgegenstände zwanglos abwechseln" (Richtlinien zur Aufstellung von Lehrplänen für die Grundschule 1921). Im Jahre 1921 taucht ein Begriff erstmals in amtlichen Richtlinien auf, der von Berthold Otto und Artur Schulz stammt (Rude 1932, S. 206) und der durch Lehrerverbände in mehreren deutschen Städten favorisiert wurde. Dem Leipziger Lehrerverein, mit seiner „methodischen Abteilung", kommt dabei eine Schlüsselrolle zu. Sein Konzept von Gesamtunterricht stellt die Erlebnisse und Bedürfnisse von Kindern in den Mittelpunkt, nimmt ihre bisherigen Erfahrungen auf und führt zu den Grundlagen der (späteren) Fächer hin. Die Unterrichtsentwürfe und -beispiele sind „lebenskreis-orientiert". Alle Gesamtunterrichtskonzeptionen der damaligen Zeit lehnen den „strikten Fachcharakter" von Unterricht mit dem Argument ab, das Kind denke nicht in Fächern. Die Kinderpsychologie jener Zeit stand dabei Pate und forderte, der jeweiligen Entwicklungsstufe gerecht zu werden.
Anfangsunterricht als Gesamtunterricht erhält seine Sonderstellung hier zwar durch die Eigengesetzlichkeit kindlicher Entwicklung in einer bestimmten Lebensphase, wird aber auch dieser Bestimmung nur teilweise gerecht, weil er das Kriterium der Entwicklungsgemäßheit nicht konsequent auslegt, einseitig gegen die Fächerung des Unterrichts zu Felde zieht und andere wichti-

ge Merkmale des Kinderlebens (Spiel, Aktivität, Bewegung) marginalisiert. Nicht von ungefähr wird deshalb der Gesamtunterricht schon in den zwanziger Jahren kritisiert (vgl. Rude 1932), weil der Begriff unklar ist, zu viele Bedeutungen einschließt und weil er immer weniger auf den Schulanfang begrenzt bleibt.

Nach dem Zweiten Weltkrieg wird die Konzeption umgebaut, gleichwohl der Begriff beibehalten. Zwei weitere Aspekte gewinnen an Bedeutung:

- Zum einen werden das Einschulungsverfahren und die damit verbundenen Probleme und Konsequenzen in Überlegungen zur Neukonzeption des Anfangsunterrichts einbezogen, weil auf unterschiedliche Eingangsvoraussetzungen Rücksicht zu nehmen ist,
- zum andern wird der Schuleintritt erstmals als potenzielle Anpassungskrise beschrieben, um daraus Sondermaßnahmen für die Schulanfangszeit abzuleiten (Lichtenstein-Rother, Neufassung 1969). Ihm wird zunächst eine wichtige Funktion bei der Verwirklichung von Chancengleichheit zugeschrieben.

Mit der Forderung nach mehr Wissenschaftsorientierung im Primarbereich wird der Anfangsunterricht als *elementarer Fachunterricht* gefasst, dessen Lernfelder „Basischarakter für den weiterführenden Unterricht" haben. Gegenüber dem Gesamtunterricht werden jetzt eine eigene Struktur der Lernfelder und deren spezifische Zielsetzung hervorgehoben (Rabenstein 1979, S. 14). Insbesondere in der Form des mehrperspektivischen Unterrichts sollte der Spagat zwischen fach-, gesellschafts- und individuumsbezogenem Lernen gelingen; zusätzlich wurden die Anbahnung von Denk- und Arbeitsformen in ein Konzept von *grundlegender Bildung* einbezogen (Hiller 1973, Schorch 1988).

Der Anfangsunterricht als elementarer Fachunterricht war zunächst allerdings von der Funktion grundlegender Bildung her definiert, die zwar als Fundament künftiger Bildungsqualität unverzichtbar war, das Problem des „Anfangs von Schulunterricht" aber nicht von selbst löste. Es muss ein weiterer Aspekt hinzukommen: Neben der Forderung, Bildung inhaltlich Grund zu legen, muss der Anschluss an die Lernakte der Vorschulzeit gelingen.

Zwar gab es Ansätze, näher an die wesentlichen Elemente des sog. natürlichen Lernens des Kindes heranzukommen, etwa im Konzept des entdeckenden oder genetischen Lernens, eine konsequente Anwendung für eine Konzeption des Anfangsunterrichts aber fanden sie nicht. Um die Differenzen gegenüber dem vorschulischen Lernen abzubauen, muss man zweierlei berücksichtigen:

- Man dürfe zum einen die „Erfahrungsbreite“ vorschulischen Lernen nicht vorzeitig einengen, wie die Schule dies meist von Anfang an tue. (Oder wie Gardner es ausdrückt: Man dürfe nicht zu einem so frühen Zeitpunkt die „multiplen Intelligenzen“ der Kinder auf die sprachliche und logische reduzieren, nur weil es (angeblich) unser Kulturkreis erfordere) (Gardner S. 108).
- Und zum andern müsse man die pragmatischen Zusammenhänge des Lernens auch in die Schule hereinholen. Lernen vollziehe sich außerhalb der Schule immer zu einem bestimmten Zweck (Bedürfnisbefriedigung, Alltagsbereicherung, Unterhaltung, ...). Dieser „Zweck“ und damit der Sinnbezug des Lernens überhaupt müsse auch beim schulischen Lernen sichtbar und vor allem: für die Kinder nachvollziehbar sein.

Damit wird ein strikter Erfahrungsbezug für schulisches Lernen proklamiert. Unter der Kategorie „individueller Erfahrung“ sind solche Lern- und Unterrichtskonzepte in der Pädagogik bereits früher erarbeitet worden (Bollnow, Dewey, Krüger & Lersch, Duncker), sie sind im Hinblick auf die Schule des Anfangs zu prüfen.

Nicht jeder Begriff von Erfahrung taugt für diesen schulpädagogischen Rahmen, vor allem nicht der der Existentialphilosophie, die den Begriff an eine spezifische Negativität im Erfahrungsprozess rückbindet: „Nur wenn Hindernisse auftreten, die mich zum Umdenken veranlassen, mache ich meine Erfahrungen“ (Duncker 1987, S. 19). Wir schließen uns vielmehr dem Verständnis von John Dewey an, der ein aktives und passives Erfahrungsmoment ausmacht:

„Das Wesen der Erfahrung kann nur verstanden werden, wenn man beachtet, dass dieser Begriff ein passives und ein aktives Moment umschließt, die in besonderer Weise miteinander verbunden sind. Diese aktive Seite ist Ausprobieren, Versuch, man *macht* Erfahrungen. Die passive Seite ist ein Erleiden, Hinnahme. Wenn wir etwas erfahren, so wirken wir auf dieses Etwas zugleich ein, so tun wir etwas damit, um dann die Folgen unseres Tuns zu erleiden. Wir wirken auf den Gegenstand ein und der Gegenstand wirkt auf uns zurück; darin eben liegt die besondere Verbindung der beiden Elemente. Je enger diese beiden Seiten der Erfahrung miteinander verflochten sind, umso größer ist ihr Wert“ (Dewey 1949, S. 186).

Dewey betont vor allem die Folgen des eigenen Handelns, die Teil der Erfahrung seien, und die unter Umständen auch Enttäuschung und Leid hervorrufen können und nicht nur Freude und Erfolg.

Eine notwendige Ergänzung ist der wissenssoziologische Ansatz, der die Aufarbeitung und Typisierung von Erfahrungen fordert und einschließt, und damit den Weg zu deren Verallgemeinerungen und Objektivierung beschreitet.

*Schule als Erfahrungsraum*
Die Schule hat allerdings nur begrenzte Möglichkeiten, Räume für Erfahrungen freizugeben. Nach Duncker sollte sie aber dreierlei tun:

1. Schule sollte ein Ort sein, an dem nachgängige Reflexionen von außerschulischen Erfahrungen durchgeführt werden, sie kann so auch zum Korrektiv von Brüchen und Unzulänglichkeiten der Erfahrungsbasis von Kindern werden. Sie hat in dieser Perspektive die Aufgabe, sowohl „das Allgemeine“ herauszupräparieren, als auch die Erprobung der Erfahrungen vorzubereiten (Duncker 1987, S. 30).
2. Schule kann selbst zum Erfahrungsraum werden (v. Hentig 1973), in erster Linie durch besondere gemeinsame Gestaltungsleistungen eines Schul- und Unterrichtslebens, das die negativen Nebenwirkungen eines heimlichen Lehrplans bewusst vermeidet und konstruktiv wendet.
3. Schließlich hat Schule auch die Aufgabe, ihren Möglichkeiten gemäß Erfahrungsdefizite der außerschulischen Lebenswelt von Kindern auszugleichen. Diese Aufgabe ist im Kontext der Diskussion um die Veränderung der kindlichen Lebensverhältnisse ausführlich diskutiert worden; wenngleich die tatsächlichen Chancen noch nicht hinreichend erforscht sind, müssen wir uns an dieser Stelle Details sparen.

## 6.2 Erfahrungsorientiertes Lernen in der Schulanfangszeit

Die Gestaltung der ersten Schulwochen kann keinen standardisierten Mustern folgen. Es kommt vielmehr auf das Vorangegangene an. Meist wird man an Elemente aus der Kooperationszeit vor Schulbeginn anknüpfen, sowohl in der Form als auch was einzelne Inhalte betrifft. In jedem Falle aber ist die Erfahrungsorientierung ein „Muster“, das sowohl den Lerngewohnheiten der Kinder entgegenkommt, als deren Bedürfnissen und: Es macht Lernen sinnvoll, da es sofort Anwendung findet.
Das bezieht sich auf alle Dimensionen schulischen Lebens, also auch auf die Gewohnheiten und Regeln, die herrschen bzw. neu eingeführt werden, auf die Atmosphäre, die man schafft, auf die Umgebung des Lernens, die gestaltet wird und auf die Beziehungen zu jedem einzelnen Kind.
In dieser Anfangsetappe sollte auch der Lehrer Vieles bewusster machen, was in späteren Phasen entweder selbstverständlich ist oder einer entlastenden Routine überlassen wird. Das gesamte Erfahrungsfeld Schule muss in den

Blick genommen werden. Der Lehrer muss sich besonders hüten vor der schon eingeengten Sichtweise des methodisch gestalteten Unterrichts. Es mag provozierend klingen: Der methodisch gut gestaltete Unterricht ist in dieser Etappe eher Nebensache. Konzentriert man sich auf ihn, gerät man in die Gefahr, den Kernpunkt des Schulanfangs zu verfehlen. Der Anfang ist am wenigsten Unterricht im Sinne des herkömmlichen Lektionismus. Er ist vielmehr eine Phase, in der die Neuankömmlinge Schule umfassend erfahren sollen, damit der Erfahrungsraum als Lernmöglichkeit und Lernchance auch in späteren Zeitetappen umfassend genutzt werden kann.

Besonders am Anfang geht es also darum, die nachfolgenden sieben Erfahrungsdimensionen bzw. Erfahrungsrichtungen zu gestalten und in die Möglichkeiten kindlicher Wahrnehmungen zu übersetzen:

*Die Zeiterfahrung:* Mit der Zeit umgehen lernen, heißt: aus der Gegenwartsorientierung herauszutreten, sich gedanklich mit Vergangenem und Künftigem auseinandersetzen können. Die Schule ist von ihrer organisatorischen Struktur her auf Zeiterfahrungen der Schüler angewiesen, mehr noch: Lernen erfolgt in der Zeit (nicht unter Zeitnot!), damit wird die Handhabung der Zeit zu einem wichtigen Lernfaktor.

*Die Raumerfahrung:* Den Raum des Lernens einer vielseitigen Sinneserfahrung zugänglich zu machen, ist eine ständige Aufgabe des Anfangsunterrichts. Darüber hinaus muss allmählich der gesamte Raumkomplex Schule, also Gebäude, Gebäudeteile und Außenanlagen erfahren werden. Die Räume sind sichtbare Modelle für spätere abstraktere Raumvorstellungen und Raumorientierungen.

*Die Erfahrung des Anderen:* Schule ist ein sehr komplexes Gebilde, in der sehr vielfältige soziale Erfahrungen gemacht werden, nicht nur positive. Der Andere, das ist zunächst einmal der Klassenkamerad, das ist in vielen Situationen aber auch der andere Schüler, der schon länger an der Schule ist. Der Andere, das sind auch die Erwachsenen: Lehrerinnen, Hausmeister, Rektor, Eltern. Ist der Andere bekannt und kalkulierbar, so schafft das für den Betroffenen Sicherheit und Vertrautheit. Es ist von zentraler Bedeutung für das Heimischwerden, auch außerhalb des Klassenzimmers.

*Die Erfahrung der Sachwelt:* Die Sachwelt hat das Kind schon erfahren. Die Schule erweitert und differenziert diesen Erfahrungsraum. Neu ist, dass diese Sachwelt auch durch Abbildungen und Symbole dargestellt werden kann. Es ist von Anfang an wichtig, dass wir Lernprozesse so anlegen, dass sie die Erfahrungswelt der Kinder erweitern und bereichern.

*Die Erfahrung der Symbolwelt (Schriftsprache):* Die Begegnung mit dieser Symbolwelt ist nicht neu. Jetzt aber wird erfahren, dass die Spiel- und Lebensmöglichkeiten durch den Gebrauch dieser Symbolwelt bedeutend erweitert werden können.

*Die Erfahrung der Symbolwelt (Mathematik):* Auch mit dieser Welt sind die Kinder schon vertrauter als wir ahnen; allerdings ist hier die Erfahrungsbreite sehr unterschiedlich.

*Die Erfahrung der eigenen Person:* Natürlich erfährt sich das Kind sozusagen automatisch in der Begegnung mit dem Anderen und mit der Sachwelt auch selbst. Diese Selbsterfahrung ist jedem Lern- und Begegnungsprozess immanent. Hier ist mehr gemeint: Es muss auch in der Schule die Möglichkeit und die Gelegenheit geben, sich auf sich selbst zu besinnen und den eigenen Körper, die eigenen Gefühle und Gedanken zu erfahren.

Diese Gesichtspunkte werden im Folgenden an Beispielen näher erläutert.

### 6.2.1 Zeiterfahrung und Rhythmisierung

Die Kinder kommen mit meist naiven Zeiterfahrungen zur Schule. In der Regel sind es Zeitgewohnheiten. In der Schule soll der Umgang mit der Zeit bewusster und erfahrbar gemacht werden. Gemeint ist allerdings nicht ein Lehrplanthema oder der Unterrichtsgegenstand *Zeit*, vielmehr wird Spiel, Arbeit, Gespräch und Pause auch in der Zeitdimension wahrgenommen. Einem bestimmten Zeitrhythmus war auch der Vormittag im Kindergarten unterworfen. Jetzt geht es darum, die zeitliche Struktur des Vormittags bewusst, einsichtig und sichtbar zu machen. Die Visualisierung kann bis zur Anwesenheit einer Uhr gehen.

Ein Unterrichtsvormittag ist von Anfang an auf stabile Elemente angewiesen: „Elfi ist morgens die erste. Sie kommt bereits fünf nach halb acht. Die andern trudeln in der nächsten Viertelstunde ein. Christian hatte schon auf dem Schulweg ein tolles Erlebnis mit einem Igel. Ich versprach ihm, im Morgenkreis den Andern berichten zu dürfen. Hella geht wortlos in die Leseecke und schnappt sich ein Buch. Ich bin bemüht, mit den meisten Kindern persönliche Worte zu wechseln, sie anzuhören, ihre Fragen zu beantworten oder ihnen zu helfen. So gehen 20-25 Minuten vorbei. In den ersten Tagen hatte ich das Gefühl, das sei verlorene Zeit. Aber die Kinder schätzen und brauchen es offenbar. Zu einem späteren Zeitpunkt versicherten sie mir das, als eine Vertretung meinen Unterricht übernahm. Immer mehr wurde diese Anlaufzeit eine feste Einrichtung, auch für Dienste und „Nebentätigkeiten“. Manche Kinder wollten aber auch schlicht ihre Ruhe haben.

Der gemeinsame Auftakt der ganzen Klasse findet im Morgenkreis statt. Heute liest uns Dirk aus der dritten Klasse eine Geschichte vor. Für Dirk ist das eine Belohnung, weil er in seiner Klasse so gut lesen kann. Vier Kinder erzählen anschließend eine Geschichte oder ein Erlebnis, darunter auch Christian. Gerade weil nicht alle erzählen können, sammeln sich alle Kinder noch einmal mit geschlossenen Augen ihre zurückliegenden Erinnerungen, Gedanken und Vorstellungen. Ich gebe mit ruhiger Stimme ein paar Impulse dafür.

Nun versuche ich, den Blick nach vorn zu richten. „Was wir heute machen, das steht an der Tafel."

*(An der Tafel stehen vier Zeitangaben auf einer abgebildeten Uhr, sowie vier Tätigkeiten zugeordnet: Morgenkreis; Lesen-Schreiben-Rechnen; große Pause; und Singen-Basteln Spielen; es erfolgt bewusst eine Darstellung mit Bildsymbolen und mit Schrift)*

Erst äußern sich die Kinder frei zu dem Tafelbild, unbekümmert stellen sie Vermutungen an, fragen und erklären. Es ist erstaunlich, wie viel sie schon richtig deuten, obwohl sie noch nicht lesen können

Im Lesen, dem ersten Abschnitt nach der Morgenfeier, beginne ich mit einer Geschichte. Lesen – das ist am Anfang vor allem Vorlesen durch die Lehrerin. Zwischendurch ist es auch ein eigener Text. Die Fibel muss noch etwas warten. Im Gegensatz zu meinen eigenen Erfahrungen als Schülerin möchte ich, dass Lesen bei den Kindern mit angenehmen Gefühlen und Gedanken verbunden ist. Die Kinder hören gespannt und aufmerksam zu und äußern sich am Ende dieser Geschichte spontan. Dem Eindruck folgt Ausdruck. Der gemeinsamen Phase folgt nun eine freiere Form. Den Kindern wird freigestellt, ob sie ein Bild malen, die kleine Ente (der Geschichte) aus Knetmasse herstellen wollen, vielleicht sogar selbst einen kleinen Brief schreiben oder in der Spielecke spielen wollen. Ich nehme Vorschläge der Kinder an und mache selbst Vorschläge, so helfe ich unentschlossenen und enge spontane Kinder nicht unnötig ein.

Die Pause verbringe ich am Anfang immer mit den Kindern im Klassenzimmer. Wir decken den Tisch, essen und trinken gemeinsam. Paten aus anderen Klassen helfen dabei. Die Pause ist eine weitere Gelegenheit für informellere Gespräche. Ein Teil der Pause aber wird auch gemeinsam mit anderen Kindern im Hof verbracht. Beim nachfolgenden Singen sitzen alle Kinder auf einem Kissen im Kreis. Ich beginne ohne lange Vorrede mit der Gitarre und singe ein Lied.

Ganz von selbst singen die Kinder mit und ahmen Bewegungen wie das Klatschen, das Flöten und Tanzen nach. Ich lasse die Kinder gewähren, kann sie immer wieder sammeln, wenn ich die Gitarre benutze.

Zum Schluss sitzen wir wieder im Kreis und beschließen den Tag. Wir blicken zurück und erinnern uns: Was hat uns besonders gefallen, was haben wir gelernt, hat es Streit gegeben, ist jetzt Alles bereinigt? Ich versuche, die Kinder auf das Danach einzustimmen, auf den Schulweg, den Heimweg, den Bus, die Mutter, die Oma, was sie erzählen werden ... und entlasse die Klasse schließlich mit einem von mir gesprochenen Gebet" (Hanna Reck).

Der Bericht dokumentiert sowohl individuelle Gestaltung, er ist aber auch von allgemeinem Interesse. So sind beispielsweise die Leseauffassung, die Lektüre und Liedauswahl, der Einsatz von Patenschaften, mehr auf die Person und die spezifische Schulsituation zugeschnitten und dennoch verdienen einige Aspekte die allgemeine Aufmerksamkeit:

*Rhythmisierung*

Sie ist mehr als Tätigkeitswechsel; sie versucht den Pendelschlag kindlicher Aufmerksamkeit und Bedürfnislage mit zu vollziehen in Bezug auf den Ortswechsel (zwischen Zentrum, dem Kreis und der Peripherie, den Ecken), zwischen Eindruck und Ausdruck (der Erzählung zuhören bzw. gestalten), einem Wechsel des Aufmerksamkeitsfokus (zwischen Innenwelt des Kindes und Außenwelt), schließlich einem Wechsel zwischen gemeinsamem und individuellem Tun. Dass bei der Einzeltätigkeit Kinder ganz unterschiedlichen Aufgaben nachgehen können, ist zwar im Kindergarten selbstverständlich, in der Schule wird es hingegen zu wenig praktiziert. Der Gesichtspunkt verdient mehr Aufmerksamkeit, weil er nicht nur individuellen Bedürfnissen gerecht wird, sondern vor allem weil der Konkurrenzdruck, der mit schulischem Lernen auch ohne Zutun des Lehrers im Bewusstsein der Kinder schnell verbunden wird, wenigstens teilweise aufgehoben sein kann.

*Gleitender Anfang und gleitender Ausklang*

In den Schulalltag allmählich einzutauchen, ist gerade am Anfang besonders wichtig. Der tägliche Wechsel der Lebensbereiche, von der Familie zur Schule, ist ein Übergang, der erst allmählich zur Selbstverständlichkeit wird. Bis es soweit ist, müssen Hilfen angeboten werden. Die Akklimatisierungsphase bedarf keiner besonderen Anstrengung, lediglich der Präsenz des Lehrers und seiner Bereitschaft zu Offenheit und Gespräch. Gerade am Anfang sollte sich der Lehrer vermehrt um Einzelkontakte zu den Schülern bemühen, nicht nur, weil diese der häuslichen Situation ähnlicher sind, sondern weil sie mehr als alle gemeinsamen Verrichtungen die psychische Situation des Anfängers stabilisieren.

Hilfestellungen in der Akklimatisierungsphase haben zudem den positiven Effekt, dass die Schüler in der nachfolgenden Unterrichtsphase mit weniger unangenehmen Nachwirkungen der häuslichen Szene zu tun haben. Es gilt nicht nur für den Anfang, sondern überhaupt: Schüler müssen abschalten und

können erst dann mit allen Sinnen, mit allen Kräften und allen Gedanken in der Schule sein. Auch am Ende des Vormittags sollten wir ihnen Brücken bauen für den außerschulischen Alltag.
Durch Hinweise und durch die Präsenz des Zeitplans wird immer wieder auf die Zeit aufmerksam gemacht.

*Freie Arbeit von Anfang an*
Aus der Perspektive der Kontinuität ist die freie Arbeit ohnehin geboten, schließt sie doch an das Freispiel des Kindergartens an. So kommen die Kinder nicht ohne Vorerfahrung auch für die freie Arbeit. Gemeinsam ist beiden grundsätzlich die Wahl des Materials, auch des Partners und zum Teil auch des zeitlichen Rahmens. Dennoch ist in der Schule einiges anders: Der Inhalt der Tätigkeit ist vorrangig Lernen. Das wird vor allem in einem veränderten Material bzw. Angebot sichtbar. Mehr als der mündliche Unterricht ist das Material auf die Präsenz durch die Schrift angewiesen. Insofern wird zunehmend Material mit Schrift von Bedeutung. Im Gegensatz zum Spiel sind die Tätigkeiten der freien Arbeit zudem stärker zielgerichtet und stehen meist in einem Kontext mit dem übrigen Unterricht.
In der Perspektive von Zeit und Zeiterfahrung sind die Formen der freien Arbeit noch einen besonderen Gedanken wert: Mit dem Schuleintritt wird schlagartig der Anteil an verfügter Zeit gegenüber dem an verfügbarer Zeit größer. Schüler haben weit weniger so genannte *„Eigenzeit"*, als sie vorher hatten. Das führt nicht selten schon nach wenigen Wochen zu Enttäuschungen. Kinder und Lehrerinnen wissen oft nicht, warum: Sie können sich nicht erklären, weshalb einzelne Kinder enttäuscht sind, wo sie doch noch vor wenigen Tagen große Freude und Erwartungen bekundeten. So hätten sie sich das nicht vorgestellt, heißt es meist nur unbestimmt. Einer der Gründe ist, dass nun der gesamte Vormittag zeitlich fremdbestimmt ist und die Kinder mit dieser Tatsache anfangs schlecht zurechtkommen. Aus dieser Sicht ist die Öffnung des Unterrichts für Bedürfnisse, Eigenaktivitäten und Zeitverfügungen ein psycho-hygienisches Gebot erster Ordnung.

### 6.2.2 Raumerfahrung und Raumgestaltung

Kinder erleben heute eine ganz beträchtliche Einengung ihres Spiel- und Freizeitraums. Diese Situation trifft besonders auf moderne Industriegesellschaften und dort wiederum vor allem auf die Ballungsgebiete zu. Die notwendigen Konsequenzen werden politisch und in städteplanerischer Hinsicht nicht gezogen. Die Pädagogik hat aus dieser Sachlage vorerst auch nur den Schluss ziehen können, in den Institutionen, für die sie Verantwortung trägt, einen Ausgleich zu schaffen. So hat der Kindergarten in den letzten Jahren erheblich dazu beigetragen, eine räumliche Entfaltung der Kinder zu gewährleisten und Raumerfahrungen zu ermöglichen. Neben Funktionsräumen und Ecken wurden dort zunehmend Flur- und Außenflächen pädagogisch genutzt und in weiträumige Spielhandlungen der Kinder einbezogen. Das stattliche Raumangebot eines zeitgemäßen Kindergartens findet leider in der Grundschule keine gleichwertige Fortsetzung.

Die Weite und Größe des Raumes, den Kinder brauchen, ist aber nur ein Aspekt. Von größerer Bedeutung ist, den vorhandenen Raum für Kinder erfahrbar zu machen, die in ihm enthaltenen Spiel- und Lernangebote verlockend zu gestalten, die räumliche Lernumgebung anregend und beschützend zu präsentieren und schließlich den Raum als Modell für ästhetische Bildung erscheinen zu lassen.

Für den Praktiker in der Schulanfangssituation stehen allerdings auch noch andere dringendere Fragen im Vordergrund: Inwieweit soll am Anfang das Klassenzimmer bereits eingerichtet und ausgestaltet sein? Wie wirkt ein kahler Raum? Motiviert er die Kinder, ihn auszugestalten oder wirkt er schlicht ungemütlich? Ein von der Schulgemeinschaft entsprechend vorbereiteter Raum erscheint den Ankömmlingen allemal einladender und hat zunächst sicher auch in sozialer Hinsicht positivere Wirkungen. Allerdings ist die Zeit der ersten Tage und Wochen eine Zeit gemeinsamer räumlicher Umgestaltung. In jedem Kind und in der Klassengemeinschaft muss allmählich das Gefühl wachsen, das ist unser Raum, denn mit der Raumidentifikation wachsen andere Identifikationen. So wird der Gestaltungsprozess zum gemeinsamen Erfahrungsprozess. Konkret ist dabei zweierlei wichtig: Zum einen müssen die Kinder die einzelnen Lernräume und Einrichtungsgegenstände kennen lernen und zum anderen sollen sie an der Gestaltung der Einrichtung und Ausstattung im Rahmen ihrer Möglichkeiten beteiligt sein.

*Die Kinder lernen den Raum kennen*

Möglicherweise war ja die Einrichtung schon einmal Gegenstand der Betrachtung bei einem Besuch vor dem ersten Schultag. Wenn nicht, dann sollten die einzelnen Einrichtungsgegenstände der Reihe nach besprochen werden. Nicht isoliert, sondern immer dann, wenn sie im Kontext des Unterrichts ohnehin eine besondere Bedeutung haben.

Wie ein guter Klassenraum eingerichtet ist, wie Tische und Stühle angeordnet und welche Funktionsecken angeboten werden, darüber ist genügend geschrieben worden. Auf die einschlägige Fachliteratur wird verwiesen (vor allem Kasper; Burk & Haarmann). Die Tätigkeiten der ersten Tage, und vor

allem die Zusammensetzung der Lern- bzw. Spielgruppen geben meist den Rahmen für die Anordnung der beweglichen Raumteile ab. In der Regel genügen für alle gemeinsamen Tätigkeiten am Anfang ein „Tischkreis“ und ein Stuhlkreis. Der Tischkreis hieße wohl besser Quadrat; der Stuhlkreis (oder Halbkreis) ist zuweilen auch ohne Stühle (mit Sitzkissen) denkbar. Wenn die Kinder schon nicht diese Anordnungsformen entdecken, was denkbar und möglich ist, so ist es doch geboten, die getroffene Raumanordnung für die Schüler einsichtig und nachvollziehbar zu machen. Wichtig für den Anfang erscheint eine freie Fläche, um die sich die Kinder gruppieren.
Es werden ständige von zeitweiligen Einrichtungen unterschieden. Die Art, wie die Einführung der Ecken erfolgt, ist entscheidend dafür, ob und wie sie von den Kindern angenommen werden. Insofern wird durch die Einführung die Besonderheit des Lernortes im Bewusstsein des Kindes verankert und damit eine günstigere Voraussetzung für das Lernen an diesem Platz geschaffen.

*Räume außerhalb des Klassenzimmers*
Die Überlegungen zur Raumgestaltung im Klassenzimmer verfolgen die Absicht, die Kinder schrittweise an sinnvolles Lernen unter schulischen Bedingungen heranzuführen, mit ihnen gemeinsam auch die Außenbedingungen des Lernens abzuklären. Für die Erkundung der Räume außerhalb des Klassenzimmers tritt diese Absicht zurück, im Vordergrund steht eine allgemeine Orientierung in der Schule. Erkundungsgänge im Schulhaus haben meist feste Ziele: Den Besuch in einer anderen Klasse, in der Turnhalle, beim Hausmeister, beim Rektor. Insofern verfolgen sie neben räumlichen auch soziale Zwecke, von denen später die Rede ist. Damit solche „Ausflüge“ auch in der Vorstellung verankert werden, gehen wir sie vorher und/oder nachher im Klassenzimmer sprachlich und gedanklich durch.
Sinnvoll sind auch kleine Aufträge an einzelne bzw. Kleingruppen mit dem Ziel, das Schulhaus besser kennen zu lernen. Dabei kommen ab und zu auch schon schulische Interessen mit ins Spiel:
Kannst Du die Treppenstufen bis zur ersten Etage schon zählen?
Wie viele Fenster hat die Pausenhalle? u.a.m.
Einen ähnlichen Weg geht der nachfolgende Bericht:
„In der zweiten Schulwoche veranstaltete ich im täglichen Morgenkreis ein kleines Quiz. Auf Einzelkarten hatte ich Fragen zum Schulhaus gesammelt. So z. B.: Was ist auf dem großen Poster in der Pausenhalle? Welche Farbe hat das Treppengeländer? Wie viele Türen muss man auf dem Weg zur Turnhalle auf- und zumachen? Und andere mehr. Alle Kärtchen sammle ich in

einem kleinen Sack. Jeden Morgen darf ein Kind eine Karte herausholen. Ich lese sie vor und erläutere. Die Antworten lasse ich mir ins Ohr flüstern. Zwei Kinder, die nicht richtig geantwortet haben, ziehen los und klären die Frage „vor Ort". Sie kommen zurück und bestätigen vor Allen die richtige Lösung. Für den nächsten Tag kündige ich schon ein oder zwei weitere Fragen an. Ich beobachte, dass das kleine Spiel Vor- und Nachwirkungen hat: Sie sehen sich noch einmal an, was an diesem Tag gefragt war und beobachten gleichzeitig ihre Schulumgebung im Hinblick auf Fragen, die erst noch kommen" (Hanna Reck).

Die Lehrerin regte mit einem einfachen Spiel eine bewusste Wahrnehmung des Raumes an.

*Spiele im Raum*

Raumerfahrungen werden auch in Bewegungsspielen gemacht; diese sind bei Kindern besonders beliebt. Der Klassenraum ist dafür insofern gut geeignet, als er Spielgrenzen deutlich sichtbar werden lässt.

„Für den Anfang ist ein einfaches Ballspiel geeignet: Wir spielen Gänsedieb und die Spielregel erlaubt es, die eigene Angst vor Berührungen und davor, zurückgewiesen zu werden, zu überwinden. Zuerst gehen Alle im Kreis und singen:

„Wer meine Gans gestohlen hat, der ist ein Dieb, und wer sie mir dann wiedergibt, den hab ich lieb, den hab ich, den hab ich lieb!" Dabei umarmen sich immer zwei Kinder, die schnell zueinander gelaufen sind. Ein Kind bleibt übrig, steht in der Mitte und wird „ausgesungen": "Da steht der Gänsedieb, den hat kein Mensch mehr lieb!"

Der Gänsedieb bleibt stehen, wenn der Kreis nun wieder herumgeht und er ist dann der erste, der wieder umarmt wird. Niemand soll ja zweimal hintereinander Gänsedieb sein. Dieses Spiel läuft immer ab wie ein kleines Psychodrama. Man erlebt die Außenseiterrolle und die freundschaftliche Umarmung und den gemeinsamen Triumph, nicht allein zu sein und dann die Solidarität mit dem Außenseiter, den meistens gleich mehrere Kinder wieder aufnehmen wollen" (Moeller-Andresen, S. 18/19).

Nicht immer sind die Kinder in Bewegung, auch ein rollender Ball kann Erfahrungen vermitteln. Am zweiten Tag kann dieses Spiel mit dem Einprägen der Namen verbunden werden, vor allem dann, wenn sich die Kinder noch nicht alle mit Namen kennen. Sie knien im Kreis, ein Kind hat einen Ball in der Hand und beginnt: Ich heiße Astrid und rolle den Ball zu Markus. Variationen sind denkbar: Z. B. mit geschlossenen Augen (vgl. Seidel 1980, S. 380). Der Lehrer kann auch Spielvorschläge der Kinder aufnehmen, die meist vom Kindergarten her einen „reichen Vorrat“ an Spielen mitbringen. In der Perspektive der Raumerfahrung ist es dabei jedoch wichtig, gemeinsam Überlegungen anzustellen bzw. zu erkunden, ob diese Spiele im Klassenraum durchführbar sind. Dabei kommen immer wieder indirekt räumliche Bedingungen, Vorgaben und Gegebenheiten ins Bewusstsein, sie schaffen allmählich einen erweiterten Raumbegriff.

*Die Bedeutung des Spiels im Anfangsunterricht*

Unter Schulpraktikern wird das Thema Spiel im Anfangsunterricht immer noch sehr kontrovers diskutiert. Viele favorisieren einen zwar kindgemäßen, aber dennoch streng lehrgangsorientierten Unterricht von Anfang an. Sie rechtfertigen ihr Vorgehen sowohl mit dem Hinweis, dass Kinder dies erwarteten, als auch mit der Zustimmung, die sie von Eltern erfahren. Für Spielen, ja für Spielereien sei jetzt kein Platz mehr. In geradezu verhängnisvoller Weise wird hier die allgemeine Grundschuldiskussion um die Funktion dieser Bildungsstufe schon auf die allerersten Wochen projiziert und damit bei einer nicht geringen Zahl von Kindern und Eltern Unsicherheit erzeugt.

In der spielpädagogischen Diskussion ist die Argumentation einer strikten Trennung von Spielen und Arbeiten eine Debatte des 19. Jahrhunderts. Seit die entwicklungs- und persönlichkeitsfördernde Funktion des Spiels unbestritten ist, hat sich auch die Schule diesem Bildungsmedium geöffnet. Heute ist die Weiterentwicklung des Spielens zu einer gleichberechtigten Zielsetzung des Grundschulunterrichts erhoben worden. Die Gründe dafür liegen auf der Hand: Viele Spiele sind von elementarer Bedeutung für die Entwicklung, ja die Weiterentwicklung und Erweiterung kognitiver Fähigkeiten. So sind beispielsweise Konstruktionsspiele für die Entwicklung der Raumwahrnehmung ausschlaggebend. Für eine Reihe von Teilleistungsschwächen müssen Spieldefizite verantwortlich gemacht werden. Die Erweiterung der Sozialkompetenz ist zudem beim Spiel weit mehr gesichert, als bei den klassischen Formen schulischen Lernens. Das Spiel ist nämlich auf Partner konstitutiv angewiesen und viele Spiele sind so angelegt. Wenn Spielen für die Entwicklung der Gesamtpersönlichkeit schon von so ausschlaggebender Bedeutung ist, dann ist nicht einzusehen, dass dieser „Katalysator“ mit dem Schuleintritt wegfallen soll.

Neben diesen unmittelbaren Förderfunktionen des Spiels, sind im schulischen Kontext allgemein und für die Schulanfangssituation im besonderen weitere Gründe wichtig: So fand Retter in Modellversuchen, dass gerade bei Schulanfängern weit weniger Anpassungsschwierigkeiten auftreten, wenn am Anfang Spielphasen eingebaut werden und sich Kinder mit mitgebrachten Ge-

genständen beschäftigen können (H. Retter 1975, S. 15; Einsiedler 1991, S. 155). In einer österreichischen Untersuchung zeigen spielende Kinder weniger Aggressivität, ein positiveres Sozialverhalten und auch größere Schulzufriedenheit. Darüber hinaus wurde in Spielklassen eine bessere Arbeitshaltung festgestellt (Hartmann, Neugebauer und Ries). Letzteres bestätigten Treinis und Einsiedler wenig später in einer eigenen Studie. Vor allem die Lernbegleitprozesse werden durch das Spiel positiv beeinflusst (Treinies & Einsiedler 1989, S. 324). Umgekehrt sind für die schulischen Lernphasen Spielphasen ein wichtiger, ja notwendiger Bestandteil und zwar nicht nur im Sinne von Ruhe- und Rekreationsphasen. Obwohl nicht unmittelbar empirisch bestätigt, kann doch angenommen werden, dass Spielphasen latente Lernphasen darstellen, in denen sich Lernergebnisse setzen und klären und die Neugierde auf Neues entsteht.
Welche Folgerungen sind nun aus diesen lern- und verhaltenspsychologischen Zusammenhängen von Spielen und Lernen für die Schulanfangspraxis zu ziehen? Den Kindern muss „Raum“ für ihre Spiele zugestanden werden – gemeint ist dies sowohl im wörtlichen als auch im übertragenen Sinn. In einer Spielecke kann mit Hilfe von mitgebrachten Spielsachen ein Angebot gemacht werden. Arbeitsphasen werden von Spielphasen abgelöst. Ausgesprochene Spielzeiten werden allerdings im Laufe des ersten Vierteljahres zunehmend zurückgenommen. Vielmehr muss der Lehrer bemüht sein, das Spiel zu einem integralen Bestandteil des Lernens zu machen. Spielerische Handlungen werden zum Lernprinzip. Das kann im Laufe dieser Zeit zu einer Auflösung der Spielecke führen, wenn die Kinder entsprechende Wünsche äußern. Denkbar ist aber auch, dass das Angebot allmählich verändert wird. „Flankierende Maßnahmen“ treten aber noch hinzu: So muss der Lehrer die Spielergebnisse und Spielleistungen anerkennen, um auch im Bewusstsein der Kinder den Gegensatz von Spielen und Lernen aufzuheben. Und schließlich müssen die Eltern von der Richtigkeit einer derartigen Gestaltung des Schulanfangs überzeugt werden. Letztlich geht es gar nicht um einen Gegensatz von Spielen und Lernen, sondern immer nur um die der jeweiligen Situation angemessenen Lernkonzepte. Und das sind eben am Anfang andere als später.

### 6.2.3 Förderung sozialer Kompetenz

Beides kann man in Anfangsklassen erleben: Kinder, die den Anderen ignorieren, für die er offenbar nicht vorhanden ist, die ihn in entscheidenden Situationen gar nicht wahrnehmen, aber auch Kinder, für die der Andere unter Umständen eine Bedrohung darstellt. Beides sind Extreme, Zwischenstufen sind häufig, aber sie stellen dem Lehrer die Aufgabe, von Anfang an die soziale Umgebung zu gestalten, sodass es möglich wird, natürlich miteinander umzugehen. In altersheterogenen Gruppen besitzt ein Teil der Kinder immer schon solche sozialen Ordnungen, aber in einer reinen Anfängergruppe existiert sie zunächst nur im Kopf der Lehrerin. Im Bewusstsein dieser Tatsache sind Ausdauer und Geduld wichtig, um die Vorstellungen schrittweise umzusetzen. Die Kontakte im Klassenzimmer stehen dabei in den ersten Tagen im Vordergrund.

*Kontakte und Maßnahmen im Klassenzimmer*
In der Anfangszeit muss die Lehrerin die Gelegenheit nutzen, möglichst mit jedem Kind, wenigstens aber mit denen, die zurückhaltend und schüchtern sind, ein persönliches Gespräch zu führen. Solche Zuwendung wird das Kind dankbar annehmen und sich seinerseits öffnen. Darüber hinaus gewinnt die Lehrerin auf diese Weise sehr schnell Aufschlüsse über die Situation ihrer Kinder.
Um eine sozial verträgliche Atmosphäre zu schaffen, sind feste Rituale notwendig. Der Gesprächskreis ist eine davon. Hier lernen die Kinder auf natürliche und selbstverständliche Weise den Anderen anzuhören, deren Gefühle zu erleben und sie in seiner Andersartigkeit zu erfahren. Hier ist aber auch der Ort, wo sozialer Umgang miteinander bewusst gemacht wird und in besonderen Fällen sogar eine Regel erarbeitet wird. Eine weitere Einrichtung sind kleine Aufträge an Partner, also an zwei Kinder, die sich bei der Ausführung die Arbeit teilen und dabei Absprachen treffen müssen. Solche Partneraufträge ermöglichen erste soziale Arrangements, die Kinder planen, ausführen und in der Klasse darüber berichten. Gerade in den ersten Tagen und Wochen wird auch die Auswahl der Spiele nach sozialen Gesichtspunkten erfolgen. Die oben genannten Beispiele vom Gänsedieb und das Kennenlernspiel gehören hierher. Spiele sind übrigens zur Festigung sozialer Beziehungen besser geeignet, als normale schulische Lernsituationen, weil sie den Partner notwendigerweise erfordern, während dieser in der Lernsituation oft störend wirkt oder als Konkurrent erlebt wird.

*Schulkontakte außerhalb des Klassenzimmers*
In der normalen Grundschule mit altershomogenen Klassenbildungen ist der „soziale Anschauungsunterricht" auf außerunterrichtliche Situationen wie Pause und Schulweg abgedrängt. Dort aber zeigt er sich eher in seiner negativen Form und wird deshalb nicht selten von den Kleinen als Bedrohung erlebt. Aussagen von Schulneulingen belegen dies: Nicht wenige haben vor der Pause Angst, wo sie ungeschützt älteren Schülern ausgesetzt sind. Auch die

normale Regelgrundschule muss allerdings die Kontakte der Schulneulinge mit den Anderen, und d.h. mit Schülern außerhalb des Klassenzimmers, mit älteren Schülern also, nicht ausschließlich diesen pädagogisch unkontrollierten Situationen überlassen.

Die Neugierde der Schulneulinge geht in der zweiten bzw. dritten Woche ja ohnehin über das Klassenzimmer hinaus und dieser Umstand sollte genutzt werden, um Kontakte zu anderen Kindern und Klassen aufzunehmen. Solche Begegnungen vollziehen beispielsweise in Form von Einladungen: Kathrin und Reinhard aus der dritten Klasse lesen im Morgenkreis eine Geschichte mit verteilten Rollen vor und, weil sie schon mal da sind, erzählen sie gleich von sich, von ihrer Klasse, von ihrem Lehrer und von vielem anderen mehr. Umgekehrt kann durch abgesprochene Kurzbesuche eine gewisse Neugierde befriedigt werden. Hier ein Beispiel für einen weiteren Kontakt:

„Neben meiner ersten Klasse führe ich in unserer Grundschule noch die Arbeitsgemeinschaft Puppenspiel. Sie besteht seit zwei Jahren und hat schon mehrere Projekte durchgeführt. Ein Projekt, das bedeutet, ein Stück muss ausgewählt oder umgeschrieben werden, die entsprechenden Puppen sind herzustellen und das Stück muss eingeübt werden. Im vergangenen Sommer hatten wir gemeinsam das Märchen Rumpelstilzchen als Puppenspiel erarbeitet und am Jahresende aufgeführt.

Jetzt zum Schuljahrsanfang ist fast noch Alles vorhanden, lediglich zwei Schülerinnen, die die Grundschule verlassen haben, müssen ersetzt werden. Die neu formierte Gruppe musste nicht lange überredet werden, sie war spontan bereit, das Spiel noch einmal vor den Schulanfängern aufzuführen.

Über das besondere Erlebnis hinaus wurde anschließend Gelegenheit gegeben, in kleinen Gruppen mit einzelnen Schülern spontane Puppenspiele zu erproben. Selbst wenn hier nicht Alles gelang, so waren die Puppen spielenden Gäste doch auch künftig gern gesehen und für viele meiner neuen Klasse auch außerhalb des Klassenzimmers eine positive Adresse“ (Hanna Reck).

Ein anderes Mal kann es die erste Klasse sein, die ein Vorhaben durchführt, und dazu einige Helfer aus anderen Klassen benötigt. Auch in solchen Fällen ergeben sich vielfältige Möglichkeiten, die Anderen im Schulhaus kennen zu lernen.

Ein besonderes Kapitel sind die Erwachsenen, die es im Schulhaus auch gibt, und mit denen der Schulneuling im Allgemeinen ganz wenig anfangen kann. Vor der Schulzeit sind die allermeisten Kontakte von Kindern zu Erwachsenen über die Eltern vermittelt. Das Kind hat in der Regel keinen autonomen ständigen Umgang mit Erwachsenen. Das ändert sich beim Schuleintritt. Jetzt spielen Erwachsene eine Rolle, die die eigenen Eltern oft gar nicht kennen und mit denen umzugehen das Kind lernen muss, z. B. andere Lehrer(innen), der Hausmeister, der Busfahrer, zuweilen auch Eltern anderer Kinder. Erstbegegnungen mit diesen Personen in den ersten Schulwochen können gemeinsam erfolgen, als organisierte Visiten beim Hausmeister oder dem Rektor, ergänzend dazu sind allerdings informelle Kontaktnahmen wichtig: Nadja und Sonja klären mit einer Putzfrau ab, wie die Hausschuhe abgelegt werden sollen, damit das Putzen im Abstellraum keine Mühe macht. Der Hausmeister kommt einmal in die Klasse, vielleicht weil er ein Problem hat und es den Kindern erzählen möchte, vielleicht aber auch, weil er die Brötchen und den Saft heute ausnahmsweise im Klassenzimmer verteilt oder verkauft, weil die Kleinen im Gedränge der Pause am großen Stand in der Pausenhalle nicht zum Zuge kommen. Sinn dieser Kontakte in der Anfangssituation ist vor allem, dass Kinder die unangenehmen Gefühle loswerden, die sie beschleichen, wenn ihnen im Schulhaus fremde Personen begegnen. Es ist nicht neu, dass die ersten Aversionen gegen die Schule durch derartige Ungereimtheiten mit fremden Personen entstehen. Vertrautheit mit der neuen Umgebung schaffen ist auch in sozialer Hinsicht oberstes Gebot.

Und wie steht es mit den Eltern? Mütter (oder Väter) als Besucher bzw. Teilnehmer am Geschehen im Anfangsunterricht – das sind für die einen Selbstverständlichkeiten, für andere ist es ein rotes Tuch. In Hamburg, wo keine rechtlichen Schranken bestehen, arbeiten inzwischen viele Lehrerinnen mit Eltern zusammen. Hier ein Auszug aus einem Bericht:

„Um die Eltern am Schulalltag zu interessieren, wurde ihnen die Möglichkeit gegeben, in die Klassen zu kommen. Wenn sie ihre Kinder in die Schule brachten oder sie abholten, bat sie der Pädagoge herein. Ein kurzes Gespräch zwischen Tür und Angel, ein Hinweis auf die Kinderarbeiten in der Klasse, das Einbeziehen der Eltern in die morgendliche Begrüßung oder die Aufforderung, auch einmal längere Zeit beim Spielen und Arbeiten der Kinder zuzuschauen, ließ die Schwellenangst überwinden. Nach Hospitationen sprach der Pädagoge mit den Eltern über ihre Beobachtungen. Diese Gespräche halfen, die Erziehungssituation in der Klasse besser zu verstehen. In der Adventszeit wollten die Kinder Geschenke für Weihnachten herstellen. Die Vielfalt der Interessen und die unterschiedlichen Fähigkeiten der Kinder erforderten mehrere Arbeitsgruppen, die durch die Mitarbeit der Eltern ermöglicht werden konnte. Der Pädagoge schlug den Kindern folgende Angebote vor:

- Tonarbeiten (Kerzenständer, Tiere),
- Backen (Weihnachtsgebäck, Knusperhäuschen),
- Weihnachtsschmuck (Sterne, Baumbehang),

- Kerzenziehen,
- Lederarbeiten (Gürtel, Brieftasche),
- Holzarbeiten.

Jedes Kind entschied sich für eine Arbeitsgruppe, die in der Regel vier Kinder umfasste. Pädagoge und Eltern – in der Regel waren es Mütter – bereiteten sich gemeinsam auf die Aufgabe in der Schule vor“ (Marquardt 1980, S. 346).

Das Prinzip Elternmitarbeit hat viele Nebenwirkungen. Die wichtigste ist: Überzeugungsarbeit zu leisten, indem man Eltern beteiligt. Beteiligte Eltern werden den Unterricht ganz anders sehen und nicht mehr von außen kritisieren. Im Hinblick auf soziales Lernen stellen Eltern in dieser Situation als pädagogische Laien eine wertvolle Ergänzung zum professionellen Erzieher dar.

*Lernen von Regeln am Schulanfang*

Kinder kennen Regeln und leben mit diesen in Familie und Kindergarten. Entstanden sind sie meist im Kontext primärer Sozialisation, aufrechterhalten wurden sie nicht selten mit Sanktionen. In der Schule kann man zunächst von Regelerfahrungen einfacher Art ausgehen. Ein Teil der Kinder kennt auch schon den bewussten Umgang mit Regeln, z. T. aus häuslichen Gesprächen, z. T. aus dem Kindergarten.

Auf dieser Ebene setzt die Schule an. Ihr Ziel ist, von Regelgewohnheiten zu Regelbewusstheit und Regeleinsicht zu gelangen. Ein Regelungsbedarf ist dabei „in aller Regel“ der Ausgangspunkt:

„Von Anfang an arbeite ich mit einer gleitenden Anfangsphase. Die Kinder kommen zwischen 7.45 Uhr und 8.10 Uhr an und beschäftigen sich meist in der Spielecke, sie malen etwas, kurzum, sie sind alle sehr engagiert in Gespräch und Arbeit.

8.15 Uhr beginne ich mit dem Morgenkreis. Da kein Klingelzeichen ertönt, klatsche ich am Anfang in die Hände und rufe: „Wir wollen uns im Kreis sammeln.“ Ein Teil hört es, ein anderer braucht regelmäßig weitere Aufforderungen.

Das gab mir Anlass, über dieses Problem im Morgenkreis ausführlicher zu sprechen. Schnell waren die Kinder dabei, Vorschläge zu machen, ein Pfeifton, ein Gong, wenn den alle hören, dann müssen sie auch kommen. Der Gong wurde zwei Tage erprobt, aber es klappte nicht so richtig. Ein anderes Problem war aufgetaucht. Einige Kinder gaben zu bedenken, dass es ihnen nicht gefiele, eine Arbeit so plötzlich abzubrechen. Dafür gab es viel Verständnis. So musste eine andere Lösung gefunden werden. Man muss den

Gong eben zweimal schlagen. Das erste Mal heißt es, du musst jetzt bald aufhören und beim zweiten Mal: Komm in den Kreis. Ein anderes Kind, das eine Spieluhr mitgebracht hatte, kam noch mit einer zweiten Idee: Lasst doch die Spieluhr laufen, wenn sie anfängt zu spielen müssen wir dran denken, dass wir gleich aufhören und wenn die Spieluhr fertig ist, müssen wir in den Kreis treten. Dieser Vorschlag wurde begeistert aufgenommen und über einen langen Zeitraum praktiziert“ (Hanna Reck).

Das Beispiel macht in seiner einfachen Form die Erarbeitung von Regeln gut sichtbar. Kinder, die die Regeln einhalten sollen, müssen an der Vereinbarung beteiligt sein. Es ist eine Lösung zu finden, die für eine Reihe von Situationen brauchbar ist. Die Regel ist an Symbole gebunden. Wenn die Spieluhr ertönt, so hat das etwas zu bedeuten. Bei vielen Regeln sind Symbole visuell präsent. Sie erhalten ihre Bedeutung durch die Vereinbarung und sie helfen dabei, sich in einer neuen Situation, der Vereinbarung, wieder zu erinnern.

Die Verwendung von Symbolen für die Einhaltung von Regeln sind über den aktuellen Anlass hinaus ein Modell für das Funktionieren menschlicher Kommunikation. Insofern ist der Vorgang auch indirekt für die Schriftsprache von Bedeutung, der sich die Kinder in diesen Tagen zuwenden. Gerade deshalb kann über die Symbolverwendung hinaus auch mit Wörtern gearbeitet werden, die zu den üblichen Bildsymbolen hinzutreten.

Was Lehrer(innen) bei der Einführung von Regeln zu beachten haben, ist in dem nachfolgenden Fragenkatalog zusammengefasst:

- Welche Lehrererwartungen lassen sich als Regeln thematisieren?
- Entspricht das Verfahren der Regeleinführung auch dem Inhalt der Regel?
- Wird der intersubjektiven Geltung von Regeln durch Kooperations- und Kommunikationsprozesse bei ihrer Einführung Rechnung getragen?
- Werden wichtige Regeln begründet?
- Entwickelt der Lehrer die Regel in einer für die Regel beispielhaften Situation, die für Schüler auch als Problemsituation erkennbar ist?
- Werden Regeln handelnd eingeführt?
- Werden Regeln gemeinsam wiederholt und Transfermöglichkeiten auf andere Situationen abgeklärt?
- Wird die Regel durch Symbole oder andere Formen zur Gedächtnisstütze der Schüler vergegenwärtigt?
- Übernehmen die Schüler allein oder zusammen mit dem Lehrer die Verantwortung für die Einhaltung der Regeln?
- Können die Regeln zu Planinstrumenten für Schüler weiterentwickelt werden, mit deren Hilfe sich der einzelne Schüler einen Überblick über das zukünftige und das vergangene Unterrichtsgeschehen verschaffen kann und

die ihn zur Beteiligung an didaktischen, planerischen und inhaltlichen Entscheidungen befähigen?
- Berücksichtigen die Regeln das pädagogische Konzept (einschließlich der psychologischen und physiologischen Handlungsvoraussetzungen) des Lehrers (vgl. Nilshon 1988)?

### 6.2.4 Sacherfahrungen und erste Sachklärungen

Natürlich sind auch die Themenbereiche der Raum- und Sozialerfahrung Sachthemen; allerdings soll jetzt der Erfahrungsbereich auf die dingliche Umwelt ausgedehnt werden. Ein Blick in die Bildungspläne von Tagesstätten zeigt erstaunlicherweise, dass die Kindergärten heute in ihren „themenbezogenen Bildungsbereichen" viele Inhalte behandeln, die einstmals Stoff der Eingangsstufe waren. Lehrer(innen) sollten diese „Vorerfahrungen" nicht beklagen oder als Vorwegnahmen ablehnen, sondern sich darauf konzentrieren, dass sie in der Schule jetzt neue Akzente setzen:
- Stärker als bisher wird darauf zu achten sein, dass Zusammenhänge geklärt und nicht nur Phänomene betrachtet werden.
- Stärker als bisher werden formale und methodische Gesichtspunkte einbezogen (beobachten, beschreiben, Fragen stellen, ...).
- Stärker als bisher erfolgt eine Vernetzung mit „Symbolwelten", also mit Sprache, Menge und Zahl.

Themen für die ersten Schulwochen können nicht vorgegeben werden, sie sind sowohl von der räumlichen und sozialen Umgebung als auch von besonderen Gelegenheiten abhängig. Solche Gelegenheiten ergeben sich durch Fragen der Kinder, sowie durch Gespräche im Morgenkreis oder durch besondere Erfordernisse (wie z.B. der Schulweg der Kinder).
Solche Gelegenheiten können sein:
- Verschiedene Töne und Geräusche, Messen von Temperatur, Pflege von Zimmerpflanzen, Mitbringen von Haustieren, Jahreszeiten und Wetter (Beispiele aus der Naturwissenschaft)
- Aufenthalte in der Natur, Erlebnisse im Wald, Wasserverbrauch und Müllprobleme und andere Umweltthemen
- Körperhygiene, Ernährungsfragen (Projekt Backen oder Kochen), Gefahrenquellen und Risiken für Verletzungen kennen lernen, Körper und Bewegung (Präventive Gesundheitsbildung)
- Philosophieren mit Kindern
- Sprechen über Gefühle und Stimmungen, die eigenen und die anderer, Andere verstehen und Rücksicht nehmen, kooperativ und teamfähig werden (emotionale und soziale Themen und Inhalte)

- Religiöse und interkulturelle Fragestellungen

Wenn man sich mit der Frage „Warum gehen wir eigentlich zur Schule?" kind- und altergemäß auseinandersetzen möchte, sei das Büchlein von H. v. Hentig empfohlen: *Warum muss ich zur Schule gehen?*

Der Autor schreibt 26 Briefe an Tobias, seinen Großneffen, und erläutert darin erlebnisorientiert, verständlich und einfallsreich und vor allem vielperspektivisch Motive und Gründe, warum Kinder in die Schule gehen. Ganz nebenbei werden dabei viele Begriffe geklärt und Toleranz und Verständnis aufgebaut (siehe Literaturverzeichnis).

### 6.2.5 Lese- und Schreiberfahrungen

Das entscheidend Neue an der Schule ist ja nicht die Begegnung mit der Sachwelt, sondern die Tatsache, dass diese Welt wenigstens zum Teil symbolisch verschlüsselt ist. Mehr noch: Über *Schrift* werden neue Welten erschlossen.

Zweierlei Erfahrungen bringen die Kinder in der Regel in die Schule mit: Zum einen besitzen sie ein Vorwissen von Schrift und erste Schrift- und Schreiberfahrungen und zum anderen haben sie viele Wahrnehmungs- und motorische Erfahrungen gemacht, die dem Schriftspracherwerb zugute kommen, ja geradezu eine unabdingbare Voraussetzung darstellen. Das Dilemma ist nur, dass die vor- und außerschulischen Lern- und Erfahrungsprozesse unterschiedlich intensiv sind und unterschiedlich differenziert verlaufen. Bezogen auf die unmittelbaren Schreib- und Schrifterfahrungen haben wir es am Anfang mit Kindern zu tun, die, wie die Sprachdidaktiker sagen, auf der Stufe der Schriftlosigkeit stehen und andere, für die der Schriftspracherwerb bereits abgeschlossen ist. Die Stufe der Schriftlosigkeit kennzeichnet einen Zustand, bei dem Vorstellungen von der sozialen und kommunikativen Funktion der Schrift ebenso fehlen wie Kenntnisse über deren Elemente. Und schriftlose Kinder können nicht zwischen Zeichen (Symbolen) und Gegenständen unterscheiden. Sie sind demzufolge weder fähig und schon gar nicht bereit, das Lesen zu lernen.

Andere Kinder wissen zwar, wozu Schrift gebraucht wird, sie wissen auch, dass sie aus Buchstaben besteht, aber sie wissen nicht, wie diese heißen. Ihnen ist also die wechselseitige Übersetzbarkeit von Lauten in Zeichen bzw. von Sprechen in Schreiben nicht bewusst. Wieder andere Kinder kennen schon einige Buchstaben und können situationsgebunden so genannte Reklamewörter lesen. Schließlich kennt jeder Lehrer auch Kinder, die des Lesens mehr oder weniger mächtig und auch zu einer einigermaßen lauttreuen Schreibung fähig sind. In dieser Beschreibung werden Entwicklungsstufen

des Schriftspracherwerbs sichtbar. Wir haben es mit Kindern ganz unterschiedlicher Entwicklungsstufen zu tun. Es ist also unmöglich, Lesen und Schreiben als gleichschrittigen Vermittlungsprozess zu organisieren. Vielmehr muss es uns gelingen, vorschulische Erfahrungsprozesse in der Anfangsphase fortzusetzen, und gleichzeitig die lehrgangsorientierten Vermittlungsprozesse stärker zu individualisieren (vgl. Brügelmann 1984).
Zunächst ist dabei wichtig, eine anregungsreiche Umgebung für weitere Schrifterfahrungen bereitzustellen. Das geschieht durch die Allgegenwart von Schrift und Schrifttum im Klassenzimmer. Schrift, Wörter und andere Symbole regulieren den Schulalltag, ermöglichen Kommunikation oder sind Quellen für interessante Geschichten. Die Alltagsregulierung beginnt mit der Einführung von Namenskärtchen oder anderen Symbolen an der Garderobe, an Schubfächern und auf dem Tisch der Kinder, setzt sich auf Milch- und Kakaolisten fort und endet auf Tagesplänen. Auch bei der Einführung und Einhaltung von Regeln wird mit Symbolen und Wörtern gearbeitet, auf Zetteln stehen Anweisungen: „Psst!“, „Nicht stören!“ und außerhalb des Klassenzimmers sind Hinweisschilder „zur Toilette“ oder „zur Turnhalle“.
Die Nützlichkeit symbolischer Hinweise wird erfahren, selbst wenn die Schüler noch nicht lesen können. Gleichzeitig verleitet die Präsenz von Schrift immer wieder zum Entziffern.
Den besten Einblick in die Anfänge des Schriftspracherwerbs vermittelt der ausführliche Bericht von Bärbel Teller (siehe Anhang 2, S. 201ff.)

### 6.2.6 Erfahren von Menge, Größe und Form

Mengen und geometrischen Formen sind dem Kind außerhalb der Schule schon auf vielfältige Weise begegnet. Was für die Schrift gilt, kann auch hier angewendet werden: Wir nutzen den Lebens- und Schulalltag des Kindes als Erfahrungsraum:
„Am Montag der zweiten Woche versammelten wir uns zum Morgenkreis. In der freien Fläche standen drei Kisten. Eine mit Milchflaschen, eine mit Kakaoflaschen, eine dritte mit Safttüten. Von Vorgesprächen mit den Eltern wussten die Kinder, dass sie sich für eines der Getränke entscheiden konnten, aber dann mindestens für eine Woche bei diesem Getränk bleiben mussten. Erste Gespräche über Lieblingsgetränke und warum man gerade dieses am liebsten trinkt, waren nicht nur zugelassen, sondern erwünscht. Schließlich sollte das Thema Pausengetränk nicht nur auf den quantitativen Aspekt eingeengt werden.
Nun ging es an das Verteilen. Und die Milchtrinker bzw. die Kakao- und Safttrinker stellten sich getrennt und vor ihnen stand die Menge der Milchfla-

schen, Kakaoflaschen, ... Allerdings war man sich bald einig, dass das nicht jeden Tag so umständlich ausgeführt werden konnte. Sehr schnell kamen sie darauf, dass man sich zweierlei merken muss:

- Die Anzahl jedes Getränks,
- Jeder einzelne muss von nun an wissen, welches Getränk er gewählt hatte.

Wie man beides festhalten kann, dazu gab es mehrere Vorschläge. Akzeptiert wurde eine dreispaltige Liste mit den Getränken, den Namen und der jeweiligen Anzahl" (Hanna Reck)

Das Beispiel zeigt, dass Quantifizierungsfragen gerade am Anfang in sinnvolle Zusammenhänge eingebettet sein sollen; dabei ist durchaus möglich, dass neben mathematischen Fragen auch andere Notierungs- und Merkprobleme auftreten. Wichtig ist gerade am Anfang, den Sachverhalt nicht sofort auf das Mengen- und Zahlenproblem einzuengen. Weitere Möglichkeiten werden in folgendem Textauszug sichtbar:

„Mathematik ist überall. Geld – Zeit – Raum, diese ganz wesentlichen Bereiche unseres Alltags sind durchzogen von mathematischen Sachverhalten, die uns so selbstverständlich sind, dass sie uns nicht mehr als solche bewusst werden ... Wir haben schon früh gesehen, dass Mathematik etwas mit uns zu tun hat – die Anzahl der Mitglieder unserer Familie – die darauf bezogene Anzahl der Teller, Tassen usw. auf dem Frühstückstisch – unsere Hausnummer, unser Geburtstag – Wie viele haben mit mir gefeiert? – Wie groß bin ich? ..." (Weyerhäuser 1991, S. 49).

Mathematiker sind allerdings mit dieser Art des unkontrollierten Umgangs von „Sachverhalt" und „Zahlen" nicht einverstanden und melden Kritik an:

„Identifiziert man alles Quantifizierbare schon als Mathematik, wird man damit der spezifischen Eigenart dieser Wissenschaft nicht gerecht. Mathematik arbeitet mit abstrakten Zeichen, untersucht die Beziehungen zwischen ihnen und stellt Regeln für den widerspruchsfreien Umgang mit ihnen auf. Die Quantifizierung ist die Brücke zwischen Mathematik und Realität. Mathematik aber beginnt erst losgelöst von Sachinhalten" (Schütte, S. 119).

Sybille Schütte warnt davor, den Fehler zu begehen, die Realität als Hilfsinstrument beim Begreifen der Mathematik einzusetzen statt umgekehrt. Für sie ist Mathematik ein Hilfsinstrument zum Begreifen der Realität. So richtig die Aussage aus mathematischer Sicht ist, einer genetischen Denkweise wird sie nicht gerecht. Aus der Sicht des Anfangs ist ja zunächst die Frage zu stellen, wie das Kind zur Mathematik kommt.

Der Schulalltag bietet bei einer Vielzahl von Vorhaben, vor allem bei deren Planung, Möglichkeiten, mit Mengen und Zahlen umzugehen. Zwangsläufig treten dabei auch schon erste Mengenoperationen auf.

Neben der Verankerung des Mengenumgangs in Alltags- und Schulsituationen sind vor allem methodische Prinzipien wichtig und daher zu beachten: Anders als bei der Schrift, kann im Bereich der Zahl die Notierungsform zunächst offen gehalten werden für die kreative Phantasie der Kinder. Strichlisten sind beispielsweise ebenfalls denkbar. Vor allem wird daraus sichtbar, wie Menschen in früheren Zeiten zu Notierungsformen gelangten. Zudem sollte der handelnde Umgang mit Mengen nicht zu rasch verlassen werden, denn in der Ziffer geht die Größe der Menge verloren; das ist für die Herausbildung von Vorstellungen von erheblichem Nachteil.

*Weitere Anregungen*

Mengenerfahrungen mit allen Sinnen: Damit Schule nicht nur als Stätte der optischen Wahrnehmung erfahren wird, machen wir Übungen zur Mengenerfassung mit allen Sinnen, also z.B. Hörübungen: Die Schüler schließen die Augen, die Lehrerin klopft fünfmal auf das Glockenspiel, die Triangel oder die Trommel, dann wird berichtet, wie viele Töne zu hören waren. Oder Tastspiele: Wie viele Kugeln sind in der Fühl-Box? Die Fühl-Box ist eine Schachtel, in die man mit der Hand hineinlangen kann und Gegenstände (oder in diesem Fall deren Anzahl) tastend erfahren kann. Oder Partnerübungen: Ein Kind nimmt die Hand des anderen und klopft oder klatscht dreimal, viermal, fünfmal hinein.

Formübungen: Von vielen Seiten wird beklagt, die Geometrie, bzw. geometrische Vorübungen kämen gegenüber der Arithmetik zu kurz. Was Kinder, auch zur Entspannung, gerne machen, ist das Legen ganz verschiedener geometrischer Muster, das sog. Parkettieren. Je nach Material ergeben sich einfache oder kompliziertere Muster. In der Materialvorgabe liegen auch Differenzierungsmöglichkeiten.

Zählspiele: Außerdem sind in vielen Bewegungsspielen Zählungen enthalten bzw. sie können eingebaut werden und auch die Abzählreime sollten im Anfangsunterricht eine Renaissance erfahren.

### 6.2.7 Die Erfahrung der eigenen Person

„Der Beginn des institutionalisierten Lehrens und Lernens ist ein 'critical live event'" (Einsiedler 1988, S. 21). Es ist eine Zeit, in der die Identität des Kindes eine Umstrukturierung erfährt, in der sich Selbstkonzepte wandeln. Der neue Status als Schüler (den man ja andrerseits lange herbeigesehnt hat), die neue Situation des eigenen Lebens, die ganz neuen Erwartungen, die von anderen, aber auch von vertrauten Personen kommen, all das erfordert ein neues Ausbalancieren des eigenen Ichs mit dem sozialen Ich (vgl. Krappmann

1985; Einsiedler 1988). Dem Bemühen um eine Erfahrungserweiterung muss deshalb eine verantwortliche Persönlichkeitsbildung zur Seite gestellt werden, die zum Ziele hat, dem Kind ein deutlicheres und vor allem positives Selbstbild zu vermitteln und bewusst zu machen. Sie erfährt ihre Abrundung in der Stärkung der Ich-Kompetenz. Mit Nachdruck unterstützen inzwischen auch Grundschul-Richtlinien diese Zielsetzung.

Was kann dafür getan werden? Phasen des Tuns müssen mit Phasen der Besinnung abwechseln. Kinder müssen angehalten werden, sich ihres Tuns bewusst zu werden, indem sie darüber reden und – auch das sollte versucht werden – mit sich selbst darüber reden, also darüber nachdenken.

Will man sich seiner selbst bewusst werden, muss man damit beginnen, sich selbst wahrzunehmen, also den eigenen Körper und dessen Funktionen. Was für den Körper gilt, kann allmählich auf Gedanken und Gefühle übertragen werden. Wenn wir uns auf unser Inneres konzentrieren, schließen wir die Augen und konzentrieren uns auf ganz bestimmte Punkte des Körpers oder des Geistes. Es ist dabei sowohl Entspannung möglich, als auch die Erfahrung von Stille und Ruhe. Besonders gut platziert sind solche Übungen, die im kleinen Kreis erfolgen sollten, am Ende des Vormittags oder nach einer besonders intensiven Aktivitätsphase. Hilfreich ist dabei Musik oder die ruhige Stimme der Lehrerin.

In einem umfassenden Sinn hat eine Lehrerin Ich-Erfahrung ermöglicht. Sie hat zum Schulanfang ein sog. Ich-Projekt durchgeführt und darin vielerlei Erfahrungen und Erfahrungsmöglichkeiten gebündelt, also auch Sacherfahrungen, Mengenerfahrungen, Symbolerfahrungen, sowie besondere Erfahrungen von Raum und Zeit:

„Im Kindergarten angefangen, durch das erste Schuljahr fortgeführt und in wichtigen Punkten bereichert, begann ich mit einem Unternehmen, das ich mein „Ich-Projekt“ nennen möchte.

Ich male die Hände der Kinder auf festes, weißes Papier. Während ich mit schwarzer Wachskreide die Umrisse nachfahre, unterhalten wir uns. Im Verlauf der Aktion gewinnen die Kinder immer mehr Vertrauen zu mir und es ergeben sich sehr persönliche Gespräche.

Anschließend malt jedes Kind in seine Hand das, was es sehr gut kann oder was es sehr gern hat: einen Teddy, einen Fußball, einen Hund oder auch eine Trickfigur; das ist so unterschiedlich wie die Interessen der Kinder.

Diese Umrisse schneide ich aus und klebe sie in bunt bemalte Schuhkartons (möglichst große Kartons von Herrenschuhen) links und rechts an die Seitenwände. Alles, was in den Karton geklebt wird, wird mit wieder ablösbarem Kleber oder Tesafilm befestigt, denn die Erzeugnisse werden in einem

Din A 4 Heft gesammelt und am Ende des Schuljahres mit nach Hause genommen.
Die Kartons werden mit Heißkleber aneinandergeklebt und mit Zierleisten aus buntem Tonkarton versehen. Die untere Zierleiste sollte etwas höher sein, damit aus dem Karton nichts herausrutschen kann.
In diesen Kartons werden möglichst viele schriftliche Erzeugnisse der Kinder ausgestellt und gesammelt. Selbstausgedachte Rechenaufgaben oder Texte und Bilder zu Tieren oder von eigenen Erlebnissen, Fotos und alles, was den Kindern lieb und wert ist, dokumentiert zu werden.
Kleine Schätze werden auf dem Boden deponiert, das ist nach den Ferien oder nach Unterrichtsgängen immer sehr spannend. Zur Weihnachtszeit liegen dort kleine Geschenke oder zu Geburtstagen Glückwünsche und Überraschungen.
Ein Bild „Das bin ich", auf das die Kinder ihren Namen geschrieben haben, wird auf die innere Rückwand geklebt. Wenn man noch Größe und Gewicht hinzufügt, und solche Bilder im Laufe des Jahres immer wieder malen lässt, dann wird damit auch die körperliche Entwicklung festgehalten.
Die Kartons dienen auch als Briefkästen. In diese „Briefkästen" kommen nun alle Mitteilungen und Briefchen an die Kinder von mir oder ihren Mitschülern.
Für mich ist natürlich auch ein großer Briefkasten da – für die Briefe der Kinder. Das Briefeschreiben ist ein hoch motivierender Lese- bzw. Schreibanlass, der sich über die gesamte Grundschulzeit positiv auswirkt.
Am Ende des ersten Schuljahres nimmt jedes Kind seinen Karton und sein Heft mit nach Hause. Das Bewusstmachen der Entwicklung der eigenen Persönlichkeit kann das Selbstwertgefühl stärken und den Weg zu einer positiven Schullaufbahn ebnen" (Anregungen zu einem solchen Heft, in dem Schreiberfahrungen dokumentiert werden, finden sich auch bei Gudrun Spitta: „Von der Druckschrift zur Schreibschrift" Cornelsen Scriptor)
(Bärbel Teller)
Der Wert einer solchen Dokumentation liegt sowohl in der Gegenwart als auch in der Zukunft: In der Gegenwart führt sie dem Kind das eigene Ich, dessen Möglichkeiten, Fähigkeiten und Besonderheiten vor Augen. Da es in der Gemeinschaft geschieht, ist das Ich-Projekt immer zugleich auch ein Du- bzw. ein Er-/Sie-Projekt, denn der Andere wird dabei ebenso sinnfällig wie bewusst erfahren. Die Dokumentation vermittelt zusätzlich Zeitbewusstheit und die Erfahrungen der eigenen Entwicklung und Veränderung.
Von einem späteren Standpunkt aus betrachtet ermöglicht das Ich-Projekt Rückblicke auf die eigene Person, lässt Fortschritte erkennen und fördert auf

diese Weise eine umfassende Ich-Identität. Das Kind sieht sich wachsen und erfährt sich nicht mehr nur in der Gegenwart.
Andere Lehrerinnen vollzogen im Laufe des ersten Schuljahrs den Übergang vom Plakat zum Buch. Ein solcher Wechsel hat unter Umständen sogar symbolische Bedeutung. Mit der Umwandlung der Darstellungsart vollzieht sich ein Stück Akzeptanz schulischer Formen. Das Buch bleibt aber dennoch mit der eigenen Person verknüpft – durch den Inhalt. Es ist zu wünschen und zu erwarten, dass sich auf diese Weise Zeichen und Symbole, die dieses Buch reichlich enthält, stärker in die eigene Lebenswelt des Kindes integrieren und künftig als notwendiger und nicht wegzudenkender Teil des eigenen Ichs betrachtet wird.

## 6.3 Tendenzen und künftige Perspektiven

### 6.3.1 Unterschiede der lebensweltlichen Erfahrungen

Die klassische Entwicklungspsychologie konnte noch davon ausgehen, dass sich Entwicklungsverläufe von Kind zu Kind zwar zeitlich verschieben können, aber im Wesentlichen gleich verlaufen. Wenn von *dem* Kind die Rede war, so handelte es sich um eine Abstraktion. Demgegenüber berücksichtigt die Entwicklungsökologie stärker den Anteil des Faktors Umwelt an der Entwicklung des Kindes.
Die sozialwissenschaftliche Kindheitsforschung geht heute von beträchtlichen Unterschieden aus, wenn es um die Bedingungen des Aufwachsens von Kindern geht. Im Kontext des Schulanfangs interessiert zunächst nur ein Teil der Kindheit, nämlich die ersten sechs Jahre.
Wir müssen annehmen, dass Kinder mit einem sehr unterschiedlichen familiären Hintergrund zur Schule kommen: Das bezieht sich auf die ökonomische Situation (z.B. Müttererwerbstätigkeit; Arbeitslosigkeit) ebenso wie auf die Familienzusammensetzung (Ein-Kind-Familie; Ein-Elternteil-Familie; Scheidung, Halbgeschwistern; Stiefeltern-Status, etc.); auf unterschiedliche Erziehungsstile (Liberalisierung), ebenso wie auf die innerfamiliäre Wertwelt (gehorchen, befehlen, verhandeln, kulturelle Standards). Familienkindheit hat somit viele Facetten.
Auch das Spiel- und Freizeitverhalten hat sich verändert und weist ein breites Spektrum auf: Neben weitgehend altersgleichen Spielpartnerschaften ist der Spielort nicht selten nach innen, ins Häusliche verlagert, da der Außerbereich stärker funktionalisiert ist. Außerdem wird das Zusammentreffen unter-

schiedlicher sozialer Schichten u.a. auch dadurch erschwert, dass Kinder aus privilegierten Familien häufiger kommerzialisierte Förder- und Freizeitangebote wahrnehmen. Das sind nur zwei von vielen Veränderungen der Spiel-, Erfahrungs- und Freizeitwelt heutiger Kinder.
Ein drittes Feld sind die neuen Medien, das sich heute nicht mehr nur auf das Fernsehen beschränkt, sondern auditive Medien, Computer- und Videospiele einschließt. Hier verbringen auch schon Kinder unter sechs Jahren viel Zeit, die dann für andere Aktivitäten nicht mehr zur Verfügung steht. Bei der veränderten Medienkindheit wird der Wandel gegenüber vor dreißig oder vierzig Jahren vor allem sichtbar. Sie wird auch von professionellen Erziehern am häufigsten negativ gesehen und beurteilt (vergl. Fölling-Albers 2005).
Die Veränderungen sind zunächst in ihrer generellen Deutung ambivalent. Hanke macht darauf aufmerksam, dass sowohl eine kulturoptimistische als auch eine kulturpessimistische Interpretation möglich ist. Beide Optionen sind allerdings zu pauschal und haben zudem den Nachteil einer schicksalsergebenen Betrachtungsweise: Dabei liegen sowohl Risiken als auch Chancen im Handeln von Erziehern und Lehrer(innen), zum Teil sicher auch in der psychischen Konstitution der Kinder selbst. So hat beispielsweise ein Faktor wie „Müttererwerbstätigkeit" per se einen geringen Aussagewert über Risiken und Chancen für die weitere Entwicklung des Kindes, entscheidender ist, ob und wie Risiko- und Schutzmechanismen in der Familie gehandhabt werden, ob gute Betreuungseinrichtungen vorhanden sind (und deren Zusammenspiel mit der Familie funktioniert) und welche Einstellungen Eltern diesem Faktor gegenüber einnehmen. So kommen einzelne Untersuchungen sogar zu dem Ergebnis, dass Töchter von berufstätigen Müttern bessere Schulleistungen erbrachten als die von nichtberufstätigen Müttern.
Soziokulturelle Bedingungen, wie sie die sozialwissenschaftliche Kindheitsforschung herausgearbeitet hat, sind zwar zunächst die hervorstechenden Merkmale von Veränderung, sie werden aber reguliert durch eine Vielzahl weiterer Faktoren, die letztlich Chancen und Risiken der Entwicklung mehr oder weniger entscheidend mitbestimmen können. Letztlich muss also auch eine Gruppe wie die der Einzelkinder mit alleinerziehenden Müttern auch sehr differenziert betrachtet werden. Aus alle dem wird deutlich, dass wir künftig mit noch größerer Vielfalt zu rechnen haben.
Die Lebenswelten des Kindes sind letztlich, wie dessen Entwicklungsstand, Aussagen über eine bestimmte „Klasse von Kind", noch nicht präzise Aussagen über ein Einzelkind. Dieses einzelne Kind muss künftig im Mittelpunkt stehen. Aussagen zu diesem Einzelkind liefern sowohl die Entwicklungspsychologie, die versucht den Entwicklungsstand durch „Messungen" festzustel-

len, als auch die Kindheitsforschung, die Aussagen zum sozio-ökonomischen Status des Kindes liefern kann. Letztlich ergibt sich aber erst ein individuelles Gesamtbild, wenn man all diese Faktoren miteinander in Beziehung setzt, abwägt und deutet.

### 6.3.2 Das „Gesamtbild" des Einzelschülers

Ein möglichst reichhaltiges Gesamtbild des Einzelschülers ist für den reformierten Unterricht der Zukunft unverzichtbar. Es ist ein Mosaikbild, das sich aus vielen „Steinen" zusammensetzt. Drei Hauptbereiche sind dabei von Bedeutung:

- Der Lern- Erfahrungs- und Entwicklungsstand in den für den Schulunterricht relevanten Domänen und Kognitionen: Sprachkompetenz, mathematische Kompetenz, Sachkompetenz, Sozialkompetenz, ...
- Die spezifische Lebenssituation und Lernumgebung des Kindes: Häusliches Umfeld, Familiensituation, Bedingungen des Aufwachsens, ökonomische Situation der Eltern, Erziehungsstil, Spiel- und Freizeitsituation.
- Das persönliche Profil des Kindes: Sein Spiel- und Arbeitsverhalten, seine Lernbereitschaft, seine Interessen, seine Vorlieben, seine Stärken und Schwächen, seine speziellen Talente, „Charaktereigenschaften", Toleranzen

Den Lehrer(innen) stehen verschiedene Quellen zur Verfügung, an die entsprechenden Informationen zu gelangen:

Zunächst gibt es mehrere Screening-Verfahren, mit deren Hilfe die Lern- und Entwicklungsstände in den Vorläuferfähigkeiten und -fertigkeiten der wichtigen schulischen Domänen ermittelt werden können. Im Anhang dieses Bandes sind sowohl das Bielefelder Screening als auch die Fitness-Probe, die Differenzierungsprobe und weitere Marktangebote genau beschrieben. Der Einsatz und die Auswertung all dieser Verfahren sind heute nicht mehr auf Expertinnen angewiesen. Jede Lehrerin, die sich mit den Anleitungen gründlich auseinandersetzt, ist zur Durchführung in der Lage.

Eine weitere Quelle sind Gespräche mit Eltern oder auch mit Erzieherinnen. Dieser Auskunftsbereich kann ausgebaut werden. Ein Beispiel dafür ist der umfassende Fragebogen an die Erzieherinnen (BEDS), die „ihre Kinder" schon längere Zeit kennen. Auch standardisierte Elternfragebogen sind möglich, verlangen aber Gespür und eine Beteiligung der Personengruppe, wenn ein solches Instrument entwickelt werden soll.

Schließlich sind die Kinder selbst eine unverzichtbare Quelle in besonderen Situationen. Etwa in der Morgenfeier: Diese ist besonders geeignet, für Erzählungen der Kinder aus ihrer Lebenswelt; aber auch um besondere „Küns-

te“ (Jonglieren, Kopfstand) vorzuführen. Oder man führt informelle Einzelgespräche mit Kindern und richtet individuelle Korrespondenzen ein. Außerdem vermitteln Unterricht und Schulleben oft wichtige Hinweise für die Informationen, die wir insbesondere am Anfang sammeln.
Die Arbeit am Gesamtbild des Einzelschülers ist im Übrigen kein „einmaliger Akt“. Sie beginnt lange vor Schulbeginn. Die Kooperationszeit bietet gute Gelegenheit und vielfältige Möglichkeiten für derartige Recherchen.
Lernstandsanalysen gehören in der künftigen Schule zum „täglichen Brot“ der Lehrer(innen), weil sie die Grundvoraussetzung für den individualisierten Unterricht sind. Die Münchner Studie der Lernentwicklung hat es noch einmal bewiesen, was erfahrene Lehrer ohnehin gewusst oder erahnt haben: Erfolgreiches Lernen baut auf unmittelbare Lernvoraussetzungen auf.

### 6.3.3 Umgang mit der neuen Vielfalt

Die Heterogenität der Lernvoraussetzungen ist seit jeher auch in der (scheinbar homogenen) Jahrgangsklasse bekannt. Trotzdem wurde gerade am Schulanfang immer wieder versucht, durch selektive Maßnahmen eine Homogenität herzustellen. Es gelang nicht, im Gegenteil: Die Entwicklungsschere von bald drei Entwicklungsjahren ist dabei nur ein Merkmal. Auffälligkeiten und Störungen (ADS-Syndrom; Verhaltensauffälligkeiten, Migrantenkinder; aber auch Hochbegabungen und behinderte Kinder) führt letztlich dazu, jedes Kind als ein „Lernindividuum“ zu betrachten, das seine je eigenen Bildungswege einschlagen muss und dabei Unterstützung braucht.
Solch radikale Individualisierungen aber widersprechen scheinbar zunächst dem Schulgedanken, wie er sich seit Comenius herausgebildet hat. Dem Erfinder der Jahrgangsklasse ging es gerade darum, ökonomische Lehr- und Unterrichtsformen zu kreieren und möglichst viele Kinder gemeinsam zu unterrichten. Das hat nicht nur die Jahrgangsklasse etabliert, sondern auch den Frontalunterricht, der in den beiden zurückliegenden Jahrhunderten weiterentwickelt wurde und bis heute eine dominante Rolle in allen Bildungsstufen spielt.
Heterogenitäten mussten dabei immer wieder „bekämpft“ werden: Am Schulanfang vor allem durch das Instrument der Schulfähigkeitsauslese. Allerdings wurde auch offenkundig, dass die Verschiedenheit hierdurch nur etwas gemindert werden konnte. Im Klassenzimmer verfolgen Lehrerinnen und Lehrerin – mehr unbewusst als bewusst – zwei unterschiedliche Strategien, die allerdings beide nicht befriedigen können: Bei der Elitestrategie wird versucht, das allgemeine Leistungsniveau dadurch anzuheben, indem man vorrangig Schülerinnen und Schüler fördert, die günstige Lernvoraussetzun-

gen aufweisen. Andere Lehrer(innen) verfolgen die Egalisierungsstrategie, die sich eher dem unteren Leistungsbereich widmet, mit dem Ziel das Leistungsniveau zu egalisieren (Opp & Speck-Hamdan 2001, 186). Beide Strategien benachteiligen aber auch eine Lerngruppe, was inzwischen auch empirisch belegt ist (Helmke 1988). Mit seiner Formel vom „anspruchsvollen, anregungsreichen, problemzentrierten, lehrergesteuerten, aber schülerorientierten Unterricht" (2001, S. 26) „suggeriert" Weinert eine „Optimalstrategie", die offenbar geeignet sei, über die beiden anderen Strategien hinauszukommen, sie ist aber wohl eher ein Kompromiss, um den Frontalunterricht zu retten.

Alle bisherigen Bemühungen lassen erkennen, dass didaktisch-methodische Maßnahmen eher dem Zweck dienen, gegen Schülerheterogenität anzugehen, sie vielleicht sogar überwinden zu können. Dabei zeigen die diesbezüglichen empirischen Untersuchungen, dass die Leistungsunterschiede am Ende der Grundschulzeit nicht geringer sind als zu Beginn. Wenn solchen Ergebnissen die Annahme zugrunde liegt, dass alle Schülerinnen und Schüler gleichermaßen in ihrer Entwicklung gefördert wurden, dann ist dieser Unterricht zunächst unter dem Gesichtspunkt der Chancengleichheit ein gerechter Unterricht. Ob dieser ein guter Unterricht ist, ist damit noch nicht beantwortet.

Künftig wird es mehr darauf ankommen, die Vielfalt, die Unterschiedlichkeit der Kinder als gegeben anzunehmen; das schließt auch die Verschiedenheit bei den Lernvoraussetzungen und Lernbedürfnissen ein. Vielleicht kommt man eines Tages sogar dazu, sie als Bereicherung zu empfinden (vgl. Schorch 2007). *Das Leben mit und in der Vielfalt* umschreibt die eigentliche Schulreform der nächsten Jahrzehnte.

### 6.3.4 Plädoyer für Jahrgangsmischung

Greifen wir noch einmal das unverzichtbare Reformpotenzial der Neuen Schuleingangsstufe auf (vgl. Kapitel 4). Durch diese Reform erfährt die Vielfalt eine zweifache Erweiterung:

Durch den strikten Verzicht auf Selektion entsteht eine größere Vielfalt bei den Lernvoraussetzungen. Entwicklungsverzögerte Kinder erfahren keine Zurückweisung. Sie gehören zu einer Schule der individuellen Lernmöglichkeiten.

Unter dem Gesichtspunkt der Jahrgangsintegration von eins und zwei umfasst die Eingangsstufe nun auch ein Gefälle bei den Erfahrungen von Lernen und Schulleben. Die Realität nach einer Versuchsphase von mehr als zehn Jahren ist ambivalent und lässt vermuten, dass die Gesamtreform wohl noch

etwas dauern wird. Wir haben es mit einem erheblichen Reformgefälle zu tun. Der Stand gegen Ende dieses Jahrzehnt ist der Folgende:
Es gibt Länder, die haben sich zum Ziel gesetzt, lediglich die Zurückstellungsquoten zu reduzieren. Sie halten an der Jahrgangsklasse fest.
Es gibt Länder, die befürworten die Einschulung aller Kinder, überlassen aber der Einzelschule die Modalitäten. Hier gibt es weiterhin sowohl herkömmliche Schulen mit Zurückstellungen und Schulkindergarten und reformorientierte Schulen mit der Aufnahme aller Kinder (und der Abschaffung der schulvorbereitenden Einrichtungen.
Es gibt Länder, die „verordnen" die Einschulung aller Kinder, klammern aber die integrierte Schuleingangsstufe mit der Zusammenfassung der ersten beiden Jahrgänge aus.
Es gibt Länder, die befürworten zwar beide Reformschritte, überlassen aber die Entscheidung den Einzelschulen oder der betreffenden Region.
Schließlich gibt es Länder, die verfolgen das Ziel, die integrierte Schuleingangsstufe in ihrer ursprünglich konzipierten Form einzuführen.
Das Land Baden-Württemberg hatte bereits in der Versuchsphase mehrere Optionen erprobt, darunter auch die Zusammenlegung von zwei Jahrgangsstufen. Diese Möglichkeit wurde allerdings nur von vergleichsweise wenigen Schulen gewählt. In diesen Schulen wurden – so ein Ergebnis der empirischen Begleitforschung – signifikant häufiger individualisierende Unterrichtsformen eingesetzt. Das Ergebnis verwundert und überrascht nicht. Aber die anschließende Frage ist berechtigt: Waren es die Umstände einer größeren Heterogenität, die diese Lehrer(innen) „zwangen", diese Formen zu wählen oder war hier von vorne herein bereits ein Reformpotenzial für offene Unterrichtsformen vorhanden, gepaart mit dem Mut, sich die Bewältigung einer größeren Vielfalt zuzutrauen?
Es geht künftig wohl mehr darum, den Lehrer(innen) mehr Mut zu machen, die größere Vielfalt positiv zu sehen und sich darauf einzulassen. Dafür sollen nun Argumente vorgebracht werden.

### 6.3.5 Ergebnisse der Forschung zur Jahrgangsmischung

Es gibt Erfahrungswerte aus Versuchsklassen, vereinzelt aber auch empirische Forschungsergebnisse.
So zeigt ein Bremer Beispiel, dass „die erhofften Wirkungen einer altersgemischten Zusammensetzung, insbesondere bei der Eingliederung der Schulanfänger in bestehende Lerngruppen, ganz den Erwartungen entsprachen. Das Lernen der Kinder voneinander, insbesondere im sozialen Bereich, bei der Orientierung in der Schule und bei den schon eingeübten Ritualen eines

Schulvormittages waren beeindruckend“ (Struckmeyer 1995, S. 23). Ähnlich positiv klingt der Erfahrungsbericht aus Brandenburg (Ruppelt & Roth 1996, S. 36). Die Ergebnisse aus einem Kasseler Schulversuch werden etwas nüchterner dargestellt; sie beziehen sich auch vorwiegend auf eine soziale Kategorie: Helfen und Tutoring können zu einer neuen Chance für das Lernen, insbesondere für das soziale Lernen werden, wenn sie entsprechend professionell begleitet werden (Laging 1999).

Die empirischen Untersuchungen zu altersgemischten Klassen sind schon etwas älter. So fand Knörzer, dass es im kognitiven Leistungsbereich keine und im sozialemotionalen Bereich nur geringe Unterschiede (zugunsten der kombinierten Klassen) gab (Knörzer 1985). In einer späteren Untersuchung bestätigte sich dieses Ergebnis im Wesentlichen, aber in den Kernfächern fand der Unterricht meist in jahrgangshomogenen Abteilungen statt und ist dort mit den traditionellen altershomogenen Schulklassen vergleichbar und gleichwertig.

In den beiden angelsächsischen Sekundäruntersuchungen kommen die Autoren allerdings zu einem leicht widersprüchlichen Ergebnis:

„Gutierrez und Slavin (1992) ziehen aus ihren Ergebnissen den Schluss, dass jahrgangsheterogener Unterricht im Hinblick auf die fachlichen Schulleistungen dort erfolgreich sind, wo er zur flexiblen und fächerspezifischen Bildung von leistungshomogenen Gruppen führt, nicht aber dort, wo er einen Rahmen für die Individualisierung der Lernprozesse darstellt“ (Roßbach 1999, S. 85).

Hingegen resumiert Veenman (1995) einfach:

„Eltern, Lehrkräfte und Schulverwaltung brauchen sich nicht über die schulleistungsbezogene oder sozial-emotionale Entwicklung von Schülern in jahrgangskombinierten oder altersgemischten Klassen zu sorgen. Letztlich sind diese Klassen – trotz der sehr leichten, statistisch aber nicht bedeutsamen positiven Tendenzen im sozial-emotionalen Bereich – gemessen an den beschriebenen Kriterien einfach nicht besser und nicht schlechter als traditionelle Jahrgangsklassen“ (Roßbach 1999, S. 86).

Aus den Forschungsergebnissen können für die Konzeptualisierung des Anfangsunterrichts in der integrierten Eingangsstufe folgende Gesichtspunkte herausgearbeitet werden:

*1. Flexibilisierung der Unterrichtskonzepte*

Nimmt man diese Ergebnisse – zusammen mit den Ergebnissen der Scholastik-Studie – so ergeben sich flexible Einsätze von individualisierten und weitgehend an leistungshomogenen Lerngruppenbildungen (sog. Abteilungen innerhalb einer Klasse) orientierten Methoden und Unterrichtsformen. Insbesondere die Risikokinder bei den Schulanfängern lernen leichter und besser in strukturierten und lehrergesteuerten Einheiten, während man bei den übrigen Kindern auf eine stärkere Individualisierung setzen sollte.

*2. Beobachtungslernen in heterogenen Gruppen*

Alters- und jahrgangsgemischte Klassen bieten zudem für die Neuankömmlinge ein hervorragendes Feld für Beobachtungslernen: Lern- und Verhaltensgewohnheiten sind ebenso vorhanden wie das gesamte Schulleben mit seinen Ämtern und Feiern. Es ist Lehrer(innen) zu wenig bewusst, dass in der Jahrgangsklasse Ordnungen und Gewohnheiten zunächst nur in den Köpfen der Lehrer existieren und erst allmählich zu schulischen Leben und Lernen werden. Lehrerinnen von Modellschulen hingegen geben nicht selten dieses Argument an, wenn sie von Entlastung beim Schulstart sprechen.

*3. Individualisierung als gesellschaftlicher Wert*

Individualisierung ist schließlich nicht nur ein (neuer) Orientierungswert in der Schule, er gilt generell für eine Gesellschaft, die in vielen Lebensbereichen keine Verhaltensmuster mehr vorgibt, sondern individuelle Lebensentwürfe favorisiert. Schule in einer solchen Gesellschaft hat eben auch die Aufgabe, auf dieses Leben vorzubereiten und muss es deshalb abbilden.

*4. Verbesserung der Anschlussfähigkeit*

Eine integrierte Eingangsstufe erhöht zudem die Anschlussfähigkeit zur vorschulischen Einrichtung, wenn sie deren Struktur der Altersheterogenität übernimmt.

Obwohl viel für eine integrierte Eingangsstufe spricht, ist sie nur in Ansätzen Wirklichkeit. Vor allem scheint der Paradigmenwechsel im Selbstverständnis von Unterricht noch nicht vollzogen, sodass eine flächendeckende Einführung der integrierten Schuleingangsstufe „Zukunftsmusik“ sein dürfte.

## 6.4 Zusammenfassung

Seit Gründung der Grundschule wurde für den Schuleintritt ein „besonderer Unterricht“ reklamiert. Hauptkriterium dabei war, der Erlebnis- und Erfahrungswelt des Kindes weitgehend gerecht zu werden. In der Konzeption des Gesamtunterrichts glaubte man lange Zeit, dieses Kriterium zu erfüllen. Veränderungen und Neuorientierungen traten in der zweiten Hälfte des vorigen Jahrhunderts ein, ausgehend von jeweils unterschiedliche Instanzen bzw. Umstände:

Fachinstanzen mahnten an, der „kindgemäße Unterricht“ sei nicht immer fachgerecht. Fachliche Verfälschungen dürften nicht geduldet werden. Mit

Hilfe des sog. grundlegenden Fachunterrichts sollte der Spagat zwischen Fach- und Kindgemäßheit gelingen.
Es stellte sich allerdings heraus, dass für einen (nicht geringen) Teil der Neuankömmlinge der Schulanfang mit Anpassungskrisen verbunden ist. Es müsse eine Brücke gebaut werden zwischen den natürlichen Erfahrungsprozessen der Vorschulzeit und den schulischen Lernprozessen.
Hinzu kommt, dass sich die Lebensverhältnisse der Kinder seit Jahrzehnten stark verändern und damit ein Erfahrungsgefälle auftritt, dem sich die Schule des Anfangs stellen muss.
Nach „Irrwegen" in der Einschulungspraxis sollen diese Unterschiede nicht mehr durch Auslese gelöst werden. Gefragt ist nun vor allem ein entwicklungsgemäßer Unterricht für jedes Kind. Diese Forderung ist mit einem bestimmten Auftrag verbunden: Didaktische Entscheidungen sind von diagnostischen Vorläufen abhängig.
In der weiteren Entwicklung wird individualisierter Anfangsunterricht auch auf die Jahrgangsmischung nicht verzichten können – aus vielerlei Gründen, auch um die Anschlussfähigkeit zwischen Elementar- und Primarbereich zu verbessern.
Das Programm der gegenwärtigen Eingangsstufe ist komplex und anspruchvoll. Da die radikale Individualisierung dringender ist, plädieren wir, diese zunächst einzulösen, falls die Schule oder deren Lehrer(innen) sich mit einem umfassenden Reformpaket überfordert fühlen sollten.

# 7 Ergebnis und Ausblick

## 7.1 Von der Ideengeschichte zur Realgeschichte

Der Ausgangspunkt für (fast) alle didaktischen Fragestellungen ist Comenius, weil der Vorläufer der Aufklärung als erster ein umfassendes Bildungssystem entwarf, das auf alle Menschen („Geschöpfe") bezogen war, mit einem umfassenden Bildungsprogramm und der Methode einer natürlichen Erziehung. Das sollte der Garant von Kontinuität der einzelnen Bildungsstätten sein.
Das Konzept einer allumfassenden Bildung aller Menschen war gleichwohl zunächst nur eine Idee, die der Realität weit voraus war. Während man von der historischen Mächtigkeit von Ideen gerade in der Aufklärung überzeugt war und diese Ideen früher oder später auch in die reale geschichtliche Entwicklung eingingen, so haben sich doch auch scheinbare pädagogische Universalien eingeschlichen, die nicht für alle Zeiten Gültigkeit beanspruchen dürfen: Zu ihnen gehören vor allem zwei Faktoren, die heute angezweifelt werden: Zum ersten der Erziehungsoptimismus, der davon ausgeht, alles sei machbar und deshalb sei die Methode (in der Hand der Erzieher!) der pädagogische Angelpunkt schlechthin. Und schließlich der Umstand, alle Gleichaltrigen zu einer Lerngruppe zusammenzufassen, weil so angeblich Homogenität am ehesten erreichbar sei, die als Voraussetzung gemeinsamen Lernens angesehen wurde. Die beiden Prinzipien bedingen einander, weil die Homogenität der Lerngruppe als eine Voraussetzung für die Wirksamkeit einer methodisierten Erziehung, die vom Erzieher ausgeht, angesehen wurde. Beide Vorstellungen wirken in der Gegenwart nach, sowohl in den Köpfen der Akteure als auch der Bildungspolitiker. Dafür gibt es viele Beispiele.
Demgegenüber haben dann beispielsweise Entwicklungstheorien, welche den Lerner als Akteur seines Lernprozesses begreifen keine Chance. Sie aber wären die Grundlage für einen didaktischen Paradigmenwechsel, von einer lehrer- zu einer lernerzentrierten Didaktik.
Andere historische pädagogische Ideen sind später umgedeutet worden: so die Fröbelsche Frühpädagogik: Er fordert eine eigenständige Bildungsstufe für den Elementarbereich, in der ersten Hälfte des 20. Jahrhunderts führt dies

zu einer Abschottung der Früherziehung gegenüber der Schulbildung, mit dem Argument der Verteidigung der Kindheit, und damit zu einer Verschärfung des Übergangsproblems.
So müssen wir heute feststellen, dass nicht alle Erzeugnisse der Ideegeschichte ein Segen sind, zum Zeitpunkt ihrer Entstehung vielleicht, aber sie müssen historisch relativiert werden. Sie müssen sich heute an der Realität messen lassen und das heißt, wo immer dies möglich ist, an der empirischen Bewährung.
Was für eine radikale Reform der Schuleingangsstufe heute hinderlich ist, sind folgende Punkte:
- Eine noch nicht befriedigende Konzeption der Elementarbildung im Hinblick auf die Anschlussfähigkeit zur Grundschule.
- Einstellungen von Lehrer(innen) und Bildungspolitikern zur Vielfalt und zur Altersmischung bei Lerngruppen
- Die Einseitigkeit bei Unterrichtskonzeptionen: Noch immer sind die direkten Unterrichtsmethoden dominant, noch immer werden Konzepte selbstständigen Lernens vernachlässigt.

Dennoch besteht mittlerweile ein geschärftes Problembewusstsein und viele Schulen sind auf dem richtigen Weg.

## 7.2 Von der verspäteten zur frühen Einschulung

Allerdings war auch die realgeschichtliche Entwicklung im 20. Jahrhundert nicht frei von Irrtümern. Sie muss rückwirkend als ein Lehrstück der Schulentwicklung betrachtet werden, die sich an jeweils vorherrschenden wissenschaftlichen Erkenntnissen orientierte. Waren diese obsolet geworden, so mussten Korrekturen vorgenommen werden.
So erlebten wir im 20. Jahrhundert (ausgehend von inakzeptablen Sitzenbleiberzahlen) zunächst eine Zurückstellung von Kindern vom Schulbesuch aufgrund fehlende psychischer und kognitiver „Reife", die wiederkommen sollten, wenn eine entsprechende Nachreife erfolgt war.
Als man schließlich erkannt hatte, dass die Entwicklung durch Förderung beeinflussbar ist, schuf man Einrichtungen, um die Schulfähigkeit herzustellen – allerdings mit der Folge einer extrem hohen Auslese und dem Effekt einer späteren Einschulung.
Immer wenn man glaubte, den „Stein des Weisen" gefunden zu haben, stellten sich unerwünschte Effekte ein, die allmählich unerträglich wurden.

Letztlich sind auch die gegenwärtigen Versuche einer Reform der Eingangsstufe vor heute noch nicht absehbaren Konsequenzen, Effekten und Nebenwirkungen nicht sicher. Allerdings sollte man trotzdem nicht versäumen, das Notwendige zu tun, wenn dies zum einen vernünftig ist und zum andern einer Bewährung standgehalten hat. Vor diesem Hintergrund erscheinen die folgenden Reformschritte in den nächsten zehn Jahren notwendig und sinnvoll:

1. *Frühe Bildung – Frühes Lernen:* Nicht erst die internationalen Vergleichsuntersuchung, bzw. deren Ergebnisse und Folgen legen eine frühe Bildung im Elementarbereich nahe. Schon seit der Mitte des vorigen Jahrhunderts liegt diese Forderung auf dem Tisch, da die Drei- bis Sechsjährigen eine enorme Lernkapazität aufweisen und entsprechende Anregungen brauchen. Letztlich steht sie bereits in Fröbels Bildungsstufentheorie. Heute ist sie noch zwingender erforderlich. Skepsis dazu äußert u.a. Schorch (2007, S. 251).
2. *Frühe Einschulung:* Die mit Zurückstellungen verbundene separate Förderung in eigenen Institutionen konnte ihre eigene Zielsetzung nicht einlösen. Hingegen haben sich integrierte Fördermodelle, dort wo sie praktiziert wurden, bewährt. Allerdings ist die frühe und zum Teil vorzeitige Einschulung mit weiteren Maßnahmen verbunden.
3. *Flexible Verweildauer in der Eingangsstufe:* Die Schulversuche – besonders Brandenburg – zeigen, dass die Zahl derer, die mehr als zwei Jahre verweilen, deutlich niedriger ist, als die Zurückstellungen. Außerdem zeigen Modellschulen, dass Kinder ein längeres Verweilen nicht als Sitzenbleiben empfinden. Flexible Verweildauer bedingt:
4. *Altersmischung als Regelkonzept der Eingangsstufe:* Sowohl empirische Untersuchungen als auch die Vorreiter in Versuchs- und Modellschulen sprechen für diese Form von Lerngruppen. Das Hauptargument: Soziale Ordnungen, Arbeitsweisen, Alltagsrituale und viele weitere Elemente des Schul- und Unterrichtslebens werden von den Neuankömmlingen auf natürliche Weise gelernt, weil sie von einem Teil der Schüler(innen) schon praktiziert werden.
5. *Genauere Lernstands- und Entwicklungsanalysen:* Sie werden zu einer ständigen Aufgabe der Lehrer(innen). Sie bilden die Grundlage für den künftig geforderten Unterricht:
6. *Individualisierter und entwicklungsgemäßer Unterricht:* Nach dem Prinzip von optimaler Passung von Lernvoraussetzungen und Lernanforderungen ist der Unterricht vorwiegend individualisiert. Das schließt allerdings keinesfalls gemeinsamen Unterricht aus, er ist aus vielen Gründen ebenfalls notwendig, gleichzeitig wird er jedoch relativiert.

7. *Das Profil der Einzelschule:* Es kann künftig nicht mehr ein einheitliches Konzept der Eingangsstufe geben. Innerhalb eines gemeinsamen Rahmens wird jede Schule das ihr angemessene Profil einer Eingangsstufe entwickeln, das von verschiedenen je eigenen Faktoren abhängt: Von der Situation der vorschulischen Einrichtungen, vom „pädagogischen Entwicklungsstand" der Schule, aber auch vom Bewusstsein der Lehrerschaft.

## 7.3 Übergang – Transition – Anschlussfähigkeit

Übergänge sind mittlerweile insbesondere in der Sozialpsychologie und der Soziologie nicht nur zu einem intensiven Forschungsgegenstand, sondern bereits zu einem komplexen Forschungsfeld geworden, bezogen auf alle möglichen „Wechselfälle" des Lebens, wie Scheidung, Eintritt ins Erwerbs- oder ins Rentnerleben. Deshalb hat man den Alltagsbegriff Übergang hinter sich gelassen und einen psychologischen Fachbegriff eingeführt, *Transition:*
„Als Transitionen werden komplexe, ineinander übergehende und sich überblendende Wandlungsprozesse bezeichnet, wenn Lebenszusammenhänge eine massive Umstrukturierung erfahren – ein Kind zum Beispiel vom Kindergartenkind zum Schulkind wird. Charakteristisch dabei ist, dass das Individuum dabei Phasen beschleunigter Veränderungen und eine besonders lernintensive Zeit durchmacht. Innerhalb dieser Phasen kommt es zu einer Anhäufung unterschiedlicher Belastungsfaktoren, da Anpassung und Veränderungen auf der individuellen, der interaktionalen und kontextuellen Ebene geleistet werden müssen und innerpsychische Prozesse und Beziehungen zu anderen Personen neu gestaltet werden. Dabei wird das Vorige in das Gegenwärtige integriert" (Griebel & Niesel, 2004, S. 35).
Diese Prozesse muss das betroffene Kind aktiv mitgestalten. Gleichwohl sollte die Transition ein ko-konstruktiver Prozess sein, an dem die soziale Umgebung des Kindes mitwirkt, im Falle des Schuleintritts also das Erziehungspersonal (Erzieherinnen, Lehrer(innen) und Eltern) und Mitschüler(innen).
Während bei den Transitionsprozessen das Kind befähigt wird, als Akteur die Hindernisse und Belastungen zu meistern, geht es bei dem Begriff der Anschlussfähigkeit primär um ein schulorganisatorisches und didaktisch-methodischen Faktum: Hier sind die verantwortlichen Erzieher(innen), Lehrer(innen) aber auch Bildungspolitiker aufgerufen, die unterschiedlichen Strukturen, Maßnahmen, Prinzipien und Prozesse verträglich auf einander abzustimmen, um damit die belastenden Faktoren für das Kind zu reduzieren.

Die Anschlussfähigkeitsproblematik hat ihren Schwerpunkt in den Ausführungen über die Konzepte der Vorschul- und der Eingangsstufenpädagogik (Kapitel 2 und 4), während die Transitionsproblematik vorwiegend im Kooperationskapitel (5) erhellt wird.

## 7.4 Bildungsreform zwischen Globalisierung und Tradition

Das Deutsche Pisa-Konsortium hat in einer akribischen Studie die reformbedürftigen Stellen im deutschen Bildungssystem herausgearbeitet. Der Elementar- und der Eingangsstufenbereich sind dabei direkt angesprochen. Eine besondere Brisanz erfahren die Ergebnisse vor allem dadurch dass die Bildungserfolge eines Landes dessen wirtschaftliche Entwicklung bestimmen. Die OECD-Leistungsvergleiche zeigen eindeutig, dass die weltweite wirtschaftliche Entwicklung eng mit der Effizienz der Bildungsarbeit in den einzelnen Ländern zusammenhängt. Die Zurückhaltung und Kritik an diesen Interdependenzen ist zwar verständlich, denn es hat zum Teil zur Folge, dass eine über Jahrhunderte gewachsene Kultur- und Bildungstradition in Frage gestellt werden muss. Die Postulate sind indessen zwingend und Unterlassungen werden langfristig bestraft. Insofern können wir bereits heute von einer Globalisierung des „Faktors" Bildung sprechen.
Die Konsequenzen liegen ebenfalls auf der Hand: Wir müssen den Reformstau im Bildungsbereich beenden und trotz der leeren Kassen in diesem Bereich investieren.
Pisa und die daraus resultierenden Reformen haben weitere Folgen: Die Perspektiven von historischer und vergleichender Betrachtungsweise werden sich verschieben. Da Bildungskonzepte keine Patente führen, ist es gestattet „über den Zaun zu gucken". Wie kommt der Erfolg in anderen Ländern zustande? Von den Nachbarn lernen, führt zu einer Aufwertung der vergleichenden gegenüber der historischen Perspektive. Das Thema „frühe Bildung" ist beispielsweise in England anders verwirklicht als in den skandinavischen Ländern. Während die Angelsachsen auf frühe Einschulung setzen und die Schüler(innen) meist schon mit 4 ½ bis fünf Jahren einschulen, präferiert man beispielsweise in Schweden gerade einen späten Schuleintritt. Der Erfolgt hängt also offenbar weniger vom Einschulungstermin ab, als vielmehr davon, was mit Kindern zwischen vier und sechs Jahren geschieht, also von der Qualität der Bildung in diesem Zeitraum. Ähnliche Erfahrungen gilt es zu nutzen, wenn es um die Frage der Altersmischung, des Sitzenbleibens, von

Unterrichtskonzepten, der ganztägigen Betreuung oder der Notengebung geht.

## 7.5 Offene Fragen und wie man damit umgeht

Zu den offenen Fragen gehört nicht mehr, ob man eine Qualitätsverbesserung der Vorschulbildung will, auch nicht mehr wie diese auszusehen hat, trotz noch bestehender Unterschiede in den Konzepten. Es ist auch keine Frage mehr, ob man eine Reform der Eingangsstufe will, schon eher wie umfangreich diese sein sollte. Auch die Weiterführung der Grundschule nach der Eingangsstufe ist als Problem erkannt, wenngleich hier noch am wenigsten von sinnvollen Konzepten zu sehen ist.
Zu der offenen Kardinalfrage wird: Wie sollen die Reformpakete sinnvoll und nachhaltig umgesetzt werden?
*Die Frage der Vorschulbildung*
Es gibt derzeit für den Vorschulbereich bessere und detailliertere Bildungspläne als für die Grundschulen Die Konzeptualisierung ist also am weitesten fortgeschritten. Bei der Umsetzung weiß man aus der Implementationsdebatte der Curriculumforschung, dass diese Zeit und eine qualitativ hochwertige Fort- und Weiterbildung brauchen.
Die Aufwertung der Vorschulbildung aber muss mittel- und langfristig mit einer Aufwertung des Erzieherinnenberufs einhergehen – mit entsprechenden Konsequenzen in der Besoldung und in der Qualität der Ausbildung. Die Aufgabe erfordert mehr Professionalität.
*Die Lehrerbildung*
Bei der Ausbildung der Lehrerinnen und Lehrer ist inzwischen ein befriedigender wissenschaftlicher Standard erreicht, In diesem Berufsstand müssen dennoch die Qualifikationsinstanzen in Aus-, Fort- und Weiterbildung ihre Klientel problemorientierter und an neueren wissenschaftlichen Forschungen orientierten Fragestellungen schulen, damit sie für die Reformen reif werden. Die Zeit wäre reif für diese Reformen, die Lehrer(innen) sind es zum Teil noch nicht. Und die Bildungsverwaltungen nehmen zu sehr Rücksicht auf diesen Entwicklungsstand.
*Die Anschlussfähigkeit von Eingangs- und Grundstufe*
Bleibt noch die Anschlussfähigkeit der Grundstufe an die Eingangstufe. Sie war nicht Thema dieses Bandes. Schnelle Antworten gibt es hier nicht. Die Grundschulpädagogik wird sich dieser besonderen Fragestellung künftig vermehrt annehmen müssen und die einzelnen Schulen müssen Wege finden,

indem sie auf Reformschulen schauen, internationale Vergleiche suchen und die innere Schulreform auf die weiteren Jahrgänge der Grundschule ausdehnen.
Im Elementar- und Eingangsstufenbereich sind die Notwendigkeiten auf dem Tisch, sie müssen im nächsten Jahrzehnt in Angriff genommen und umgesetzt werden.

# Literatur


Aebli, H. (1989): Über die geistige Entwicklung des Kindes. Frankfurt/M.

Arbeiterwohlfahrt Bundesverband e.V. (1985): Zusammenarbeit zwischen Familie, Kindergarten und Grundschule. Bonn

Bairrao, J. & Tietze, W. (1993): Early childhood services in the Europaen Community. Recommendations for Progress. A report submitted to: Commission of the Europaen Community. Task Force Human Ressources, Education, Training and Youth. October 1993

Bartmann, Th. & Ulonska, H. (Hrsg.:) (1993): Kinder in der Grundschule. Anthropologische Grundlagenforschung. Bad Heilbrunn

Baumann, M. & Nickel, H. (1997): Diagnostische Begleitung des Übergangs zur Schule und des Anfangsunterrichts. Gestaltung des Anfangsunterrichts. In: Lompscher u.a. (Hrsg.): Leben, Lernen und Lehren in der Grundschule. Neuwied, S. 176 – 187

Bennack, J. (2006): Erziehungskonzepte in der Schule. Weinheim und Basel

Bildungskommission Nordrhein-Westfalen (1995): Zukunft der Bildung – Schule der Zukunft. Neuwied

Bloom, B. S. (1964): Stability and Chance in Human Characteristics. New York

Boer, H. de; Burk, K & Heinzel, F. (Hrsg.) (2007): Lehren und lernen in jahrgangsgemischten Klassen. Frankfurt/M.

Borgmeier, Ch.; Fölling-Albers, M. & Nilshon, I. (Hrsg.) (1980): Situation Schulanfang. Stuttgart

Bollnow, O. F. (1968): Der Erfahrungsbegriff in der Pädagogik. In: Zeitschrift für Pädagogik 14 (1968) 3, S. 221-252

Breuer, H. & Weuffen, M. (1995): Besondere Entwicklungsauffälligkeiten bei Fünf- bis Achtjährigen. Neuwied

Breuninger, H. & Betz, D. (1993): Jedes Kind kann schreiben lernen. Ein Ratgeber für Lese-Rechtschreib-Schwäche. Weinheim und Basel, 5. Aufl.

Brinkmann, G.; Döbrich, P. & Pirgiotakis, J. (1991): Zeit für Schule. In: Studien und Dokumentationen zur vergleichenden Bildungsforschung; Bd. 48/4. Köln, Wien

Brinkmann, G.; Peters, J. & Stokes, P. (1991): Zeit für Schule. Niederlande, England und Wales. In: Studien und Dokumentationen zur vergleichenden Bildungsforschung; Bd. 48/5. Köln, Wien

Bronfenbrenner, U. (1981): Die Ökologie der menschlichen Entwicklung. Stuttgart

Brückner, U. & Friauf, H. (1996): Ich freue mich auf die Schule. Freiburg, Basel, Wien

Brügelmann, H. (1983): Kinder auf dem Weg zur Schrift. Eine Fibel für Lehrer und Laien. Konstanz

Brügelmann, H. (1984): Erkennen und Fordern, was Kinder schon können - zur Bedeutung naiver Erfahrung mit Schrift für das Lesen- und Schreibenlernen. In: Bergk, M. & Meiers, K. (Hrsg.): Schulanfang ohne Fibeltrott. Bad Heilbrunn, S. 38-48.

Bruner, J. S. (1970): Der Prozess der Erziehung (dt. Übersetzung). Berlin, Düsseldorf

Bund-Länder-Kommission für Bildungsplanung (1976): Fünfjährige in Kindergärten, Vorklassen und Eingangsstufe. Stuttgart.

Bund-Länder-Kommission für Bildungsplanung und Forschungsförderung (1982): Erprobungsprogramm im Elementarbereich. Bericht über die Auswertung von Modellversuchen von L. Krappmann und J. Wagner. Bühl/Baden

Burgener Woeffray, A. (1996): Grundlagen der Schuleingangsdiagnostik. Kritik traditioneller Verfahren und Entwurf eines umfassenden Konzepts. Bern, Stuttgart, Wien

Burk, K.; Mangelsdorf, M & Schoeler, U. (1998): Die neue Schuleingangsstufe. Lernen und Lehren in entwicklungsheterogenen Gruppen. Weinheim und Basel

Burk, K. (Hrsg.) (1993): Fördern und Förderunterricht. Arbeitskreis Grundschule e.V.. Frankfurt/M.

Carle, U. & Samuel, A. (2007): Frühes Lernen – Kindergarten und Grundschule kooperieren. Baltmannsweiler

Comenius, J. A. (1906): Didaktica Magna (hrsg. u. übersetzt von W. Vorbrodt). Leipzig

Comenius, J. A. (1960): Pampaedia. Lat. Text und deutsche Übersetzung. Heidelberg

Comenius, J. A. (1962): Informatorium der Mutterschule. Heidelberg

Dahlberg, G. (2004): Kinder und Pädagogen als Co-Konstrukteure von Wissen und Kultur: Frühpädagogik in postmoderner Perspektive. In: FthenakisW.E. & Oberhuemer, P. (Hrsg.): Frühpädagogik international. Bildungsqualität im Blickpunkt. Wiesbaden, S. 13 – 30

Davy, G. (1990): Tradition und Wandel im französischen Schulwesen. In: Grundschule, 22(1990) 9, S. 13 – 14

Dehn, M. (1990): Zeit für die Schrift. Lesenlernen und Schreibenkönnen. Bochum, 3. Aufl.

Denner, L. & Schumacher, E. (Hrsg.) (2004): Übergänge im Elementar- und Primarbereich reflektieren und gestalten. Beiträge zu einer grundlegenden Bildung. Bad Heilbrunn

Deutsches Pisa-Konsortium (Hrsg.) (2001): Pisa 2000. Basiskompetenzen von Schülerinnen und Schülern im internationalen Vergleich. Opladen

Die Eingangsstufe der Laborschule (1978). Arbeitsmaterialien aus der Laborschule. Bielefeld 1978.

Dewey, J. (1964): Demokratie und Erziehung. Eine Einleitung in die philosophische Pädagogik . Braunschweig, 2. Aufl.

Dollase, R. (1978): Handbuch der Früh- und Vorschulpädagogik. Düsseldorf

Duncker, L (1987): Erfahrung und Methode. Studien zur dialektischen Begründung einer Pädagogik der Schule. Langenau-Ulm

Duncker, L. (2007): Die Grundschule – Schultheoretische Zugänge und didaktische Horizonte. Weinheim

Einsiedler, W. & Rabenstein, R. (1985): Grundlegendes Lernen im Sachunterricht. Bad Heilbrunn

Einsiedler, W. & Treinies, G. (1985): Zur Wirksamkeit von Lernspielen und Trainingsmaterialien im Erstleseunterricht. In: Psychologie in Erziehung und Unterricht 32 (1985) S. 21-27

Einsiedler, W. (1988): Schulanfang und Persönlichkeitsentwicklung. In: Grundschule 20 (1988) 10, S. 20-23.

Einsiedler, W. (1991): Das Spiel der Kinder. Zur Pädagogik und Psychologie des Kinderspiels. Bad Heilbrunn

Einsiedler, W. & Kammermeyer, G. (1998): „Offener Brief zu dem Vorschlag, auf den Schulfähigkeitsbegriff zu verzichten.“. In: Die Grundschulzeitschrift 12 (1998) 111, S. 57

Einsiedler, W.; Götz, M.; Hacker, H.; Kahlert, J.; Keck, R.W. & Sandfuchs, U. (Hrsg.) (2005): Handbuch der Grundschulpädagogik und Grundschuldidaktik. Bad Heilbrunn, 2. Aufl.

Empfehlungen für die Arbeit im Schulkindergarten (Hrsg. Niedersächsisches Kultusministerium). Hannover

Enders, Chr. (o.J.): Hyperaktivität (Arbeitshilfe Nr. 22 des Landesverband Bayerischer Schulpsychologen e.V.). Bad Windsheim

Englbrecht, A. & Weigert, H. (1994): Lernbehinderungen verhindern. Frankfurt /M., 2. Aufl.

Erning, G.; Neumann, K. & Reyer, J. (1987): Geschichte des Kindergartens. Zwei Bände. Freiburg/Br.
Erning, G. (2004): Bildungsförderung in einem klassischen frühpädagogischen Konzept: Die Entwicklung des Kindergartens. In: Faust, G. u.a.(Hrsg.): Anschlussfähige Bildungsprozesse im Elementar- und Primarbereich. Bad Heilbrunn, S. 27-48
Esser, B. & Wilde, Ch. (1994): Montessori-Schulen. Zu Grundlagen und pädagogischer Praxis. Reinbek bei Hamburg
Eurydice (Hrsg.) (1986): Der Aufbau des Bildungswesens in den einzelnen Ländern der Europäischen Gemeinschaft. Brüssel

Faust, G. & Roßbach, H.-G. (2004): Der Übergang vom Kindergarten in die Grundschule. In: Denner, L. & Schumacher, E (Hrsg.): Übergänge im …, S. 91-105
Faust, G.; Götz, M.; Hacker, H. & Rossbach, G-H. (Hrsg.) (2004): Anschlussfähige Bildungsprozesse im Elementar- und Primarbereich. Bad Heilbrunn
Faust, G. (2006): Zum Stand der Einschulung und der neuen Schuleingangsstufe in Deutschland. In: Zeitschrift für Erziehungswissenschaft, 3-06, S. 328-347
Faust-Siehl, G. (Hrsg.): Kinder heute - Herausforderung für die Schule. Frankfurt/M. 1990.
Faust-Siehl, G. & Portmann, R. (1992): Die ersten Wochen in der Schule. Frankfurt/M.
Faust-Siehl, G. (1995): Schafft die Schulkindergärten ab! (Kommentar). In: Die Grundschulzeitschrift 1994/95, S. 2, 3
Faust-Siehl, G. (1995): Schulfähigkeit, Zurückstellung und Integrativer Schulanfang. Neue Entwicklungen bei der Einschulung. In: Die Grundschulzeitschrift 9 (1995) 85, S. 26-31
Faust-Siehl, G.; Garlichs, A.; Ramseger, J.; Schwarz, H. & Warm, U. (1996): Die Zukunft beginnt in der Grundschule. Empfehlung zur Neugestaltung der Primarstufe. Frankfurt /M.
Faust-Siehl, G. (2001): Die neue Schuleingangsstufe in den Bundesländern. In: Faust-Siehl, G. & Speck-Hamdan, A. (Hrsg.): Schulanfang ohne Umwege – Mehr Flexibilität im Bildungswesen. Frankfurt/Main, S. 194-252
Fölling-Albers, M. & Wopp, Ch. (1987): Wir richten unseren Klassenraum ein. Klassenraumgestaltung als ein gemeinsamer Erfahrungsprozess. In: Grundschule 19 (1987) 5, S. 45-47
Fölling-Albers, M. (2005): Soziokulturelle Bedingungen der Kindheit. In: Einsiedler, W. u.a. (Hrsg.): Handbuch Grundschulpädagogik und Grundschuldidaktik. Bad Heilbrunn, S. 155-166
Fried, L. (1991): Kindergarten- und Vorschulpädagogik. In: Roth, L. (Hrsg.): Pädagogik - Handbuch für Studium und Praxis. München, S. 601-611
Fried, L.; Roßbach, H.G.; Tietze, W. & Wolf, B. (1992): Elementarbereich. In: Ingenkamp, K. u.a. (Hrsg.): Empirische Pädagogik. Eine Bestandsaufnahme der Forschung in der Bundesrepublik Deutschland. Bd. I. Weinheim, S. 197-263
Fried, L. (1993): Kindergarten. In: Markefka, M. & Nauck, B. (Hrsg.): Handbuch der Kindheitsforschung. Neuwied, S. 557-565
Fröbel, F. (1965): Kleine pädagogische Schriften. Bad Heilbrunn
Fröbel, F. (1966): Die Pädagogik des Kindergartens. (F. Fröbel's gesammelte pädagogische Schriften). Osnabrück (unveränderter Nachdruck)
Fröse, S.; Mölders, R. & Wallrodt, W. (1986): Das Kieler Einschulungsverfahren, Beiheft. Weinheim
Fthenakis, W.E. & Oberhuemer, P. (Hrsg.) (2004): Frühpädagogik international. Bildungsqualität im Blickpunkt. Wiesbaden
Fthenakis, W.E. (2004): Bildungs- und Erziehungspläne für Kinder unter sechs Jahren – nationale und internationale Perspektiven. In: Faust, G. u.a. (Hrsg.): Anschlussfähige Bildungsprozesse im Elementar- und Primarbereich. Bad Heilbrunn, S. 9-26

Galton, M. & Blyth, A: (1989): Handbook of Primary Education in Europe. London, Strasbourg
Gardner, H. (1993): Der ungeschulte Kopf. Wie Kinder denken. Stuttgart

Geiling, U. (1999): Schulfähigkeit und Einschulungspraxis in der DDR – Ein Rückblick im Spannungsfeld von Förderung und Ausgrenzung. In: Prengel, A.: Vielfalt durch gute Ordnung im Anfangsunterricht. Opladen, S. 161-219
Geiling, U & Thiel, M. (2007): Wie bewerten Lehrerinnen und Lehrer das Lernen in jahrgangsgemischten Gruppen? Ergebnisse aus einer quantitativen Studie zur Flexiblen Schuleingangsphase Brandenburgs. In: de Boer u.a. (Hrsg.): Lehren und Lernen in jahrgangsgemischten Klassen. S. 297-308
Götz, M. (2004): Die neue Schuleingangsstufe in Deutschland. Alter Wein in neuen Schläuchen? In: Faust, G. u.a. (Hrsg.): Anschlussfähige Bildungsprozesse im Elementar- und Primarbereich. Bad Heilbrunn, S. 254-272
Griebel, W. & Niesel, R. (2004): Transitionen. Fähigkeiten von Kindern in Tageseinrichtungen fördern, Veränderungen erfolgreich bewältigen. Weinheim und Basel
Gudjons, H. (2006): Neue Unterrichtskultur – veränderte Lehrrolle. Bad Heilbrunn
Günther, H. (2003a): Sprachförderung: Die Fitness-Probe. Bausteine für einen erfolgreichen Schulanfang. Weinheim, Basel, Berlin
Günther, H. (2003b): Wege zur Schriftkultur. In: Grundschule 35(2003) 6, S. 14-16

Hacker, H. (2003): Fällige Korrekturen. In: Grundschule 35(2003) 6, S. 8-10
Hacker, H. (2004): Die Anschlussfähigkeit von vorschulischer und schulischer Bildung. In: Faust, G. u.a. (Hrsg.): Anschlussfähige Bildungsprozesse im Elementar- und Primarbereich. Bad Heilbrunn, S. 273-284
Hacker, H. (2005a): Die Anschlussfähigkeit von Kindertagesstätte und Grundschule. In: Einsiedler, W. u.a. (Hrsg.): Handbuch Grundschulpädagogik und Grundschuldidaktik. S. 286-290
Hacker, H. (2005b): Anfangsunterricht. In: Einsiedler, W. u.a. (Hrsg.): Handbuch Grundschulpädagogik und Grundschuldidaktik. S. 461-466
Hacker, H. (2007): Die Anschlussfähigkeit von Kindergarten und Grundschule. In: Hammes-Di Bernardo, E. & Speck-Hamdan, A. (Hrsg.): Vom Kindergarten in die Grundschule: den Übergang gemeinsam gestalten. (Loseblattsammlung)
Hammes-Di Bernardo, E. & Speck-Hamdan, A. (2007): Vom Kindergarten in die Grundschule: den Übergang gemeinsam gestalten. Kronach
Handreichung für Lehrer (1994): Die Schuleingangsphase. (Hrsg. Sächsisches Staatsministerium für Kultus und Sächsisches Staatsinstitut für Bildung und Schulentwicklung Comenius-Institut) Lampertswalde
Hanke, P. & Becker, H.R. (1995): Grundschule in Europa. In: Taschenbuch Grundschule. . Baltmannsweiler, 2. Aufl., S. 355-365
Hanke, P. (2007a): Anfangsunterricht. Leben und Lernen in der Schuleingangsphase. Weinheim und Basel, 2. Aufl.
Hanke, P. (2007b): Jahrgangsübergreifender Unterricht in der Grundschule. Konzepte, Befunde und Forschungsperspektiven. In: De Boer u.a. (Hrsg.): Lehren und Lernen in jahrgangsgemischten Klassen. S. 309-324
Hasemann, K. (2004): Mathematisches Wissen und Verstehen im Vor- und Grundschulalter – Diagnose, Hemmnisse und Entwicklung. In Faust, G. u.a.(Hrsg.): Anschlussfähige Bildungsprozesse im Elementar- und Primarbereich. Bad Heilbrunn, S. 64-77
Hegele, I. & Mayer, J (1990): Der Education Reform Act 1988. England als Vorbild für die Grundschulreform bei uns? In: Grundschule 22 (1990) 9, S. 10-12
Heimann, M. (2003): Von der Schulfähigkeitsdiagnostik zur Lernstandsdiagnostik. In: Grundschule 35(2003)6, S. 11-13
Heinzel, F. (2007): Altersstufen, Altersmischung und Generationenbeziehungen in der Grundschule. In: De Boer u.a. (Hrsg.): Lehren und Lernen in jahrgangsgemischten Klassen. S. 32-43
Hentig, H. v. (1973): Schule als Erfahrungsraum? Eine Übung im Konkretisieren einer pädagogischen Idee. Stuttgart

Hetzer, H. (1970): Zum Problem der Schulreife. In: Kern, A. (Hrsg.): Die Schulreife in pädagogischer und psychologischer Sicht. Frankfurt/M., S. 17-32

Hierdeis, H. & Hug, Th. (1996): Taschenbuch der Pädagogik. Vier Bände. Baltmannsweiler

Hopf, A; Zill-Sahm, I. & Franke, B. (2004): Vom Kindergarten in die Grundschule. Evaluationsinstrumente für einen erfolgreichen Übergang. Weinheim und Basel

Huppertz, N. & Rumpf, J. (1983): Kooperation zwischen Kindergarten und Schule. Beiträge zur Theoriebildung. München

Hüttenmoser, M (1981): Sozialisation und Einschulung. Ein Beitrag zu einem neuen Verständnis der Schuleintrittsproblematik. Aarau, Frankfurt/M. und Salzburg

Ingenkamp, K.; Jäger, R. S.; Petillon, H. & Wolf, B. (1992): Empirische Pädagogik von 1970 - 1990. Eine Bestandsaufnahme der Forschung in der Bundesrepublik Deutschland. Bd. I. Weinheim

Jansen, H.; Mannhaupt, G.; Marx, H., & Skowronek, H. (2002): Bielefelder Screening zur Früherkennung von Lese-Rechtschreibschwierigkeiten (BISC). Göttingen, 2. Aufl.

Kammermeyer, G. (2000): Schulfähigkeit – Kriterien und diagnostische / prognostische Kompetenz von Lehrerinnen, Lehrern und Erzieherinnen. Bad Heilbrunn

Kammermeyer, G. (2003): Chancen des Kindergartens nutzen – Förderung von „literacy" in der frühen Kindheit. In: Arnold, R. & Günther, H. (Hrsg.): Innovative Bildungsprozesse. Kaiserslautern, S. 71-80

Kammermeyer, G, & Martschinke, S. (2004): Kilia – Selbstkonzept und Leistungsentwicklung im Anfangsunterricht. In: Faust u.a. (Hrsg.): Anschlussfähige Bildungsprozesse im Elementar- und Primarbereich. Bad Heilbrunn, S.204-217

Kammermeyer, G. (2005): Schulfähigkeit und Schuleingangsdiagnostik. In: Einsiedler, W. u. a. (Hrsg.): Handbuch Grundschulpädagogik und Grundschuldidaktik. Bad Heilbrunn. 2. Aufl. S. 297-306

Kasper, H. (1987): Den Schulanfang pädagogisch gestalten. In: Grundschule 19 (1987) 2, S. 16-18; 3, S. 46-49.

Katein, W. (Hrsg.) (1992): Maria Montessori. Die Grundlagen ihrer Pädagogik und die Möglichkeiten der Übertragung in Schulen. Langenau-Ulm

Kats, W. (1992): Eindrücke aus der niederländischen Basisschule. In: Schmitt, R. (Hrsg.): Grundschule in Europa – Europa in der Grundschule. Frankfurt/M., S. 64-67

Kern, A. (1954): Sitzenbleiberelend und Schulreife. Ein psychologisch-pädagogischer Beitrag zu einer inneren Reform der Grundschule. Freiburg. 2. Aufl.

Kern, A. (Hrsg.) (1970): Die Schulreife in pädagogischer und psychologischer Sicht. Frankfurt/M.

Kiper, H. & Nauck, J. (Hrsg.) (1999): Unterrichten im ersten Schuljahr. Baltmannsweiler

Kirk, S. (2005): Eltern und Schule. In: Einsiedler u.a. (Hrsg.): Handbuch Grundschulpädagogik und Grundschuldidaktik. S. 245-251

Klaßen, Th. F. & Skiera, E. (1993): Handbuch der reformpädagogischen und alternativen Schulen in Europa. Baltmannsweiler, 2. Aufl.

Knörzer, W. (Hrsg.) (1985): Sind Schüler in kombinierten Grundschulklassen benachteiligt? Eine empirische Untersuchung. Baltmannsweiler

Knörzer, W. & Grass, K. (1992): Den Anfang der Schulzeit pädagogisch gestalten. Weinheim

Kommission der Europäischen Gemeinschaften (1987): Der Aufbau des Bildungswesens in den einzelnen Mitgliedstaaten der EG. Brüssel, Luxemburg

Kotthoff, L. (1996): Selbstkonzeptentwicklung und Bedeutung des Selbstwertgefühls. In: Bartmann, T. & Ulonska, H. (Hrsg.): Kinder in der Grundschule: anthropologische Grundlagenforschung. Bad Heilbrunn, S. 75-103

Krapp, A. & Mandl, H. (1977): Einschulungsdiagnostik. Weinheim

Krapp, A. (1997): Selbstkonzept und Leistung – Dynamik ihres Zusammenspiels. Literaturübersicht. In: Weinert, F.E. & Helmke, A. (Hrsg.): Entwicklung im Grundschulalter. Weinheim, S. 325-339

Krappmann, L. (1985): Förderung von Kindern im Kindergarten. Das Erprobungsprogramm im Elementarbereich. In: Bund-Länder-Kommission für Bildungsplanung und Forschungsförderung (Hrsg.): Erprobungsprogramm im Elementarbereich. Bühl, S. 11-28

Kratochwil, L. (1996): Montessoripädagogik: In: Hierdeis, H. & Hug, T (Hrsg.): Taschenbuch der Pädagogik Bd. 3. Baltmannsweiler, 4. Aufl., S. 1066-1074

Kroh, O. (1928): Psychologie des Grundschulkindes. Langensalza

Krüger, H.-H. & Lersch, R. (1990): Lernen und Erfahrung. Perspektiven einer Theorie schulischen Handelns. Opladen, 2. Aufl.

Küspert, P. & Schneider, W. (1999): Hören, lauschen, lernen. Sprachspiele für Kinder im Vorschulalter. Göttingen

Laging, R. (Hrsg.) (1999): Altersgemischtes Lernen in der Schule. Baltmannsweiler

Laging, R. (1999): Altersheterogenität und Helfen – eine Untersuchung in der Schuleingangsstufe der Reformschule Kassel. In: Laging, R. (Hrsg.): Altersgemischtes Lernen in der Schule. Baltmannsweiler, S. 54-71

Lambrich, H.J. & Steuer, A. (1997): Den Schulanfang neu gestalten. Die kindgerechte, flexible Eingangsphase (FLEX) in Brandenburg. In: Die Grundschulzeitschrift 104 (1997), S. 22, 51-53

Lassek, M. & Struckmeyer, R. (1999): Altersgemischte Anfangsklassen – eine Regelschule geht am Schulanfang neue Wege. In: Laging, R. (Hrsg.): Altersgemischtes Lernen in der Schule. Baltmannsweiler, S. 169-183

Leseman, P.P.M. & de Jong, P.F. (2004): Förderung von Sprache und Präliteralität in Familie und (Vor)-Schule. In: Faust, G. u.a (Hrsg.): Anschlussfähige Bildungsprozesse im Elementar- und Primarbereich. Bad Heilbrunn, S. 168-189

Lichtenstein-Rother, I. & Röbe, E. (2005): Grundschule – der pädagogische Raum für Grundlegung der Bildung. Weinheim und Basel, 7. Aufl.

Lompscher, J.; Schulz, G.; Ries, G. & Nickel, H. (Hrsg.) (1997): Leben, Lernen und Lehren in der Grundschule. Neuwied

Lück, G. (2003): Handbuch der naturwissenschaftlichen Bildung. Theorie und Praxis für die Arbeit in Tageseinrichtungen. Freiburg

Lück, G. (2004): Naturwissenschaften im frühen Kindesalter. In: Faust, G. u.a. (Hrsg.): Anschlussfähige Bildungsprozesse im Elementar- und Primarbereich. Bad Heilbrunn, S. 78-89

Macha, H. & Mauermann, L. (Hrsg.) (1997): Brennpunkte der Familienerziehung. Weinheim

Macholdt, T. & Thiel, T. (1985): Der Übergang vom Elementarbereich zum Primarbereich. In: Enzyklopädie Erziehungswissenschaft, Bd. 6. Stuttgart, S. 138-152

Mader, J. (1985): Warum kommen Kinder in den Schulkindergarten? In: Schulkindergarten. Dokumentation einer Expertentagung des Pestalozzi-Fröbel-Verbandes. Berlin, S. 39-49

Markefka, M. & Nauck, B. (Hrsg.) (1993): Handbuch der Kindheitsforschung. Neuwied

Marquardt, K. & Witt, M. (1980): Schulanfang mit Eltern in Hamburger Eingangsstufenklassen. Ein Praxisbericht. In: Grundschule 12 (1980) 8, S. 345-347

Marx, H. (2004): Vorhersage von Lese-Rechtschreibschwierigkeiten und Konsequenzen für den Vor- und Grundschulbereich, In; Faust, G. u.a. (Hrsg.): Anschlussfähige Bildungsprozesse im Elementar- und Primarbereich. Bad Heilbrunn, S. 90-104

May, P. (1986): Schriftaneignung als Problemlösen. Analyse des Lesen(lernen)s mit Kategorien des Problemlösens. Frankfurt/M.

Moeller-Andresen, U. (1973) Das erste Schuljahr. Stuttgart

Nauck, B. (1989): Anforderungen an die Vorschulerziehung durch veränderte Familienstrukturen. In: Fthenakis, W.E. u.a. (Hrsg.): Übergänge und Brüche im Bildungswesen. München, S. 77-86

Neumann, K. (1999): Von der Kindertagesstätte in die Grundschule. Der Schulanfang im kindlichen Bildungsprozess. In: Kiper, H. & Nauck, J. (Hrsg.): Unterrichten im ersten Schuljahr. Baltmannsweiler, S.12 - 23

Nickel, H. (1967): Die visuelle Wahrnehmung im Kindergarten- und Einschulungsalter. Bern, Stuttgart

Nickel, H. (Hrsg.) (1985): Sozialisation im Vorschulalter. Weinheim

Nickel, H. (1988): Die "Schulreife"-Kriterien und Anhaltspunkte für Schuleingangsdiagnostik und Einschulungsberatung. In: Portmann, R. (Hrsg.): Kinder kommen zur Schule. Frankfurt, S. 44-58

Nickel, H. & Schmidt-Denter, U. (1995): Vom Kleinkind zum Schulkind. München, Basel, 5. Aufl.

Nicolas, B. (1997): Offener Unterricht zum Schulanfang. Berlin

Nilshon, I. (1988): Schulanfänger lernen Regeln. In: Grundschule 20 (1988) 10, S. 11-17

Oerter, R. (1993): Kinderspiel: In: Markefka, M. & Nauck, B. (Hrsg.): Handbuch der Kindheitsforschung. Neuwied, S. 377-388

Oerter, R. & Montada, L. (Hrsg.) (2002): Entwicklungspsychologie. Weinheim

Pestalozzi, H. (o.J.): Wie Gertrud ihre Kinder lehrt. Ein Versuch, den Müttern Anleitung zu geben, ihre Kinder selbst zu unterrichten, in Briefen (1801) (in Gedenkausgabe zu seinem 200. Geburtstag, Schriften 1798-1804). Zürich, S. 167-365

Pettinger, R. & Süssmuth, R. (1983): Programme für frühkindliche Förderung in den USA. Ein Versuch ihrer Evaluation. In: Zeitschrift für Pädagogik 29 (1983) 3, S. 391-405

Pior, R. (1998): Selbstkonzept von Vorschulkindern. Empirische Untersuchung zum Selbstkonzept sozialer Integration. Münster, New York, München, Berlin

Plake, K. (1974): Familie und Schulanpassung. Düsseldorf

Plake, K. (1976): Diskontinuität und struktureller Sozialisationskonflikt. Perspektiven zu einer vergessenen Sozialisationsvariablen – dargestellt am Beispiel zwischen Familie und Schule. In: Zeitschrift für Pädagogik 22 (1976) 4, S. 559-570

Portmann, R. (1988): Kinder kommen zur Schule. Hilfen und Hinweise für eine kindorientierte Einschulungspraxis. Frankfurt/M. 1988

Portmann, R. (1995): Kindgerechter Schulanfang – jedem Kind den Weg bereiten. In: Grundschulunterricht 42 (1995) 6, S. 2-4

Prengel, A. (1999): Vielfalt durch gute Ordnung im Anfangsunterricht. Opladen

Prengel, A. (2007): Heterogenität als Chance. In: de Boer u.a. (Hrsg.): Lehren und Lernen in jahrgangsgemischten Klassen. S. 66-75

Rabenstein, R. (Hrsg.) (1979): Erstunterricht. Bad Heilbrunn, S. 7-23

Retter, H. (1975): Reform der Schuleingangsstufe. Motive, Curriculumansätze, Entwicklungstendenzen. Bad Heilbrunn

Reyer, J. (2006): Einführung in die Geschichte des Kindergartens und der Grundschule. Bad Heilbrunn

Richtlinien zur Aufstellung von Lehrplänen für die Grundschule (1921). In: Zur Geschichte der Volksschule. Bad Heilbrunn 1965, S. 54-61

Röbe, E. (2004): Der Übergang von der „situativen“ zur bildungsorientierten Kindergartenarbeit. In: Denner, L. & Schumacher, E. (Hrsg.): Übergänge im Elementar- und Primarbereich reflektieren und gestalten. S. 208-228

Roßbach, H.- G. (1985): Auswirkungen des Schulkindergartenbesuches auf die Schulkarriere. In: Schulkindergarten. Dokumentation einer Expertentagung des Pestalozzi-Fröbel-Verbandes. Berlin, S. 51-60.

Roßbach, H.- G. & Tietze, W. (1994): Vorschulische Erziehung in den Ländern der Europäischen Union – eine vergleichende Studie. In: Zeitschrift für Pädagogik. 32. Beiheft (1994), S. 336-348.

Roßbach, H.-G. (1999): Empirische Vergleichsuntersuchungen zu den Auswirkungen von jahrgangsheterogenen und jahrgangshomogenen Klassen. In Laging, R. (Hrsg.): Altersgemischtes Lernen in der Schule. Baltmannsweiler, S. 80-91

Roth, H. (Hrsg.) (1969): Begabung und Lernen (Deutscher Bildungsrat. Gutachten und Studien der Bildungskommission 4). Stuttgart 1969

Rude, A. (1932): Die neue Schule und ihre Unterrichtslehre. Osterwieck/Harz und Leipzig, 4. Aufl.

Ruppelt, J. & Roth, M. (1996): „Vom Kinderspiel zum Ernst des Lebens?“ Drei Jahre Erprobung einer flexiblen kindgemäßen Schuleingangsphase in der Gesamtschule mit integrierter Grundschule Neu Zittau. In: Klein & Groß 49 (1996) 5, S. 36-39

Schenk-Danzinger, L. (1974): Schuleintrittsalter, Schulfähigkeit und Lesereife. Deutscher Bildungsrat, Gutachten und Studien der Bildungskommission. Bd. 7. Stuttgart, 3. Aufl.

Scheerer-Neumann, G. (1986): Andrea, Ben und Jana. Selbstgewählte Wege zum Lesen und Schreiben. In: Brügelmann, H. (Hrsg.): ABC und Schriftsprache. Konstanz, S. 55-66

Schimansky, E. (1988): Die Büppeler Eingangsstufe. Eine Antwort auf die Übergangsprobleme der Schulanfänger? In: Grundschule 20 (1988) 10, S. 52-54

Schorch, G. (Hrsg.) (1988): Grundlegende Bildung. Erziehung und Unterricht in der Grundschule. Bad Heilbrunn

Schorch, G. (2006): Die Grundschule als Bildungsinstitution. Leitlinien einer systematischen Grundschulpädagogik. 2. Aufl.

Schorch, G. (2007): Studienbuch Grundschulpädagogik. Die Grundschule als Bildungsinstitution und pädagogisches Handlungsfeld. Bad Heilbrunn, 3. Aufl.

Schüller, B.- (2007): „Frühchen“ in der Grundschule. In: Grundschule 40 (2007) 1, 20, 21

Schütte, S. (1990): Unmittelbare Erfahrung als Voraussetzung der Mathematik und als Korrektiv des Realitätsverlustes im Mathematikunterricht. In: Faust-Siehl u.a. (Hrsg.): Kinder heute – Herausforderung für die Schule. Frankfurt/M. 1990, S. 118-124.

Sieglin, A. & Groll, W. (1990): Schule der Zukunft – freie Schule Kreuzberg. Berlin

Speck-Hamdan, A. (1994): Anfangsunterricht. In: Heckt, D. H. & Sandfuchs, U. (Hrsg.): Grundschule von A – Z. Braunschweig, S. 12-14

Speck-Hamdan, A. (2001): Schulanfänger: Könner? – Debütanten? In: Faust-Siehl, G. & Speck-Hamdan, A. (Hrsg.): Schulanfang ohne Umwege – mehr Flexibilität im Bildungswesen. Frankfurt/M., S. 16-29

Sprey-Wessing, Th. (1986): Kindergarten – wohin? Zwischen Ende der Reformphase und neue Herausforderung. In: Kindergarten – so wohin? Dokumentation einer Fachtagung des Pestalozzi-Fröbel-Verbandes. Berlin, S. 13-32

Staatsinstitut für Frühpädagogik (1985): Vom Kindergarten zur Schule. Erprobte Wege der Zusammenarbeit von Erziehern und Lehrern. Freiburg, Basel, Wien

Struckmeyer, R. (1995): Altersgemischte Anfangsklassen – auf dem Weg zur Neugestaltung des Schulanfangs. In: Die Grundschulzeitschrift 84(1995), S. 22-24

Strukturplan für das Bildungswesen (1970). Empfehlungen der Bildungskommission (Hrsg. Deutscher Bundesrat). Stuttgart

Susteck, H. (1982): Kindgerechter Schulanfang. Königstein

Textor, M. R. (1992): Kind, Familie, Kindergarten. München

Tietze, W. (1985): Der Schulkindergarten im Kontext der Übergangsproblematik. In: Schulkindergarten. Dokumentation einer Expertentagung des Pestalozzi-Fröbel-Verbandes. Berlin, S. 25-38

Tietze, W. (1993): Zur Entwicklung vorschulischer Erziehung in Deutschland. In: Tietze, W. & Roßbach, H.-G. (Hrsg.): Erfahrungsfelder in der frühen Kindheit. Bestandsaufnahme, Perspektiven. Freiburg, S. 98-125

Tietze, W. & Patterack, H. (1993): Hilfen für die Betreuung und Erziehung von Kindern im Vorschulalter in den Ländern der europäischen Gemeinschaft. In: Tietze, W. & Roßbach, H.-G.(Hrsg.): Erfahrungsfelder in der frühen Kindheit. Freiburg, S. 272-315.

Treinies, G. & Einsiedler, W. (1989): Direkte und indirekte Wirkung des Spielens im Kindergarten auf Lernprozesse/Lernleistungen im 1. Schuljahr. In: Unterrichtswissenschaft 17 (1989) S. 309-326

Van Luit, J.E.H.; van de Rijt, B.A.M. & Hasemann, K. (2001): Osnabrücker Test zur Zahlbegriffsentwicklung. Göttingen

Van Oers, B. (2004): Mathematisches Denken bei Vorschulkindern. In: Fthenakis, W.E.. & Oberhuemer, P. (Hrsg.): Frühpädagogik international. S. 313-330

Waterkamp, D. (1990): Schule in der DDR, eine Bilanz. In: Jahrbuch der Schulentwicklung Bd. 6. Weinheim und München, S. 105-122

Weikart, D. P. (1975): Über die Wirksamkeit vorschulischer Erziehung. In: Zeitschrift für Pädagogik 21 (1975) 4, S. 489-509

Weinert, F. E. (1989): Übergänge und Brüche im Bildungswesen. Einführung in die Thematik. In: Fthenakis u.a. (Hrsg.): Übergänge und Brüche im Bildungswesen. S. 15-36

Weinert, F.E. & Helmke, A. (Hrsg.) (1997): Entwicklung im Grundschulalter. Weinheim

Wenzel, A. (1988): Schule als Lern- und Lebensstätte des Kindes – der Anfangsunterricht und der Übergang vom Kindergarten zur Grundschule. In: Portmann, R. (Hrsg.): Kinder kommen zur Schule. Frankfurt/M., S. 131-140

Westphal, P. & Wendt, P. (2007): Gemeinsam lernen – gemeinsam arbeiten. In Grundschule 39 (2007) 1, S. 16-19

Weyerhäuser, E. (1991): Handelnd lernen macht Spaß. In: Grundschule 23 (1991) 2, S. 48-49

Whitehead, M. (2004): Sprachliche Bildung und Schriftsprachkompetenz (literacy) in der frühen Kindheit. In: Fthenakis, W.E.. & Oberhuemer, P. (Hrsg.): Frühpädagogik international. S. 295-312
Wittmann, E.Ch. (2004): Design von Lernumgebungen zur mathematischen Frühförderung. In: Faust, G. u.a. (Hrsg.): Anschlussfähige Bildungsprozesse im Elementar- und Primarbereich. Bad Heilbrunn, S. 49-63

Zeißig, E. (1926): Die Erforschung des Gedanken-, Gefühls- und Sprachlebens unserer Schulneulinge. Osterwieck
Zimmer, J. (1986): Der Situationsansatz als Bezugsrahmen der Kindergartenreform. In: Enzyklopädie Erziehungswissenschaft. Bd. 6: Erziehung in der frühen Kindheit. Stuttgart, S. 21-38
Zimmer, R. (1996): Handbuch der Bewegungserziehung. Didaktisch-methodische Grundlagen und Ideen für die Praxis. Freiburg, 5. Aufl.

# Sachregister

L



M

# Anhang

Der Anhang enthält Einzelbeiträge zu besonders wichtigen schulpraktischen Übergangsfragen, wie Gestaltungsvorschläge für besondere Tage oder Unterstützungsmaterialien für besondere Anlässe. Die Texte stammen von unterschiedlichen Autoren und sind jeweils gekennzeichnet.

## Anhang 1: Der erste Schultag

Der erste Schultag soll scheinbar Widersprüchliches miteinander vereinbaren: Feiertag und Alltag. Als besonderer Tag im Schülerleben soll er einen feierlichen Rahmen erhalten, so wollen es auch die meisten Richtlinien. Der äußere Rahmen reicht von einer besonderen Kleidung bis zu Fototerminen.
Die andere Seite dieses Tages: Schule soll auch schon Schule sein. Die Neuankömmlinge wollen es angeblich so. Sie möchten sehen, wie Unterricht aussieht, was da geschieht, wie sie gefordert werden. Der mit dem Eintritt verbundene Statuserwerb, nämlich Schüler zu werden, hängt mehr damit zusammen, und weniger mit dem Feiern.
Willkommensgesten der Schulgemeinschaft sind längst keine Furcht einflößenden Rituale mehr, sondern haben eher einen heiteren Charakter. Die Neuen sollen in ein Spiel- und Betätigungsgeschehen eingebunden werden; außerdem muss die Situation für sie in gewisser Weise übersichtlich bleiben. Das bezieht sich vor allem auf die Größe der Veranstaltung. Werden mehrere Klassen eingeschult, so ist eine Aufteilung zu empfehlen.
Hier ein Beispiel, wie die Schule die Neuankömmlinge empfängt:
„Nach dem Kirchgang werden die „Neulinge" mit ihren Eltern im Schulhof empfangen. Dort bilden sie zusammen mit einem dritten Schuljahr einen großen Kreis. Der Schulleiter spricht nur wenige Einführungsworte zu den Eltern und zu den einzelnen Kindern.
Die dritte Klasse hat ein Tanzspiel vorbereitet. Einige Kinder sind als Tiere verkleidet, andere bilden einen Chor. Eine Lehrerin begleitet mit der Gitarre.

Ein Tier tritt jeweils in die Mitte und besingt sich in einer Strophe. Beim Kehrreim, der vom Chor gesungen wird und in den bald alle Umstehenden einstimmen, wird getanzt und zunehmend die Schulneulinge mit einbezogen. Eltern und auch die Erzieherin sind dabei noch in Sichtweite. Schüchterne werden aufgemuntert. Schließlich nehmen die Großen die Kleinen bei der Hand und führen sie singend in ihr Klassenzimmer" (Hanna Reck).
Immer noch hat die Szene des Abwanderns in das Klassenzimmer für viele Lehrerinnen eine zusätzliche symbolische Bedeutung. Es ist der Eintritt in die „Hinterbühne" oder eine Art Abnabelung von den Eltern. Allerdings erscheint es ratsam, diesen Akt nicht mit einer besonderen Spannung zu versehen, ihm vielmehr den Charakter von Selbstverständlichkeit zu geben, zumal ja das Klassenzimmer von früheren Besuchen her bekannt und vertraut sein dürfte. Im Übrigen ist es keine ausgemachte Sache, dass die Eltern draußen bleiben müssen. Sie sind nach eigenem Bekunden gerne Zaungäste auch des Unterrichts, abgesehen davon, dass filmende Väter ganz schwer davon abzubringen sind. Ob Eltern am Unterrichtsteil des Vormittags teilnehmen, entscheiden aber letztlich die Verantwortlichen für diesen Tag.

*Der erste Unterricht*
Mehr als beim Empfang durch die Schulgemeinschaft wird im ersten Unterricht Schule und Lernen in seiner Vielfalt sichtbar. Noch bevor Unterrichtsbeispiele vorgestellt werden, sind deshalb einige unverzichtbare Grundsätze dieser Situation zu erläutern:

1. Die Kinder sollen sich vor allem als „Akteure des Lernens" erfahren, nicht als Rezipienten. Von Anfang an sollte gelten: Lernen ist ein aktiver Prozess; es ist außerdem die dem Kind gemäße Lernform – bis hin zur körperlichen Betätigung.
2. Lernen soll Freude bereiten: Sinnenfälligkeit und Humor steigern den Unterhaltungswert des Lernens.
3. Die für die Schule so zentrale Bedeutung der Schrift muss auch am ersten Tage bewusst gemacht werden. Ein kommunikativer Kontext ist zu stiften, denn nur dann erhalten Schrift, bzw. Schreiben und Lesen als Fertigkeiten einen Sinnbezug.
4. Die Kinder erhalten Gelegenheiten zur Erkundung des Raumes: Wie unterschiedlich Ecken und räumliche Angebote genutzt werden, soll schon am ersten Tag erfahren werden. In den folgenden Tagen und Wochen kann diese Erfahrung differenziert werden.

5. Schule ist auch ein Ort der Muße und Besinnung. Hier soll die kontemplative und entspannte Seite von Schule sichtbar werden. Es gibt Situationen, da hört man zu und macht sich seine eigenen Gedanken.
6. Die Schule vermittelt auch Spiel- und Gestaltungserfahrungen; sie sind aus dem Kindergarten bekannt und werden fortgesetzt und erweitert. Ihnen darf nicht der Charakter von Verlegenheitslösungen anhaften.
7. Lernen und Tätigsein erfolgt in der Gruppe. Kinder lernen mit anderen zusammen; sie helfen sich gegenseitig. Diese Erfahrung kann durch Patenklassen und Partnerschaften zwischen altersunterschiedlichen Schülern ergänzt werden.

In den nachfolgenden Beispielen kommen diese Prinzipien in unterschiedlicher Schwerpunktsetzung zur Geltung.

**Erstes Beispiel: Barfuß in die Schule ( Bärbel Teller)**

*Barfuß in die Schule*
*(nach einer Geschichte von Ludvik Askenazy)*
*Die Tausendfüßler waren eine glückliche Familie. Sie lebten unter einem dicken Steinhaufen in einem verloren gegangenen Gummischlauch.*
*Die Wohnung war gemütlich. Sie waren zu dritt: der Tausendfüßlervater, die Tausendfüßlermutter und das Tausendfüßlerkind.*
*Schön war's in der Wohnung, eigentlich im Schlauch. Ein Leuchtkäfer gab ein feines Licht von sich und die Wände glänzten wie schwarzer Samt, denn es war immer ein wenig feucht in dem Gummischlauch, geradeso, wie Tausendfüßler es lieben.*
*Am Abend sagte die Tausendfüßlermutter zu ihrem Tausendfüßlerkind: „So, jetzt Füße waschen und dann ab ins Bett." Am Ende des Schlauches war die Dusche. Das Tausendfüßlerkind mochte die Dusche gern, es kribbelte immer so schön auf dem Rücken, wenn man darunter stand. Wenn nur das Abtrocknen nicht gewesen wäre! Aber das Tausendfüßlerkind lief einmal, zweimal, dreimal über das dicke grüne Moospolster, und schon konnte es ins Bett gehen. Halt, nicht ins Bett, sondern in die Hängematte, denn das war sein Lieblingsplatz.*
*Als es glücklich in der Hängematte lag – und es war nicht einfach, alle tausend Füße unterzubringen! – sagte es zu seiner Mutter: „Nun lies mir bitte eine Gute-Nacht-Geschichte vor." Das tat die Mutter gerne, zum Schluss aber sagte sie: „Bin ich froh, dass du morgen zur Schule kommst, dann kannst du deine Geschichten bald selber lesen!"*

*„Ja, wenn ich bald alleine lesen kann, dann freue ich mich schon auf die Schule", dachte das Tausendfüßlerkind und schlief ein.*
*Am nächsten Morgen weckte die Tausendfüßlermutter ihr Tausendfüßlerkind. Das Tausendfüßlerkind freute sich schon auf die Schule. „Aber in die Schule gehen alle Tausendfüßlerkinder angezogen", sagte die Mutter. Oh Schreck, wie sollte das mit tausend Füßen wohl gehen? Die Mutter öffnete ein Riesenpaket mit lauter bunten Socken. Das Tausendfüßlerkind begann, die Socken anzuziehen, aber, und das könnt ihr euch denken, wenn kleine Tausendfüßlerkinder Socken anziehen müssen, dann ist das keine leichte Sache. Es war ein Jammer! Kein Socken passte zum anderen, kunterbunt sahen seine Füße aus! Da wurde es der Mutter zu bunt. „Grün zu grün," sagte sie, „rot zu rot, gestreift zu gestreift und Muster zu Muster." Das war eine Arbeit! „Ich komme zu spät," rief das Tausendfüsslerkind, als es sieben Socken an den Füßen hatte, „ich möchte in die Schule!" Und damit lief es los und unterwegs zog es die sieben Socken aus und warf sie auf dem Waldweg einen nach dem anderen weg.*
*In die Schule kam das Tausendfüßlerkind barfuß, aber glücklich, denn es war gerade noch rechtzeitig zur ersten Schulstunde gekommen.*

Diese Geschichte lässt sich in mehrfacher Hinsicht in den ersten Schulstunden oder Schulwochen fächerübergreifend einsetzen:

- Die Socken sind leider verloren, malt ihr ihm neue? Das kann eine erste Hausaufgabe sein. Auf ein Blatt wird der Umriss eines Sockens gemalt, zu Hause sollen die Kinder den Socken mit schönen bunten Mustern anmalen und mit ihrem Namen versehen. Am nächsten Tag können die Socken an der Tafel (mit Magnetpins befestigen) sortiert werden: grün zu grün, rot zu rot … Die Kinder können auch selber Ordnungsprinzipien vorschlagen.
- Die Socken eignen sich für erste Ordnungs- und Sortieraufgaben hervorragend. In Discounterläden kann man preiswert bunte Kindersocken erstehen, möglichst so viele Paare, wie man Kinder in der Klasse hat. Diese Socken liegen unsortiert in einem großen Wäschekorb. Aufgabe der Kinder ist es, Mutter Tausendfuß beim Wäscheaufhängen zu helfen. Die Socken werden auf einen einfachen Wäscheständer oder eine durch die Klasse gespannte Leine aufgehängt, natürlich aber immer paarweise. Das paarweise Zuordnen ist eine Fähigkeit, die im Mathematikunterricht ihren Platz hat, nimmt man noch das Aufhängen mit Wäscheklammern dazu, fördert es die Feinmotorik. Diese Aufgabe lässt sich auch gut im Tagesplan einsetzen, denn sie kann von Kindern allein oder mit mehreren erledigt werden.

- Dazu gibt es das Gedicht von Peter Hacks „Frau Tausendfuß hat Wäsche heut", das mit den Kindern auswendig gelernt werden kann. Immer zwei Zeilen werden von einem Kind gelernt, dann wird es gemeinsam vorgetragen.
- Viel Spaß macht auch die Aufgabe, sich zu Paaren zusammenzufinden. Jedes Kind bekommt einen Socken und muss sich nun seinen Partner suchen. Das ist im Sportunterricht eine gute Ordnungshilfe.
- Das Lied von *Tiggititagg*, dem Tausendfüßler, ist ein Spiellied mit einprägsamer Melodie, das dem Spiel- und Bewegungsdrang der Erstklässler entgegenkommt. (Musikpraxis Heft 39, Fidula Verlag)
- Aus Walnusshälften und Perlen kann eine Tausendfüßlermarionette gebastelt* werden.
- Die Handhabung einer solchen Spielpuppe erfordert wiederum die Koordination von Auge und Hand – wichtige Fähigkeiten, die im Anfangsunterricht gefördert werden sollten (Vorschlag in Musikpraxis Heft 39, Fidula Verlag).
- Als Klassenschmuck wird ein bunter Tausendfüßler gebastelt. Jedes Kind schneidet einen Ring aus buntem Tonpapier aus, der Socken wird ausgeschnitten und unten an den Ring geklebt, Kopf und Ende des Tausendfüßlers werden von der Lehrerin oder vom Lehrer gebastelt. Wenn man das Innere der Ringe des Tausendfüßlers mit den erarbeiteten Buchstaben füllen will, kann man den Tausendfüßler beliebig verlängern. So hat man das erste Jahr über einen Klassenschmuck, der den Fortschritt im Leselehrgang dokumentiert.

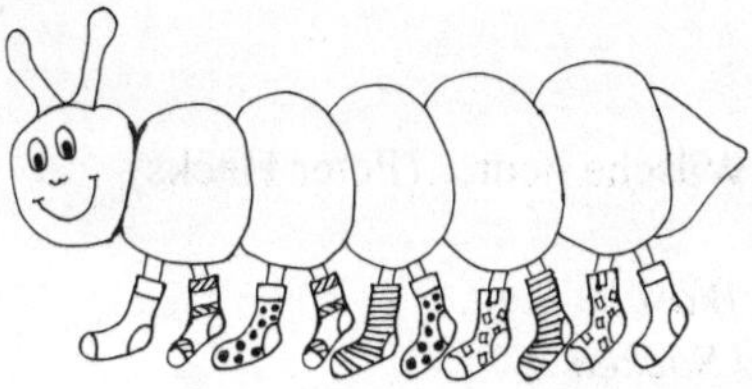

Möchte man das Wissen um den Tausendfüßler anregen und vertiefen, dann lohnt sich ein Blick ins Internet oder in der Bibliothek in naturkundliche Bücher. Für Schulanfänger geeignete Gedichte zum Thema Tausendfüßler findet man noch von Anne Steinwart (Carlsen Verlag) und Josef Guggenmos.

Anton Krings hat ein für Erstleser geeignetes Bilderbuch über „Theo Tausendfuß" herausgebracht, und im Ravensberger Verlag gibt es ein schönes Würfelspiel, bei dem die Kinder „Toni Tausendfuß" helfen müssen, seine Schuhe wieder anzuziehen.
Alle Bastelarbeiten können gemeinsam mit Eltern durchgeführt werden. Das fördert das Verständnis der Eltern für die schulische Arbeit und bestärkt die Kinder in dem Wissen um die Bedeutung des schulischen Lernens.

Frau Tausendfuß hat Wäsche heut...(Peter Hacks)

*Frau Tausendfuß hat Wäsche heut,*
*das sind grad tausend Socken.*
*Auf einem Ebereschenblatt*
*bläst sie ein Windchen trocken.*

*Tausend Socken sind recht viel,*
*tausend Socken sind kein Spiel.*
*Alle sagen: Tausend Gruß,*
*so fleißig heut, Frau Tausendfuß?*

*Ein Spinnweb als Wäschelein',*
*Kiefernnadeln als Klammern.*
*Als Sack ein Hirtentäschelein,*
*zwei hohle Nüss' als Klammern.*

*Tausend Socken, ei der Daus.*
*Tausend Socken, das reicht aus.*
*Alle sagen: Tausend Gruß,*
*so fleißig heut', Frau Tausendfuß?*

**Zweites Beispiel: Die Korrespondenz ( Hanna Reck)**

Dieser Stunde ging eine Korrespondenz mit den einzelnen Schülern voraus. Vor der Sommerpause hatte jedes Kind den folgenden Brief von der Lehrerin erhalten:

*Lieber Thomas, heute schreibt Dir Deine Lehrerin. Ich heiße Frau Schumann. Sicher freust Du Dich schon sehr auf den Schulanfang. Auch ich bin schon neugierig - auf Dich und auf den ersten Schultag. Ich möchte gerne einiges von Dir wissen: Wie heißt Dein Lieblingstier oder Deine Lieblingsblume? Welche Farbe magst Du am liebsten? Kannst Du mir das aufmalen oder aufschreiben? Vielleicht hilft Dir ja Deine Mutter. Ganz herzliche Grüße von Deiner Lehrerin.*

„Die Korrespondenz war mit dem Kindergarten abgesprochen und das Gesamtprojekt einschließlich des ersten Schultags im Kooperationsteam aus Erzieherinnen und Lehrerinnen geplant. Die Eltern waren einbezogen bzw. informiert. Alle Kinder hatten den Brief beantwortet, teils mit Hilfe der Mütter, teils mit der von Erzieherinnen. Meist waren es Zeichnungen, vereinzelt standen Namen darunter oder Schriftkundige hatten geholfen. Jetzt tauchen die Antwortbriefe in der Klasse wieder auf. Sie liegen in einem ansprechend dekorierten Schuhkarton, der künftig für die Bastel-, Strich- und Malutensilien dienen soll. Jedes Kind darf zunächst seinen Brief suchen und dann einen Platz im Stuhlkreis einnehmen.
Jetzt kündigt die Lehrerin an, dass sie jeden dieser Briefe wieder beantwortet habe. Ein Kind aus dem dritten Schuljahr tritt als Postbote auf. Es berichtet von den Briefen der Kinder und von dem vorangegangenen der Lehrerin und

bringt so die ganze Korrespondenz zunächst ins Bewusstsein. Für jedes Kind habe es nun einen Brief der Lehrerin mitgebracht. Dieser wird jedem Kind persönlich ausgehändigt. Der Briefträger liest dabei die Namen und kann auf diese Weise die Briefe richtig zuordnen. Die Kinder sind zunächst mit dem Öffnen beschäftigt. Anwesende Eltern bzw. Paten aus dem dritten Schuljahr leisten Hilfestellung. Jeder Brief enthält ein Grußwort der Lehrerin, dazu ein Namenskärtchen in der Lieblingsfarbe des Kindes gehalten, der Name ist aufgedruckt und das Lieblingstier aufgeklebt. Ferner tauchen aus dem Briefumschlag noch zwei Aufkleber auf, die in derselben Weise gestaltet sind. Im Kreis wird nun besprochen, weshalb wir die Aufkleber brauchen: für die Bastelbox und für den Kleiderhaken. Anschließend nehmen die Kinder mit Hilfe ihres Namenkärtchens die Bankplätze ein. Eine kurze Geschichte von der Lehrerin (z.B. das Eichhörnchen, das nicht lesen konnte) und ein gemeinsames Lied runden die erste Schulstunde ab“ (Hanna Reck).

## Anhang 2: Anregungen für einen handlungsorientierten und erfahrungsbezogenen Anfang im Lesen und Schreiben (Bärbel Teller)

*„Und jedem Anfang wohnt ein Zauber inne."* Immer, wenn ich ein erstes Schuljahr übernehmen soll, geistert diese Zeile von Hermann Hesse durch meinen Kopf. Angesichts der vielen Vorbereitungen, die sich wie ein unüberwindlicher Berg auftürmen, will sich der Sinn dieser Zeile nicht so recht erschließen. Zwar täten Zauberkräfte zur Bewältigung der Arbeit gut, aber sie wollen sich nicht einstellen. Also mache ich mich an meine Überlegungen.

Die Situation an der Schule legt einige Faktoren fest:

- Durch eine enge Zusammenarbeit mit dem Kindergarten sind mir die Kinder bekannt und ich kenne die Ausgangslage.
- Wir arbeiten mit einem Leselehrgang, der die Kinder gleich zu Beginn mit dem Stationslernen vertraut macht. Das hat sich bewährt, da die Kinder aus dem Kindergarten die Funktionsecken kennen.
- Ich kann in meinem Klassenraum verbleiben, in dem ich meine Materialien habe.

Der Unterricht bestimmt das pädagogische Vorgehen:

- Die Entwicklungsunterschiede, die in einem ersten Schuljahr besonders auffällig sind, erfordern eine Differenzierung des Lernangebots.
- „Selber, aber nicht allein" ist Kennzeichen der pädagogischen Arbeit. Die Balance zwischen systematischer Instruktion und erfahrungsorientiertem, selbstständigem Handeln bestimmt die Struktur der Vermittlung. Dadurch wird eine schrittweise Öffnung des Unterrichts in Richtung *Freier Arbeit* angestrebt.
- Die Einführung in die Schriftsprache ist Schwerpunkt des Anfangs.

Mit unterschiedlichen Zielrichtungen habe ich dazu Materialien und Ideen zusammengetragen. Nicht alles ist neu, ich habe bekannte Ideen übernommen und immer wieder mit Hilfe der Kinder verändert, sie sozusagen ‚passend' gemacht. Passend bedeutet hier, dass mit dem Material die beabsichtigten Ziele erreicht werden können. Sie sind nicht als ein Lehrgangsersatz zu verstehen, da sie nicht aufeinander aufbauen, sondern sich wechselseitig bedingen und ergänzen. Sie werden lehrgangsbegleitend eingesetzt. Diese Ergänzungen sollen den Kindern Zugriffsmöglichkeiten auf ihrem jeweiligen Niveau erlauben und Erfahrungen auf verschiedenen Ebenen anbieten. Lesen und Schreiben soll in reziprokem Zusammenspiel erlebt werden, gemeinsames und individuelles Lernen den Wissenserwerb kindgerecht und didaktisch begründet vermitteln.

LESEN

Lesen mit den eigenen Namen

*Das sind wir! Namen und Fotos zuordnen*

*Leseerlebniskartei*

Lesen mit Bilderbüchern

*Die Schmetterlingsbuchstaben der kleinen Raupe Nimmersatt*

*Das Bilderbuch im Kochbuchhalter*

Intentionen:

- Anhand individuell bedeutsamer Wörter werden Merkmale von Graphemen identifiziert und diskriminiert, ganze Wörter wieder erkannt.
- Eigene Erlebnisse werden durch Erzählen und Nachlesen als wiederholbar erfahren.
- Bücher können nacherlebt und durch handelnden Umgang verinnerlicht werden. Das Sachwissen wird erweitert.

*Lesen mit den eigenen Namen*

Das Namensspiel

Bei einem der Schnuppertage in der Schule, weit vor Schulbeginn, darf sich jedes Kind ein Symbol aussuchen, das es vier Jahre begleiten wird. Diese Kennzeichnung ist den Kindern noch aus dem Kindergarten vertraut. Michael zum Beispiel hat sich den Igel ausgesucht, und so werden nun sein Namensschild, sein Stuhl, sein Garderobenhaken, seine Hefte dieses Symbol tragen. Für ein erstes Vertrautwerden mit den Namen der Mitschüler fertige ich ein Zuordnungsspiel an.

Auf eine Blankospielkarte klebe ich eines der kleinen selbstklebenden Fotos, die bei der Aktion des Schulfotografen von jedem Kind erstellt werden. Auf die Rückseite kommt der Name des Kindes in Großbuchstaben mit dem entsprechenden Symbol.

Da das Spiel gleich in den ersten Tagen eingesetzt werden soll, wähle ich die Großbuchstaben, da die Kinder ihren Namen so schreiben können. Auf einen ca. 2,5 x 7,0 cm breiten Streifen, so breit wie die Karte, kommt noch einmal der Name mit dem Symbol. Das Spiel können die Kinder mit mehreren Kindern oder auch alleine spielen.

Folgende Möglichkeiten gibt es:

- Die Kinder sitzen im Sitzkreis. Vor jedes Kind wird eine Karte mit der Rückseite nach oben auf den Boden gelegt. Das erste Kind versucht nun, anhand des Symbols oder des Namens die Karte dem richtigen Kind zu geben. Kann es das nicht, darf es die Karte umdrehen und anhand des Fotos die Karte dem richtigen Kind zuordnen.
- Die Karten liegen mit dem Foto nach oben aus. Die Kinder nennen den Namen, drehen die Karte um, um zu sehen, ob er richtig ist. Dazu müssen sie das Symbol dem Namen zuordnen können. Gelingt das nicht, suchen sie in der Klasse den Stuhl mit dem Symbol und können eventuell so den Namen ‚lesen'. Gelingt auch das nicht, darf das entsprechende Kind helfen.
- Die Karten liegen mit dem Foto nach oben aufgedeckt aus, die kleinen Streifen mit den Namen der Kinder ebenfalls. Nun wird versucht, dem Foto den richtigen Namen zuzuordnen. Die Kontrolle gelingt, wenn die Karte umgedreht wird. Stimmen die Namen überein, dürfen Karte und Streifen behalten werden.

Mit diesem Material werden verschiedene Ebenen angesprochen. Die Kinder erfahren sich als wichtig, ihr Foto und ihr Name als Spielmaterial sind bedeutsam. Sie lernen die Kinder in ihrer Klasse kennen und mit Namen benennen. Das ist keineswegs am Anfang selbstverständlich, da die Kinder aus verschiedenen Kindergärten kommen. Die Zuordnung von Symbol und Person schult eine wichtige Voraussetzung für das Lesenlernen, nämlich das Erkennen der Funktion von Symbolen. Und das Erfassen des Schriftzugs, das Richten der Aufmerksamkeit auf besondere Merkmale ist als das Feld „Zeichenverständnis" der didaktischen Landkarte notwendige Station auf dem schwierigen Weg zum Lesenlernen.

Die Lesekartei gibt es in zwei Ausführungen. Im Kindergarten sammle ich die Lieblingswörter der Kinder, schreibe sie auf eine Karteikarte, auf der auch ein Foto des Kindes ist, und eine kleine, mir von den Kindern diktierte Erklärung dazu.

Die zweite Ausführung entsteht im Laufe der ersten Wochen. Ich fotografiere kleine Ereignisse und klebe die Fotos mit einem einfachen Text auf eine Karteikarte. Lesestarke Kinder können eventuell schon einige Wörter wiedererkennen und lesen, zu den Bildern erzählen kann aber jedes Kind. Damit wird die sprachliche Kompetenz gefördert mit Hilfe eines sehr persönlichen Anlasses, auch helfen die Karten den Kindern, einen Überblick über die vergangene Zeit zu bekommen.

*Lesen mit Bilderbüchern*

Schmetterlingsbuchstaben
Das Buch von der kleinen Raupe Nimmersatt kennen die Kinder schon aus dem Kindergarten; das wird auch in der Leseecke in der Schule stehen. Zur Einschulung wird die Geschichte als Theater aufgeführt. Der Verlag für pädagogische Medien in Hamburg gibt ein Butterfly Alphabet von Kjell Sandvet als Poster heraus. Auf den Flügeln der Schmetterlinge ist das komplette Alphabet wieder zu erkennen, wunderschön anzusehen. Die Bilder werden ausgeschnitten, auf Tonkarton geklebt und laminiert. Ebenso die Buchstaben des Alphabets. Nun können die Kinder zuordnen. Will man auch Namen legen können, müssen die Buchstaben öfter als einmal zur Verfügung stehen. Das Wiedererkennen von Buchstaben anhand von markanten Merkmalen ist eine wesentliche Teilleistung des Lesenlernens; die Kinder müssen z.B. ein A in unterschiedlichen Schrifttypen und Größen erkennen können, da die Buchstabenform nicht als Schablone gespeichert wird.
Es gibt auch die Zahlen von 1 – 10 auf Schmetterlingsflügeln. Ordnet man diese Zahlbilder den Wörtern, mit denen Zahlen geschrieben werden, zu, so kann auch dem Mathematikunterricht zugearbeitet werden.

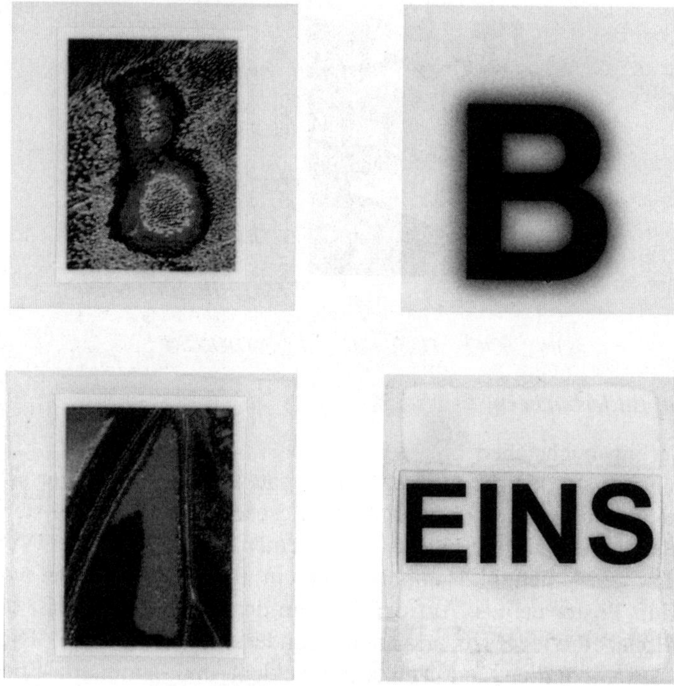


Das Bilderbuch im Kochbuchhalter

Schöne Bilderbücher können den Kindern in einem Kochbuchhalter, der die Buchseite mit einer Glasscheibe abdeckt, zu handelndem Umgang mit Wörtern dienen. Ist ein Bilderbuch vorgelesen und betrachtet, kommt es in den Halter. Jeden Tag wird eine neue Seite aufgeschlagen. Auf Glasscheibenfolie (Bastelgeschäft) werden wichtige Wörter der ausgestellten Seite geschrieben und auf dem Brett vor der Scheibe abgelegt. Nun können die Kinder das Wort zum Bild kleben, ohne dass das Buch beschädigt wird. Es eignen sich Bilderbücher mit wenig Text gut dazu, z.B. die Geschichten von Elmar, dem Elefanten, oder die Bücher von Leo Lionni.

SCHREIBEN

Der genähte Briefkasten
Für jedes Kind hängt ein mit dem eigenen Foto und Namen gekennzeichneter Briefkasten in der Klasse. Briefe werden empfangen und können geschrieben werden.

Die Staffelei
Eine stets zugängliche Staffelei mit Pinseln verschiedensten Materials und Wasserfarben steht den
Kindern zur freien Verfügung. Zu dem Buchstaben der Woche dürfen die Kinder schreiben und malen.

*Schlangenbuchstaben*
Das Bilderbuch „Crictor, die gute Schlange"[6] erzählt die Geschichte einer gutmütigen Schlange. Mit Bleiband können die Buchstaben und Zahlen, die die Schlange bilden kann, nachgelegt oder auf einer Schiefertafel geschrieben werden.

Intentionen:

- Schrift wird als Kommunikationsmittel in personaler Bedeutung erlebt.
- Schrift wird experimentierend als Gestaltungselement erfahren.
- Aus vielen einzelnen Beiträgen entsteht ein Werk, welches das gemeinsame Tun dokumentiert.
- Schreibanlässe werden aus Bilderbüchern gewonnen.

Der genähte Briefkasten

Ein Drittel eines ca. 18 x 30 cm langen farbigen Tonkartonstreifens wird umgeklappt und an beiden Seiten befestigt. (Man kann tackern oder einen stabilen Klebestreifen nehmen. Ich habe die Seiten mit meiner Nähmaschine mit andersfarbigem Garn zugenäht, das ist dekorativ und hält prima.) So erhält man eine Umschlagtasche.

Auf die umgeklappte Seite wird das Foto von der Einschulung geklebt, das ich mit der Polaroid-Kamera gemacht habe und auf das die Kinder ihren Namen geschrieben haben. In einer der ersten Schulstunden werden Hohlbuchstaben ausgemalt und der Name wird noch einmal von den Kindern in das obere Drittel geklebt. Diese „Briefkästen“ werden in der Klasse in einer langen Reihe an der Wand – für die Kinder gut erreichbar – aufgehängt.

In die Tasche kommen nun die kleinen Briefe, Mitteilungen und Nachrichten an die Kinder und von den Kindern. Es können kleine Arbeitsaufträge, ein Lob für besondere Leistungen, Aufmunterungen, Anregungen, Briefe vom Nikolaus sein – da sind der Phantasie keine Grenzen gesetzt. Entscheidend ist, dass man die Korrespondenz ernst nimmt und alle Briefe beantwortet. So erfahren die Kinder direkt, dass Schrift eine ganz persönliche Bedeutung hat und sie notwendiges Kommunikationsmittel ist.

Der Anfang der Korrespondenz, die sich über die vier Jahre entwickelt, die ich als Klassenlehrerin in der Klasse bin, ist der erste Brief an die Kinder, den ich schon in den Sommerferien geschrieben habe. Manche Kinder haben mir darauf geantwortet, und ich stecke meinen Dank in den entsprechenden Kasten.

Die Staffelei

Auf der Staffelei wird ein Plakat mit dem Buchstaben, der gerade erarbeitet wird, befestigt, und nun dürfen die Kinder dieses Bild gestalten. Das Material dazu liegt auf einem Tisch bereit und bietet neben Pinseln, Stiften und Farben auch Schere, Kleber und Bilder aus alten Arbeitsheften, Fibeln und Katalogen. Dieser freie Umgang mit dem Material und Thema ist eine sehr entspannende Tätigkeit und am Ende entsteht eine Gemeinschaftsarbeit, die viel Anreiz zur Diskussion bietet.

Crictor, die gute Schlange

Die Geschichte ist einfach und anrührend erzählt und in Ungerers unnachahmlichen Stil treffsicher illustriert. Es ist die Geschichte der Freundschaft von Madame Bodot und einer lieben Riesenschlange. Die Kinder haben Freude daran zu sehen, wie Crictor den anderen hilft und was für (eigentlich unmögliche) Sachen sie machen kann. Sie kann sogar Buchstaben und Zahlen mit sich selbst bilden. Die Schlangenbuchstaben können mit Hilfe von Bleiband (im Gardinenbedarf zu finden) nachgelegt oder auf eine Tafel geschrieben werden. Das Schreiben auf einer Kunststoff- oder Schiefertafel hat durch das ungewöhnliche Material einen hohen haptischen Reiz. Die Feinmotorik wird geschult und durch die Auswahl der Buchstaben können die Kinder ihre Kenntnisse festigen und ausbauen. Möglich ist auch eine Erweiterung der Geschichte, sodass Crictor nicht nur Buchstaben bildet, sondern Namen der Kinder oder andere Wörter.

Mit der *Strickliesel* (Handarbeitsbedarf) können Strickschläuche in beliebiger Länge und mit verschiedenen Farben hergestellt werden. Diese Strickschläuche bekommen eine kleine Holzperle als Kopf, das Ende wird zusammengenäht und die kleine Schlange ist fertig. Es können Einzelbuchstaben damit gelegt werden, und, wenn sich mehrere Kinder zusammentun, kann ein Wort gebildet werden.

Mit zunehmendem Schreibvermögen der Kinder ist auch eine Fortführung der Geschichte denkbar.

Crictor kommt nämlich aus Brasilien, wo der Sohn von Madame Bodot im Urwald forscht und wo er auch Crictor gefunden hat. Da Crictor ja die Buchstaben kann, könnte sie ihrem Entdecker von ihren Erlebnissen berichten und die Kinder könnten ihr beim Briefe schreiben helfen.

SPIELEN

Das Wollfadenspiel

- Mit den Namen der Kinder der Klasse wird ein Netz gewoben.
- *Buchstaben werden zu Wörtern verbunden.*

Die Lesekiste als Kasperletheater

Mit Handpuppen können kleine Geschichten aus der Fibel, aus vorgelesenen Büchern oder dem Schulalltag nachgespielt werden.

Intentionen:

- Genussvoll und einfallsreich werden kognitive Inhalte erworben.
- Im gemeinsamen Handeln werden soziale Erfahrungen unterschiedlichster Art gemacht.
- Phantasie und Kreativität können sich zwanglos entfalten.

Das Wollfadenspiel

Die Kinder sitzen im Kreis, die Lehrerin rollt das Knäuel zu einem Kind und nennt dessen Namen, hält aber das Wollende fest. Dabei ist es ratsam, vorher etwas Wolle abzuwickeln, damit das Knäuel auch rollen kann. (Achtung, das Knäuel sollte nicht geworfen werden, da dadurch zuviel Bewegung in die Gruppe kommt und das am Boden liegende Netz bei Fehlwürfen zerstört werden könnte.) Nun rollt das Kind das Knäuel einem anderen Kind zu und nennt dessen Namen. Es entsteht auf dem Boden ein Netz, das als Anlass genommen werden kann, über das Thema „Gemeinschaft" nachzudenken. Auch wird die Auge-Hand-Koordination geschult, es ist nicht immer einfach, das Knäuel auf den richtigen Weg zu bringen. Ist das Spiel genügend bekannt, werden auf einer Holzplatte kreisförmig so viele kleine Nägel eingeschlagen wie Kinder in der Klasse sind. Jeder Nagel bekommt einen Namen zugeordnet. Nun kann man mit dem Wollfaden neue Netze spinnen, auch unter veränderten Ausgangsfragen, z.B. „Neben wem möchtest du sitzen?" oder „Mit wem spielst du am liebsten?"

Eine solche Holzplatte mit Nägeln kann man auch zum Wörterlesen umwandeln, wenn jeder Nagel statt der Namen einen Buchstaben aus dem Alphabet bekommt. Einige Fibeln bieten runde Anlauttabellen an, die sich, im Copy Shop vergrößert, sehr gut dafür eignen würden. Mit farbigem Garn kann man auch mehrere Wörter bilden, die dann schwieriger zu erlesen sind. Andere Arbeits- und Spielformen sind ebenfalls denkbar, die mit den Kindern gemeinsam entwickelt werden können und die die Arbeit mit der Anlauttabelle unterstützen.

Die Lesekiste als Kasperletheater

Die Lesekiste ist ein quadratischer 1,50 x1,50 m großer Holzwürfel, der an einer Seite offen ist und an der gegenüberliegenden Seite eine Öffnung für das Durchschieben der Wortkarten hat. Die offene Seite ist mit einem Vorhang versehen, der mittels Klettverschluss zwei Längen haben kann. Mit der ganzen Länge des Vorhangs kann die Lesekiste zugemacht werden, die zweite Länge verwandelt die Kiste in ein Kasperletheater. Die Öffnung auf der gegenüberliegenden Seite ist so groß, dass Wortkarten wie beim Lesekrokodil geschoben werden können. Dazu sind auf der Innenseite der Öffnung oben und unten Führungsleisten angebracht. Die Kiste ist hübsch bemalt, auf der Öffnung für die Wortkarten ist von außen ein großer Mund zu sehen.

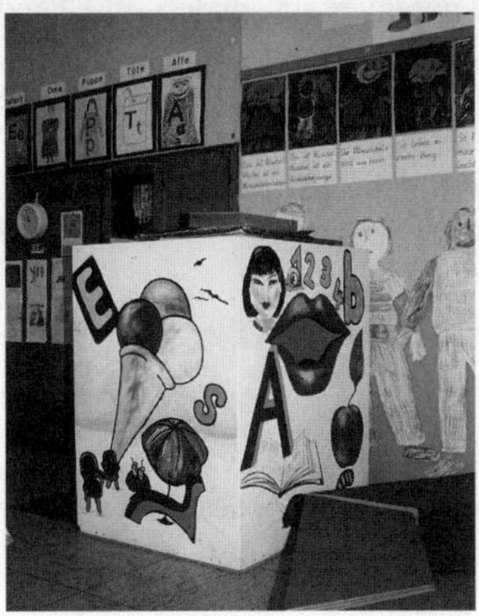

Genutzt werden kann die Kiste auf vielerlei Arten und sie bleibt als fester Bestandteil die ganzen vier Jahre in der Klasse:

- Die Kinder, mehr als zwei passen nicht hinein, ziehen sich zum Lesen in die Kiste zurück. Innen sind Sitzkissen und eine Taschenlampe, und der zugezogene lange Vorhang schafft eine intime Leseatmosphäre.

- Der Vorhang wird etwas gekürzt, sodass ein kleines Puppentheater entsteht. Handpuppen stehen in einem Korb bereit. Die Kinder spielen kleine Szenen aus der Fibel nach oder denken sich eigene Geschichten aus.
- Zu erlesende Wortkarten werden durch die Mundöffnung geschoben. Vor der Kiste sitzt eine kleine Gruppe von Kindern und erliest die Wörter.

An der Nutzung der Kiste lassen sich mehrere Intentionen festmachen. Erfahrbar ist der Ort als Rückzugsmöglichkeit, auch wenn er nicht zum Lesen genutzt wird. Das hat Entlastungsfunktion nach anstrengender Arbeit, einem ausgetragenen Konflikt oder als Denkpause. Das Lesen oder Bilderbuch anschauen (reicht das Licht nicht, mit einer Taschenlampe) ist unbestritten reizvoll, und die Kinder machen die Erfahrung, dass Lesen genussvoll sein kann. Wenn die Kiste als Theater genutzt wird, werden sprachliche Kompetenzen gefordert und spielerisch gefördert. Aber es findet auch die Auseinandersetzung mit dem Mitspieler oder dem Publikum statt, sodass sich soziale Fähigkeiten entwickeln können.
Durch das buchstabenweise Erlesen von Wörtern wird die Kiste zum Lern – Medium und das Üben geschieht im spielerisch – handelnden Umgang.

*„Und jedem Anfang wohnt ein Zauber inne.“* Langsam beginnt das Wort Wirkung zu zeigen. Die Strukturierung der Aufgabe hat Unsicherheiten geklärt und erwartungsvoll sehe ich dem Anfang entgegen. Wie werden die Kinder reagieren, werden sie neugierig sein und sich einlassen? Es bleibt spannend – einfach zauberhaft ...

**Literatur**

Ulrike Marx & Gabriele Steffen: „Lesen lernen mit Hand und Fuß“ – Ein mehrdimensionaler Leselehrgang im handlungsorientierten Stationsverfahren (Persen Verlag Horneburg)

Ute Andresen & Ada Sasse (Hrsg.): „Selber, aber nicht allein“ – Schriftspracherwerb im Unterricht (Gilles & Francke Duisburg 2003)

Ute Andresen: „Wort Welt Wir“ Viele verschieden Kinder lernen miteinander ohne Fibel lesen und schreiben (Atelier für Unterricht, München 2002)

Eric Carle: „Die kleine Raupe Nimmersatt“ Nach einer Idee von Christel Fisgus & Gertrud Kraft: „Hilf mir, es selbst zu tun“. Montessoripädagogik in der Regelschule (Auer Verlag Donauwörth 1994)

Hans Brügelmann & Erika Brinkmann: „Die Schrift erfinden“ – Beobachtungshilfen und methodische Ideen für einen offenen Anfangsunterricht im Lesen und Schreiben (Libelle Verlag, Lengwil am Bodensee 2005 2. Aufl.

Tomi Ungerer. „Crictor die gute Schlange“ (Diogenes Verlag Zürich 1963)

# Anhang 3: Screenings, Tests, Proben, Trainingsprogramme (Matthias Heimann)

Hier sind Materialien vorgestellt, die Erzieherinnen und Lehrer(innen) bei der Kooperation Anregungen geben, die Persönlichkeit, die Fähigkeiten und Fertigkeiten ihrer (künftigen) Schüler(innen) besser und gezielter kennen zu lernen bzw. mit Hilfe spezieller Programme zu fördern.

## 1. Ingenkamp, K.: BEDS – Beurteilungsbogen zur Diagnostik der Schulfähigkeit. Weinheim und Basel (Beltz) 1991, 2. Aufl.

Dieser Beurteilungsbogen stellt ein diagnostisches Instrument dar, das ausdrücklich für die Zusammenarbeit von Kindergarten und Grundschule empfohlen wird. Er sollte im letzten Vierteljahr vor der Einschulung und in den ersten Monaten nach der Einschulung eingesetzt werden und dabei Grundlage für den intensiven Erfahrungsaustausch zwischen Erzieherinnen und Lehrerinnen bzw. Lehrern sein.

Sein Einsatz kann einen tieferen Einblick in drei ausgewählte Bereiche der Entwicklung des Kindes am Schulanfang bieten und dadurch schließlich die Grundlage für eine gezielte Förderung schaffen. Ein eigenes Förder-Instrumentarium ist dem BEDS nicht beigefügt. Die Ergebnisse, die jedoch nach seinem Einsatz vorliegen, vermitteln den beteiligten Pädagogen recht übersichtlich, bei welchen Kindern Förderbedarf besteht und an welchen Inhalten gearbeitet werden muss.

Die Anwendung des Beurteilungsbogens erfordert gute Fähigkeiten der Erzieherinnen bzw. Lehrerinnen und Lehrer hinsichtlich des differenzierten Beobachtens der Kinder. Zu jedem Kind sind vierzig Fragen zu beantworten, die gründliche Kenntnisse über dessen Verhalten erfordern. Das präzise Erfassen ausgewählter Leistungen und Verhaltensweisen bietet aber schließlich die tragfähige Grundlage für gezielte Fördermaßnahmen. Es wird oft so sein, dass das erste Beschäftigen mit dem Bogen die diagnostisch Tätigen erst einmal dazu anhält, nun bestimmte Seiten der Äußerungen der betreffenden Kinder bewusster zu erfassen. Erst auf diese Weise werden klare Einschätzungen zu einzelnen Fragen möglich.

Durch den BEDS werden Aussagen zu drei von den Autoren ermittelten wichtigen Bereichen der kindlichen Entwicklung erfasst:
1. Sprachlich-kognitive Leistungen
2. Sozial- und Arbeitsverhalten
3. Allgemeine Schulfähigkeit

Beim Erfassen der *sprachlich-kognitiven Leistungen* geht es um richtige Aussprache und grammatisch richtigen Sprachgebrauch. Der Beurteiler wird z.B. gefragt, ob das Kind die Laute „d“ und „t“ von einander unterscheiden, Laute wie „s“, „sch“, „f“, „k“ oder Lautverbindungen wie „br“, „kl“ oder „pf“ richtig artikulieren kann. Auch geht es hier um die richtige Bildung von Ein- und Mehrzahl bei Wörtern, die im Alltag der Kinder vorkommen, oder um den grammatisch angemessenen Gebrauch der vier Fälle bzw. die treffende Benutzung von Konjunktionen wie „deshalb“, „weil“, „aber“ und anderen.

Zur Beurteilung der kognitiven Entwicklung sieht der BEDS Fragen nach einfachen Oberbegriffen (wie „Tiere“ „Obst“, „Pflanzen“) oder nach zeitliche Beziehungen (wie „vorher – nachher“ oder „gestern – heute – morgen“) vor.

Das *Sozial- und Arbeitsverhalten* wird ebenfalls mit fünfzehn Fragen diagnostiziert. Vor allem ist hier das Verhalten der Kinder beim Kontakt in der Gruppe einzuschätzen. Dabei geht es sowohl um die Fähigkeit, sich gegebenenfalls einzuordnen wie auch sich durchzusetzen. Zu beurteilen ist u.a. auch, ob das Kind Regeln beachtet, aufrichtig ist oder wie es mit Enttäuschungen umgeht. Zum Arbeitsverhalten werden Fragen danach gestellt, ob das Kind warten kann, bis es an der Reihe ist, oder ob es ausgeglichen, ausgeschlafen und ruhig auftritt.

Die Skala *Allgemeine Schulfähigkeit* scheint zunächst nicht recht in die Reihe der zu erfassenden Entwicklungsapekte zu passen, vor allem auch deshalb, weil sich seit Veröffentlichung des BEDS die Auffassungen zur Schulfähigkeit verändert haben. Die Autoren des Beobachtungsbogens geben deshalb auch gleich an, dass diese Skala lediglich „praktisch legitimiert“ ist, weil sie eine gute Prognose für den allgemeinen Schulerfolg geben kann. Sie ist deswegen auch ausdrücklich nicht darauf gerichtet, differenzierte individuelle Fördermaßnahmen zu planen. Zudem bezieht sich der Inhalt der Fragen bei dieser Skala wieder auf spezielle Fähigkeiten zum Mengenerfassen und zum richtigen Sprachgebrauch. Es gibt aber auch solche zum Verständnis für Arbeitsanweisungen oder zur Merkfähigkeit

Die Bearbeitung des Bogens erfordert vom Beurteiler, seine Beobachtungsergebnisse nach fünf Graden der Intensität abgestuft anzugeben. Findet sich das Verhalten „sehr ausgeprägt“ – „ja“ oder „ausgeprägt“ – „öfter“ oder

„teils-teils“ – „manchmal ja, manchmal nein“ oder „wenig ausgeprägt“ – „seltener“ oder „gar nicht erkennbar“ – „nein“? Schließlich werden – getrennt nach den Skalen – die Einschätzungen addiert und mit einem Punktwert („sehr ausgeprägt“ – fünf Punkte; entsprechende Abstufungen bis zu einem Punkt) multipliziert. Im Testheft beigefügte Normtabellen lassen dann recht schnell ablesen, wie der Lernstand des Kindes im Vergleich zur Altersgruppe (es werden Prozentrangbänder und T-Werte angegeben) einzuschätzen ist.

In den Mittelpunkt der Aufmerksamkeit der Erzieherinnen und auch der Lehrerinnen und Lehrer sollten nach der Auffassung der Autoren jene Kinder rücken, die lediglich einen Prozentrangplatz von 25 und weniger erreichen. Zeigt ein solches Kind gleichmäßig bei allen Skalen schwache Leistungen, sollte bedacht und weiter geklärt werden, ob möglicherweise ein besonderer Förderbedarf vorliegt, der in der Grundschule nicht geleistet werden kann. Sind die Leistungen des Kindes aber hinsichtlich der Skalen deutlicher differenziert, muss sich die Förderung umgehend bei den Entwicklungsrückständen konzentrieren.

## 2. Günther, H.: Sprachförderung: Die Fitness-Probe – Bausteine für einen erfolgreichen Schulanfang. Weinheim, Basel, Berlin (Beltz) 2003

Insbesondere zur Sprachförderung von Kindern am Übergang zur Grundschule hat Günther diese Probe vorgelegt. Dabei handelt es sich nicht nur um ein diagnostisches Instrumentarium im strengen Wortsinn, sondern eher um eine Konzeption zum Erfassen des sprachlichen Entwicklungsstandes, verbunden mit einer sehr umfangreichen Sammlung möglicher Inhalte zur Förderung.

Die Fitness-Probe kann bereits zu Beginn des letzten Kindergartenjahres eingesetzt werden, um Entwicklungsprobleme früh zu erfassen und entsprechende Förderung einzuleiten. Möglich ist aber auch ein Einsatz nach etwa drei Monaten der Sprachförderung oder kurz vor Schuleintritt, um den Erfolg der Fördermaßnahmen im Kindergarten zu dokumentieren. Auch im November/ Dezember des ersten Grundschuljahres kann die Fitness-Probe Aufschluss über die Entwicklung insbesondere beim Schriftspracherwerb bringen.

Es werden sieben Aspekte der sprachbezogenen Entwicklung beobachtet und schließlich grob mit *Plus* oder *Minus* bewertet. Es handelt sich um:

1. *Sprachgedächtnis*: Geschichte nacherzählen, einen Reim nachsprechen
2. *Hörwahrnehmung*: Unsinnsilben nachsprechen, schwierige Wörter wiederholen, Wortpaare nachsprechen
3. *Sprachverstehen*: Verbale Anweisungen verstehen, Unsinnsätze erkennen, Fragen beantworten und verbale Beschreibungen verstehen
4. *Malen und Schreiben*: Ein Handposter malen, bekannte Wörter schreiben
5. *Aussprache einzelner Wörter*: Gegenstände benennen, Wörter nachsprechen
6. *Konstruieren von Sätzen*: Geschichten zu Bildern erzählen
7. *Sprachbewusstsein und phonologische Bewusstheit*: Wörter heraushören, Sätze bilden, Reime erkennen, Silben klatschen, Laute erkennen.

Erzieherinnen oder Lehrerinnen können die Ergebnisse der Untersuchung schnell zusammenfassen und kommen zu den möglichen Bewertungen „nicht auffällig“ (kein Minus), „leicht auffällig“ (ein oder zwei Minus) oder „stark auffällig“ (drei oder mehr Minus). Leichten Auffälligkeiten sollte im Rahmen der täglichen Kindergartenarbeit bzw. im Anfangsunterricht der Grundschule begegnet werden. Kinder mit starken Auffälligkeiten muss besondere Aufmerksamkeit zuteil werden.

Zur Fitness-Probe gehört auch ein Leitfaden für ein Elterngespräch, zu dem sich im Kindergarten oder z.B. bei der Anmeldung in der Grundschule Gelegenheit findet. In diesem Gespräch geht es um mögliche Sinnesschädigungen, welche die Entwicklung von Motorik und Sprache beeinflussen bzw. beeinträchtigen können.

Im Verständnis des Autors ist es wichtig, dass stark auffällige Kinder nicht isoliert, abgehoben aus ihren alltäglichen Kommunikationssituationen in Kindergartengruppe oder Klasse gefördert werden. In kleinen leistungsheterogenen Gruppen, in denen durch gemeinsame Aufgaben oder Spiele die Notwendigkeit zum sprachlichen Austausch besteht und an denen ein Pädagoge aktiv Anteil nimmt, scheint der Einsatz besonders geeignet.

Der Autor ist auch der Auffassung, dass ein solch komplexer Sachverhalt wie Sprache und Sprechen nicht allein durch eng definierte und begrenzte Übungen zu fördern sei. Sein Förderkonzept setzt sich deshalb aus sieben „Förderleitbildern“ zusammen, die er turmartig aufeinander aufgebaut sehen möchte:

1. *Lebendige Interaktionen:* Die gesamte Situation in Kindergarten, Grundschule und Elternhaus muss fördernd wirken. Es sind lebendige, vielfältige Interaktionen anzubieten, in denen die Teilnehmer sich untereinander brauchen und dabei Sprachmodelle austauschen.
2. *Symbolfähigkeit und Sprachverstehen:* Um schließlich entsprechend mit sprachlichen Zeichen als Symbolen umgehen zu können, müssen sinnliche

Erfahrungen und Vorstellungen zunehmend symbolisiert werden. Sprachverstehen ist dabei die Fähigkeit, rein sprachliche Informationen aufzunehmen, zu verarbeiten und entsprechend zu interpretieren. Das Unterscheiden von Geräuschen, Lauten, gesprochener Sprache usw. ist dafür eine unabdingbare Grundlage.

3. *Körpersprache und Prosodie:* Diese Elemente der nonverbalen Kommunikation realisieren über 90% der Botschaften eines Sprechers. Sie können die gesprochene Sprache wirkungsvoll unterstützen und müssen vom Kind ebenfalls angeeignet werden.
4. *Sprache und Sprechen:* Es geht hier darum, viel mit dem Kind zu sprechen, insbesondere in der Muttersprache – jedoch ist auch an die Zweitsprache zu denken.
5. *Fantasie und Sprachwitz:* Der bewusste Gebrauch von Sprache zum Äußern unterschiedlichster Gefühle ist hier ebenso wichtig wie differenzierter Umgang mit Sprache im Sprachwitz, bei Zungenbrechern oder Lügengeschichten.
6. *Literale Erfahrungen und Literalität:* Hier geht es darum, den Kindern „gedruckte Sprache" näher zu bringen. Insbesondere das Vorlesen und den Umgang mit Texten (Briefe, Zeitungen oder Bücher) machen Schriftkultur bedeutsam.
7. *Sprachbewusstsein und Phonologische Bewusstheit:* Insbesondere beim Schriftspracherwerb in der Grundschule erfolgt eine Förderung phonologischen Bewusstheit. Entsprechende Vorerfahrungen, dass man sich z.B. der Lautgestalt eines Wortes unabhängig von dessen „Inhalt" zuwenden kann, sollte bereits als Vorerfahrung angebahnt werden. Auch Sprachbewusstheit, dass Texte – Sätze – Wörter – letztlich aus Silben bestehen, kann als solch eine Vorform verstanden werden.

Nach jeweils einer kurzen Erklärung zu den einzelnen Förderleitbildern bietet der Autor in insgesamt 53 Bausteinen eine Fülle von methodischen Hinweisen und Materialien für die Gestaltung der Sprachförderung an. Wichtig ist ihm dabei, dass die Fördermaßnahmen stark individuell auf die einzelnen Schüler und deren Entwicklungsstand abgestimmt sind und auf den vier „Eckpfeilern" eines emotionalen, persönlichen Sprachklimas; einer sozial gelockerten, vertrauensvollen Atmosphäre; natürlicher, komplexer Lern- und Spielsituationen und individuell abgestimmtem Korrekturverhalten beruhen.
*(Weitere Materialien zur Förderung legt der Autor mit folgender Literatur vor: Günther, Herbert (Hrsg.): Bausteine zur Sprachförderung – Schiller, Goethe und die Feuerwehr. Mit über 70 Kopiervorlagen. Beltz Praxis, Weinheim und Basel 2007; Günther, Herbert: Bewusst hören – besser sprechen.*

*(Audio-CD), Beltz, Weinheim und Basel, 2005; Günther, Herbert: Sprachförderung konkret. (Ordner). Beltz, Weinheim und Basel 2006)*

**3. Breuer, H. & Weuffen, M.: Lernschwierigkeiten am Schulanfang. Weinheim und Basel (Beltz) 2006, 7. Aufl.**

Bereits in den 1970er Jahren legte eine Greifswalder Forschergruppe um Helmut Breuer und Maria Weuffen mit der Differenzierungsprobe ein Material zur Diagnose sprachbezogener Wahrnehmungen als Grundlage für das Lesen- und Schreibenlernen vor. Inzwischen sind drei unterschiedliche Analyse-Instrumente (*Differenzierungsprobe 0* – für Vier- bis Fünfjährige, *Differenzierungsprobe I* – für Fünf- bis Sechsjährige und für Schüler mit Lernschwierigkeiten; *Differenzierungsprobe II* – für Sechs- bis Siebenjährige bzw. für Schüler mit beständigen Lernschwierigkeiten) entstanden.
In recht ähnlichen Verfahren wird mit steigenden Anforderungen das Differenzierungsvermögen der Kinder hinsichtlich von fünf Wahrnehmungsbereichen untersucht. Im Einzelnen sind das:

1. *Die optisch-graphomotorische Differenzierungsfähigkeit:* Als Voraussetzung für das Aneignen der Struktur der einzelnen Buchstabenformen
2. *Die phonematisch-akustische Differenzierungsfähigkeit:* Als Voraussetzung für das Erfassen und Unterscheiden von klangähnlichen aber bedeutungsunterscheidenden Lauten
3. *Die kinästhetisch-artikulatorische Differenzierungsfähigkeit:* Als Voraussetzung für eine sichere Sprechmotorik, normgerechte Lautbildung und richtige Reihenfolge sowie Vollständigkeit der Laute im Wort
4. *Die melodisch-intonatorische Differenzierungsfähigkeit:* Als Voraussetzung für eine angemessene Sprechmelodie, die wichtige Elemente einer sprachlichen Botschaft vermittelt
5. *Die rhythmische Differenzierungsfähigkeit:* Als Voraussetzung für eine durch Betonungen, Pausen und Dehnungen strukturierte Sprache.

Die Durchführung einer Differenzierungsprobe ist durch eine geübte Erzieherin bzw. Lehrerin oder einen Lehrer in zehn bis fünfzehn Minuten möglich. Benötigte Materialien sind als Kopiervorlagen der Literatur ebenso beigefügt sowie die entsprechenden Protokollformulare.
Die *Differenzierungsprobe 0* stellt ein Screening für „Risiko-Kinder“ unter den Vier- bis Fünfjährigen dar. Der rechtzeitige Einsatz in der Kindertagesstätte eröffnet die Möglichkeit des Einsatzes sehr unterschiedlicher Formen der Frühförderung.

Bei der Gestaltung des Übergangs der Kinder in die Grundschule ist vor allem an die *Differenzierungsprobe I* zu denken. Sie geht in besonderer Weise auf die sprachbezogenen Anforderungen ein, auf die der Schreib- und Leselernprozess bei Schulanfängern aufbaut. Es bietet sich an, die Differenzierungsprobe I mit den Kindern bald nach Beginn des letzten Kindergartenjahres durchzuführen und die auffälligen entwicklungsrückständigen Kinder dann entsprechend zu fördern. Etwa ein halbes Jahr vor Schuleintritt könnte dann durch Wiederholung der Untersuchung geprüft werden, ob die Rückstände aufgeholt werden konnten oder ob weiteres intensives Fördern nötig ist.

Die *Differenzierungsprobe II* ist vor allem zur Kontrolle der Entwicklung von Kindern gedacht, bei denen sich bis zum Endes des ersten Halbjahres des ersten Schuljahres besondere Probleme beim Erwerb der Schriftsprache zeigen.

Die Ergebnisse der einzelnen Aufgaben bei allen Formen der Differenzierungsprobe werden entweder mit „+" oder mit „–" bewertet. Vor allem der Umstand, dass für die ganze Differenzierungsleistung hinsichtlich eines Wahrnehmungsbereiches dann schließlich ein „–" einzutragen ist, wenn auch nur eine einzige Teilaufgabe mit „–" bewertet wurde, hat manche Erzieherin bzw. Lehrerin oder Lehrer verwundert. Durch diese „strenge" Art der Bewertung kommen aber mit größerer Sicherheit alle jene Kinder in den Genuss der Förderung, für die diese notwendig ist.

Wenn bei untersuchten Kindern in einem oder mehreren Wahrnehmungsbereichen massive Ausfälle auftreten, sollten Fördermaßnahmen eingeleitet werden. Diese können jederzeit eingestellt werden, wenn sich zeigt, dass sie unnötig sind. Die Förderung der Kinder sollte in jedem Fall die Bereitschaft des Kindes dazu als Grundlage haben. Die Erzieherinnen in den Kindergärten, die Lehrerinnen und Lehrer aber auch die Eltern sind gefordert, abgestimmt mit dem Kind zu arbeiten. Dabei geht es nicht um Vermittlung, sondern um Üben im spielerischen Umgang. Den Angaben zu den einzelnen Formen der Differenzierungsprobe ist dazu umfangreiches Material an Übungsbeispielen beigefügt, das schwerpunktartig nach den einzelnen Wahrnehmungsbereichen geordnet und mit allgemeinen Hinweisen eingeleitet ist.

Außerdem stellen die Autoren zwei Varianten eines besonderen Verfahrens vor, das geeignet ist, das Niveau der lautsprachlichen Äußerung von Kindern im Alter von fünf bis sieben Jahren zu erfassen („Kurzverfahren zur Einschätzung des lautsprachlichen Niveaus Fünf- bis Sechsjähriger – *KVS I*" und „Kurzverfahren zur Einschätzung des lautsprachlichen Niveaus Sechs- bis

Siebenjähriger – *KVS II*"). Diese Verfahren können zur Ergänzung der diagnostischen Erkenntnisse aus der Differenzierungsprobe dienen.

Ausgangspunkt zur Entwicklung der Verfahren war die Erkenntnis, dass schulisches Lernen vor allem ein über Sprache vermitteltes Lernen ist. Kinder, die in ihren sprachlichen Fertigkeiten nicht genügend entwickelt sind, werden deswegen – über den Schriftspracherwerb hinaus – auch Schwierigkeiten beim Lernen in anderen Fächern bekommen, wenn Defizite nicht rechtzeitig erkannt werden und Förderung auch hinsichtlich der Lautsprache fehlt.

Das *KVS I* sollte bei Vorschulkindern eingesetzt werden, wenn der zuständige Arzt Bedenken hinsichtlich der Einschulung äußert, wenn Kinder gehemmt, schüchtern und unkonzentriert sind und deswegen die lautsprachlichen Fähigkeiten unklar sind oder wenn das Kind einem Logopäden vorgestellt werden soll.

Am Anfang der Schulzeit sollte das *KVS II* eingesetzt werden, wenn der Lehrer nach wenigen Schulwochen erkennt, dass dem Kind das Lernen schwer fällt oder wenn es lautsprachliche Mängel aufweist. Auch mit Blick auf mögliche Teilleistungsstörungen oder die Zuweisung der Kinder an eine Lernförderschule oder eine LRS-Klasse ist die Durchführung des Verfahrens sinnvoll.

In den beiden Formen des KVS werden dann jeweils drei Aspekte lautsprachlicher Grundfertigkeiten untersucht. Das ist

- die Lautebene (Artikulation),
- die Wortebene (Wortschatz) und
- die Satzebene (Sprachgedächtnis und Sprachverstehen).

Bei der Überprüfung der Fähigkeit im *lautlichen Artikulieren* geht es darum, dass die Kinder möglichst lautrein Sätze nachsprechen wie „Hänsel und Gretel sind schnell aus dem Hexenhaus geflohen", wo z.B. die Aussprache von Lauten wie „s" (im Anlaut, Inlaut und Auslaut), „sch" und „x" abgeprüft wird. Im zweiten Teil wird der *aktive Wortschatz* in der Weise untersucht, dass das Kind alle Kleidungsstücke aufzählen soll, die es kennt. Im Rahmen der Überprüfung des *Sprachgedächtnisses* besteht die Aufgabe darin, dass das Kind aufgefordert wird, erweiterte einfache Sätze unterschiedlicher Länge (unterschiedlicher Silbenzahl) nachzusprechen. Und die Prüfung des *Sprachverstehens* erfolgt in der Weise, dass das Kind mehrteiligen Aufgabenstellungen nachkommen soll wie „Lege den kleinen blauen Ball rechts heben den großen schwarzen Teddy!".

Zu allen Aufgaben liegen für die diagnostizierende Person einfache klare Vorschriften zur Bewertung vor. Die Leistung des Kindes wird bei jeder

Aufgabe mit „+“, „Ø“ oder „–“ vermerkt. Dabei werden unterschiedliche Normen für Vorschulkinder (KVS I) und Erstklässler (KVS II) angegeben. Bewegen sich die Bewertungen bei einem Kind zwischen „+“ und „Ø“, ist das lautsprachliche Niveau altersgerecht entwickelt. Bei stark divergierenden Einzelleistungen hinsichtlich der vier untersuchten Teil-Fähigkeiten, wären weitere Untersuchungen durch einen Schulpsychologen notwendig, um abzuklären, ob das Ergebnis durch Deprivation und/ oder durch schwache intellektuelle Voraussetzungen zustande kam. Dominieren die Bewertungen „Ø“ und „–“, empfehlen die Autoren – im Zusammenhang mit den Ergebnissen der Differenzierungsprobe (s.o.) – die Einleitung von Fördermaßnahmen.
Dazu wird auf Veröffentlichungen in den Fachverlagen verwiesen, es finden sich aber auch Hinweise auf Übungen zur Erweiterung des Wortschatzes und Anregungen für den Lehrer zu einer entsprechenden Förderung im Unterricht. Insbesondere wird jedoch darauf verwiesen, die Sprechanlässe im Lebensalltag der Kinder zur Förderung umfassender und zielstrebiger zu nutzen und die Hilfe von Sprachheilpädagogen und Logopäden zu suchen.

4. **Martschinke, S.; Kirschock, E.-M. & Frank, A.: Der Rundgang durch Hörhausen. Diagnose und Förderung im Schriftspracherwerb. Erhebungsverfahren zur phonologischen Bewusstheit. Donauwörth (Auer) 2001**

5. **Forster, M. & Martschinke, S.: Leichter lesen und schreiben lernen mit der Hexe Susi. Diagnose und Förderung im Schriftspracherwerb. Übungen und Spiele zur Förderung der phonologischen Bewusstheit. Donauwörth (Auer) 2001**

In den 1990er Jahren konnte wissenschaftlich ermittelt werden, dass das von den Schulanfängern erreichte Niveau der phonologischen Bewusstheit eine ganz entscheidende proximale, also eine nahe liegende, unmittelbare Voraussetzung für den Erfolg des Schriftspracherwerbs in der Schule darstellt. Das erreichte Niveau phonologischer Bewusstheit zu erfassen, um diesen Fähigkeitskomplex schließlich angemessen fördern zu können, bedeutet zu erkennen, ob das Kind seine Aufmerksamkeit unabhängig von den bedeutungstragenden Elementen auf die formalen, lautlichen Aspekte der Sprache richten kann.
Mit dem Verfahren „*Der Rundgang durch Hörhausen*“ liegt ein Material vor, mit dem das erreichte Niveau der phonologischen Bewusstheit am Schulan-

fang und im ersten Schuljahr recht sicher diagnostiziert werden kann. Damit ist es geeignet, sowohl den Entwicklungsstand am Beginn des Schriftsprach-Lehrgangs zu ermitteln aber auch Fortschritte im Lauf des ersten Schuljahres festzustellen. Besonderen Wert gewinnt das diagnostische Verfahren dadurch, dass ein abgestimmtes Förderprogramm existiert, das bei zahlreichen Kindern erprobt wurde und dabei seine Wirksamkeit nachweisen konnte. Dieses Material *„Leichter lesen und schreiben lernen mit der Hexe Susi"* ist mit seinen Übungsaufgaben direkt auf die Diagnose-Aspekte des „Rundgangs durch Hörhausen" bezogen und kann damit dem Grundschullehrer eine gute Hilfe für das differenzierte ganz gezielte Fördern der Kinder sein.

*„Der Rundgang durch Hörhausen"* versetzt das Kind in die spielerische Situation, verschiedene Aufgaben geistig-praktisch zu bearbeiten, bei denen man stets gut (hin)-hören muss. Dabei werden folgende Merkmale erfasst:

- *Die phonologische Bewusstheit im weiteren Sinn:* Hier geht es um das Zerlegen von Wörtern in Silben, das Zusammensetzen von Wörtern aus Silben und das Erkennen von Endreimen.
- *Die phonologische Bewusstheit im engeren Sinn:* Hierbei werden im Rahmen der Phonemanalyse Wörter in Laute zerlegt, es sind Laute zu einem Wort zu synthetisieren und Anlaute und Endlaute zu erkennen.
- *Vorkenntnisse:* Dabei ist das Schreiben des eigenen Namens, oder das Schreiben weiterer Wörter sowie die Kenntnis von Buchstaben gefragt. Diese Ergebnisse gehen jedoch nicht in die Bewertung ein.

Für die Durchführung des Tests erhält der Nutzer eine differenzierte Anleitung, wie auch die Hintergründe der Konstruktion des Verfahrens ausführlich erläutert werden. Die zahlreichen Materialien, die für die einzelnen Aufgaben des *Rundgangs durch Hörhausen* benötigt werden, kann sich der diagnostisch tätige Lehrer auf der Grundlage der Kopiervorlagen, die zum Heft gehören, leicht selbst herstellen. Pro Kind sind etwa 30 bis 40 Minuten Testzeit zu veranschlagen. Damit der Testleiter angemessen mit dem Kind arbeiten und dessen Leistungen richtig protokollieren kann, ist einige Vorbereitung bzw. Übung erforderlich. Sind schließlich alle Werte zu den einzelnen Aufgaben erhoben, kann ein Gesamt-Punktwert festgestellt werden. Die Autoren haben schließlich Grenzwerte festgelegt, deren Unterschreiten auf dringenden Förderbedarf des Kindes verweist.

Dazu wird das bereits genannte Fördermaterial *„Leichter lesen und schreiben lernen mit der Hexe Susi"* empfohlen. Dabei besteht zunächst die Möglichkeit der Förderung in der Gesamtklasse, wobei die Fördereinheiten auf die Lernzeit (z.B. in den Morgenkreis oder auch zur Auflockerung zwischen-

durch) zu verteilen sind. Bei besonders schwachen Schülern ist jedoch individuelles Fördern angezeigt.
In eine kindgemäße Rahmen-Geschichte eingebettet, bieten die Autoren vier Übungsbereiche der phonologischen Bewusstheit an:
*1. Lausch- und Reimaufgaben*
Damit kann das Förderprogramm am Schulanfang begonnen werden. Bei einem zeitlichen Aufwand von zwei Unterrichtsstunden pro Woche, sind etwa zwei Wochen für diesen Schwerpunkt vorgesehen. Es geht anhand von Reimwörtern und Sprüchen, die sich reimen, insbesondere um die Schulung der akustischen Wahrnehmung.
*2. Aufgaben zur Silbe einschließlich zum Wortkonzept*
Diese können sich den Lausch- und Reimaufgaben in den nächsten zwei Wochen anschließen. Die Autoren stellen auch dazu zahlreiche Übungen einschließlich entsprechender Kopiervorlagen zusammen. Es geht in den Aufgaben um das segmentieren von Wörtern in Silben, das Synthetisieren von Wörtern aus Silben und das Erfassen des Wortes als sprachliche Einheit.
*3. Aufgaben zu Phonemen (Phonem-Graphem-Zuordnung)*
Diese Aufgaben sind auf die verbleibenden etwa zwölf Wochen des ersten Schulhalbjahres zu verteilen. Dabei sollte das „Lesetraining“ etwa acht und das „Schreibtraining“ etwa vier Wochen in Anspruch nehmen. In beiden Teilen geht es um das Hören von Anlauten, Inlauten und Endlauten beim Umgang mit lauttreuem Wortmaterial. Dabei soll eine zunehmende Automatisierung der trainierten Handlungen erfolgen.
*4. Aufgaben zum schnellen Lesen*
Diese Aufgaben sollten Förderschwerpunkt ab dem 2. Schulhalbjahr der 1. Klasse sein. Sie schließen sich an das Laut-für-Laut-Erlesen an und nehmen größere sprachliche Einheiten in den Blick. Dabei soll häufig gebrachtes Wortmaterial schneller erfasst werden.
Schulpraktische Erprobungen des Materials zeigten nicht nur deutliche Verbesserungen der Fähigkeiten der Kinder, die Lehrer äußerten auch, dass Lernen mit Hexe Susi, dem Raben Kunibert und dem Kater Nico als Rahmen-Figuren durch die Kinder sehr motiviert erfolgte.

**6. Martschinke, S.; Kammermeyer, G.; King, M. & Forster, M.: Anlaute hören, Reime finden, Silben klatschen. Erhebungsverfahren zur phonologischen Bewusstheit für Vorschulkinder und Schulanfänger. Donauwörth (Auer) 2005**

Gewissermaßen als „Kurzform" des „Rundgang durch Hörhausen" steht *„ARS" („Anlaute hören, **R**eime finden, **S**ilben klatschen")* zur Verfügung. Die Autoren empfehlen das von Ihnen entwickelte Verfahren ausdrücklich für das Erfassen des erreichten Grades der phonologischen Bewusstheit bei Kindern im letzten Jahr vor dem Schuleintritt, sogar bereits im Alter von 4 ½ Jahren.

Ein Vorzug des Verfahrens liegt im vergleichsweise geringen Aufwand von 10 bis 15 Minuten pro Kind. Erfasst werden dabei die *phonologische Bewusstheit im weiteren Sinne* durch Klatschen Wörter in Silben zerlegen *(Re – gen – wurm)* und durch Heraussuchen von drei aus vier Wörtern, die sich am Wortende reimen (*Klee – (Tür) – Schnee - See*) und die *phonologische Bewusstheit im engeren Sinne* aus einem Angebot von vier Wörtern jene drei mit dem gleichen Anlaut heraussuchen *(Affe – Ampel – (Nase) – Ananas)*

Die Bewertung ist gut und einfach zu handhaben, für eine richtige Antwort wird ein Punkt gegeben. Zu jedem zu diagnostizierenden Bereich gibt es sechs Aufgaben, insgesamt also achtzehn Aufgaben (= achtzehn Punkte). Die Aufgaben können von der diagnostizierenden Person in eine Geschichte eingebettet werden, die der des *Rundgangs durch Hörhausen* entspricht, was aber nicht Bedingung ist. Die für die Untersuchung benötigten Materialien liegen der Literatur als Ausstanz- oder Kopierbögen bei.

Das Testbeiheft bietet Ansätze zur differenzierten Auswertung der Ergebnisse einzelner Kinder. Dazu erhält der Leser dann auch Hinweise für die Förderung der Kinder. Diese ist nach den Angaben der Autoren angezeigt, wenn ein Kind zu den unteren 20% der ermittelten Verteilung gehört, also neun Punkte (von 18) oder weniger erhält. Dabei sollte – im Sinne eines ganz individuellen Arbeitens mit den Kindern – aber auch beachtet werden, wie sich die Leistungen auf die einzelnen Testteile verteilen.

Für das Erfassen des Entwicklungsstandes der phonologischen Bewusstheit empfehlen die Autoren einen ersten Einsatz des ARS zu Beginn des letzten Kindergartenjahres und eine wiederholte Durchführung an dessen Ende. Dazwischen sollte die Förderung auf zwei sich ergänzenden Wegen erfolgen. Hauptweg sollte die spielerische Förderung im Alltag sein. Für ein spezielles Training der „Förderkinder" empfiehlt die Literatur für das Kindergartenjahr die (bereits oben erwähnten) Materialien „Hören, lauschen, lernen" und für die Zeit nach dem Schulbeginn *„Leichter lesen und schreiben lernen mit der Hexe Susi"*.

Dem *ARS* ist eine CD-ROM beigefügt. Diese kann bei eventuellen sprachbedingten Verständigungsschwierigkeiten Einsatz finden, wenn die zu beurteilenden Kinder nicht hinreichend die deutsche Sprache beherrschen und dadurch die Ergebnisse verfälscht werden könnten. Damit kann phonologische Bewusstheit auch bei Migrantenkindern geprüft werden. Die CD enthält entsprechende sprachliche Hilfen in Arabisch, Griechisch, Italienisch, Kurdisch (Badini und Sorani), Polnisch, Russisch, Serbokroatisch, Tschechisch, Türkisch und Deutsch. Jeweils gibt es eine Begrüßung, eine Einführung in die drei Testteile und eine Verabschiedung. Die Untersuchungsdurchführung erfolgt in Deutsch.

**7. Jansen, H.; Mannhaupt, G.; Marx, H., & Skowronek, H.: Bielefelder Screening zur Früherkennung von Lese-Rechtschreibschwierigkeiten (BISC). Göttingen (Hogreve) 2002, 2. Aufl.**

Den Autoren ging es zunächst um die Forschung im Bereich der Lese-Rechtschreib-Schwierigkeiten. Die Legasthenieforschung hatte mit ihren Querschnittsstudien zwar Defizite von lese-rechtschreib-schwachen Kindern identifiziert, konnte über deren Ursachen aber nur Vermutungen anstellen. Bei einem Wechsel des Forschungsparadigmas sah dieser Sachverhalt anders aus: Es war zwar bekannt, dass der Schriftspracherwerb nicht erst mit dem entsprechenden Lehrgang im Anfangsunterricht beginnt, sondern auf bedeutsame Vorläuferfertigkeiten aufbaut, diese waren aber nicht im Detail bekannt und schon gar nicht identifiziert. Insbesondere ging es um jene Fähig- und Fertigkeiten, die einen hohen Vorhersagewert im Hinblick auf spätere Schwierigkeiten beim Schriftspracherwerb besitzen. Die entscheidende Frage war: Welches sind die entscheidenden Prädiktoren (= „Vorhersagefaktoren"), die keinesfalls fehlen dürfen, wenn das Kind bei der weiteren Schreib-Leseentwicklung nicht ins Hintertreffen kommen will (vgl. Marx 2004, S. 91)?

Das Bielefelder Screening ist ein Diagnose-Verfahren, das durch aufwändige Längsschnittuntersuchungen hinreichend evaluiert ist und im letzten Vorschuljahr eingesetzt werden kann. Es ist die Grundlage für eine präventive Förderung von proximalen Vorläuferfertigkeiten noch im Kindergarten und leistet – in dieser Perspektive – eine wertvolle Hilfe nicht nur für betroffene Kinder, sondern auch für die Anschlussfähigkeit von Elementar- und Primarbereich.

Bei der Identifikation der Prädiktorenbereiche unterscheiden die Autoren spezifische und unspezifische Prädiktoren: Spezifische Prädiktoren umfassen Aufgabenstellungen, die „überwiegend beim Erwerb der Schriftsprache von Bedeutung sind" (Marx, S. 92); Hingegen geht es bei den unspezifischen Prädiktoren um Voraussetzungen, die auch für andere Lernbereiche von Bedeutung sind.

*Prädiktoren des Bielefelder Screenings*

Es geht um vier Bereiche:

1. *Phonologische Bewusstheit*: Der Schriftspracherwerb erfordert Einsicht in die phonologische Struktur der Sprache und die Analyse und Synthese phonologischer Einheiten.
2. *Schneller Abruf aus dem Langzeitgedächtnis:* Es muss ein ausreichend schneller Zugang zum phonologischen Code im Langzeitgedächtnis möglich sein.
3. *Phonetische Rekodieren im Kurzzeitgedächtnis:* Verbale Informationen im Arbeitsgedächtnis müssen mit hinreichender Genauigkeit phonetisch rekodiert werden können.
4. *Visuelle Aufmerksamkeitssteuerung*: Die Verarbeitung von Schrift erfordert die aufmerksamkeitskontrollierte Beachtung von relevanten, die aktive Nichtbeachtung von irrelevanten Informationen und die Bewusstmachung der Verarbeitungsrichtung (Handanweisung Bielefelder Screening, S. 8, 9)

(Analytische Leistungen an Sprachmaterialien unterhalb der Bedeutungsebene, also bei Silben und Phonemen, sind bei Vorschulkindern noch relativ begrenzt. Erfahrungen liegen allenfalls aus entsprechend ausgerichteten Spielen vor: Reimen und Silbenklatschen. Die Fähigkeit mit Aktivitäten umgehen zu können, ist die phonologische Bewusstheit im weiteren Sinn. Es gibt aber auch eine phonologische Bewusstheit im engeren Sinn: Bei ihr geht es Lautanalysen ohne die Verbindung zu Spielhandlungen; diese ist anspruchvoller, sie weisen aber eine größere Nähe zum Schriftspracherwerb auf.)

Zur phonologischen Bewusstheit müssen vier Subtests bewältigt werden:

- *Reimen:* Das Kind bekommt Wortpaare vorgesprochen und hat im Anschluss daran eine Entscheidung über die Klangähnlichkeit der Wortpaare zu fällen: Wind – Kind; Wind – Glas.
- *Silben-Segmentieren*: Dem Kind werden nacheinander Substantive vorgesprochen, die es unter Zuhilfenahme des Silbenklatschens in Sprechsilben untergliedern soll: Ga-bel, Fe-der-ball.

- *Laut-zu-Wort*: Das Kind hat zu entscheiden, ob ein isoliert vorgesprochener Vokal mit einem am Anfang eines sinnvollen Wortes vorkommenden Vokal klangähnlich ist: Hörst du / i:/ in Igel? Hörst du /i:/ in Auto?
- *Laute-Assoziieren:* Es wird dem Kind pro Item eine Bildkarte mit vier Abbildungen von Objekten vorgelegt: Zange Pinsel, Zebra, Schlange. Dann wird ein Wort (hier Zange) getrennt vorgesprochen: (/ts/-/ange/). Aufgabe des Kindes ist es, das getrennt gesprochen Wort auf der Bildkarte zu finden, dort zu zeigen und zu benennen (Marx, S. 93)

Das Rekodieren im Kurzzeitgedächtnis wird im Bielefelder Screening durch das Nachsprechen von Pseudowörtern abgeprüft: Dieses verlangt das kurzfristige Behalten und Wiedergeben von unterschiedlich langen Silbenfolgen, die zu einem Pseudowort verbunden sind: Zippelzack oder Bunikonos. Gewertet wird die Anzahl korrekt nachgesprochener Pseudowörter

In einer visuellen Suchaufgabe wird ebenfalls das Kurzzeitgedächtnis geprüft: Ein viersilbiges Wort, das auf der Tafel herausgehoben steht, soll aus einer Reihe mit drei anderen Wörter herausgefunden werden:

Laut: (aus der Wortreihe) Land Leid Laub Laut

Einzig die Verfügung über das Langzeitgedächtnis wird nicht mit Sprachzeichen bzw. Sprachmaterial durchgeführt, da diese dort noch nicht vorhanden sind. Hingegen kennen sie schon seit längerer Zeit Farben und wissen die Farbe bestimmter Objekte. Es geht aber nicht in erster Linie darum, was davon im Langzeitgedächtnis gespeichert ist, sondern um die Abrufgeschwindigkeit aus dem Langzeitgedächtnis:

- *Farbnachfrage:* Vor jeder Aufgabe zum Schnellen-Benennen erfolgt eine Farbabfrage: Farbe von Salat oder Zitrone; bei Zeichnung von bekannten Objekten.
- *Schnelles Benennen von Farben bei schwarz-weißen Objekten:* Bei dieser Aufgabe wird verlangt, bei schwarz-weiß dargestellten Objekten die entsprechende Farbe so schnell wie möglich zu nennen (gelb für farbneutrale Zitrone)
- *Schnelles Benennen von Farben farbig inkongruenter Objekte*: Die Aufgabe überprüft die Störanfälligkeit des Abrufprozesses aus dem Langzeitgedächtnis. Hierbei haben Kinder die richtige Objektfarbe bei farbig-inkongruent gezeichneten Objekten zu benennen: „gelb" für blaue Zitrone. (Marx, S. 94)

Die Testteile des Bielefelder Screenings werden ergänzt durch einen Grundintelligenztest und durch eine Beobachtungsbogen: Die Erzieherinnen erhalten einen Fragebogen, den sie über Beobachtung der kindlichen Verhaltensweisen (Arbeitsverhalten und Sozialkontakt, Interaktionsverhalten, sozial-

aggressives Verhalten, Sprechverhalten, Spielverhalten) beantworten sollen. Ein Elternfragebogen „zur Erfassung des häuslichen Umgangs mit und des Anregungsgehalts von Schriftsprache" rundet die Datensammlung ab.
Die Durchführung des Tests ist in den „Handanweisungen" sehr detailliert dargestellt. Die Anweisungen an die Kinder sind sogar wörtlich abgedruckt. Die Auswertung und die Vergabe von Punkten sind genau festgelegt, sodass eine eindeutige Ergebnisermittlung erfolgen kann. Mehr noch: Für jedes Testitem ist ein Risikobereich festgelegt, aus dem die Förderbereich abgeleitet werden kann.
Das Bielefelder Screening liefert so in verlässlicher Form Rückstände beim Erwerb der Vorläuferfähigkeiten und benennt auf diese Weise „Inhalte", die einer gezielten Förderung bedürfen.
Der Test sollte etwa zehn Monat vor Schulbeginn durchgeführt werden und ein halbes Jahr später. In den dazwischen liegenden gut zwanzig Wochen kann ein Förderprogramm aufgelegt und durchgeführt werden, entweder für alle oder nur für die Risikokinder.

**8. Küspert, P. & Schneider, W.: „Hören, lauschen, lernen" – Sprachspiele für Kinder im Vorschulalter. Das „Würzburger Trainingsprogramm". Göttingen (Hogreve) 2000, 2. Aufl.**

Es ist mit dem Bielefelder Screening abgestimmt und gut geeignet zur Vorbereitung auf den Erwerb der Schriftsprache. Die Zielsetzung beschreiben die Autoren so:
„Das Trainingsprogramm zur phonologischen Bewusstheit besteht aus Spielen und Übungen zu sechs verschiedenen Bereichen, die inhaltlich aufeinander aufbauen und das Ziel verfolgen, dem Kind einen Einblick in die Struktur der gesprochen Sprache zu verschaffen" (Küspert & Schneider 2000, S. 14).
Im ersten Teil geht es zunächst um Geräusche aus der Umgebung der Kinder: Geräusche von draußen (Autos, Hundegebell), Geräusche im Zimmer (Flüssigkeit eingießen, Papier zerreißen), Geräusche in und an uns (Herzschlag, Atemgeräusche). Zuerst hören die Kinder auf die Geräusche später erzeugen sie selbst und andere raten. In der dritten und vierten Übung spielt eine Rolle, aus welcher Richtung das Geräusch kommt. Erst ab der fünften Übung kommt die Sprache als „Geräusch" ins Spiel, zuerst mit Flüsterspielen, dann mit der Analyse von Wortpaaren: Die Kinder sollen herausfinden, ob die beiden Wörter gleich klingen: Puppe – Puppe; Lied – Lied; Rahm – Raum; Kirsche – Kirche. Die Übungsreihe schließt mit einer Hundegeschichte, die vor-

gelesen wird. Die Kinder werden aufgefordert, immer wau zu rufen, wenn sie das Wort *Hund* hören bzw. ein längeres Wort, indem *Hund* enthalten ist.
In der zweiten Einheit werden Reime eingeführt. Es geht anfangs um das Nachsprechen von Reimen (z.B. Abzählverse), dann zunehmend auch um freie Reime, die er- oder gefunden werden sollen, und schließlich Reimsätze: Die Katze hat ´ne .. (Tatze). Im Spiel werden immer wieder die Modalitäten gewechselt: Laut sagen, flüstern, zum Reimwort klatschen. Der Reim geht im Kreis, jedes Kind spricht ein Wort. Es folgt ein Spiel: ein Schiff wird mit Reimwörtern beladen. Das Kind, dem ein Ball zugeworfen wird, soll ein Reimwort zu dem der Erzieherin finden: Butter – Mutter – Futter – ... Es schließen sich an: Handlungsspiele, Bilderreime und ein Lied.
Die dritte Einheit führt die Kinder zu der Entdeckung, dass wir das Gehörte (also Geschichten) in kleinere Einheiten aufteilen können: Sätze und Wörter: Die Begriffe werden spielerisch und handlungsorientiert eingeführt: Die kleinsten Geschichten sind Sätze: Linda hat Hunger; Sätze werden zu Ende geführt: Meine Hose ist ...; bei Wörtern erfahren die Kinder, dass sie kurz oder lang sein können und bilden Zusammensetzungen: Kaffee- (-kanne), Sommer- (-kleid).
Die Analyse am Sprachmaterial geht weiter. Es folgen in der vierten Einheit die Silben: „Die Kinder lernen durch Klatschen und rhythmisches Sprechen die akustische Einheit von Silben wahrzunehmen“ (Küspert & Schneider, S. 14). Auch die Silbengrenzen werden spielerisch deutlich gemacht.
In der fünften Einheit werden erstmals Laute analysiert: Es geht um die Identifikation des Anlautes, dem ersten Laut in einem Wort. Zunächst finden die Kinder heraus, wie dieser Laut klingt, wenn die Erzieherin vorspricht: Nnnn..adel; Rrrr..eis) Der betont gedehnte Laut wird leichter wahrgenommen. Anschließend werden Namen erraten, Bildkarten benannt und dabei der Anlaut betont, Wörter nach dem mitgeteilten Anlaut erraten: /t/: Tiger, Topf, Teller, Tasse. Anlaute werden weggenommen, was bleibt? U.a.m.
Anspruchsvoll ist das Zerlegen eines Wortes in Einzellaute und das Zusammenfügen von Einzellauten zu einem Wort (Einzellaute heißen sprachwissenschaftlich: Phoneme). Die Synthese ist nach der Erfahrung der Autoren leichter als die Analyse. In Spielen werden Phoneme zu Wörtern zusammengesetzt.
Bei der Analyse wird zunächst nach Einzellauten in Wörtern gesucht:
/i/ in: Giraffe, Kirsche, Ring, Schiff, ... Es schleichen sich aber Wörter ein, die kein /i/ enthalten. Und sie müssen unterschieden werden. Das gleiche geschieht mit den anderen Vokalen. Bauklötze können die Zahl der Laute darstellen. Zunächst werden Wörter mit wenig Lauten gebildet, später geht es

um längere Wörter mit mehr Lauten. Verschiedene Spiele mit dem Phonem-Material runden diesen Übungsteil ab.
Das Programm, aber insbesondere die drei Studien, die in den 1990er Jahren mit einem ständig verbesserten Programm durchgeführt wurden, sollten zwei Fragen beantworten:

- „Ist es möglich, Vorschulkindern durch dieses Programm Einblick in die Lautstruktur der gesprochenen Sprache (bis hin zu Einzellauten, den Phonemen) zu geben?
- Lässt es sich nachweisen, dass diese Förderung den Schriftspracherwerb der Kinder deutlich verbessert?" (Küspert & Schneider S. 15)

Um es vorwegzunehmen, beide Fragen konnten positiv beantwortet werden. Den Kindern werden „immense" Fortschritte bescheinigt. Die Ergebnisse können übrigens bei einer Stichprobe von über 200 Kindern als sicher gelten. Allerdings weisen die Autoren auch darauf hin, dass sich die positive Wirkung nur bei konsequenter Anwendung des Programms in täglicher Arbeit einstellt. Das gilt insbesondere für die fünfte und sechste Einheit. Während die ersten vier Einheiten sich gut in Alltagshandlungen und in das tägliche Spiel integrieren lassen und den Erzieherinnen auch nicht fremd sind, handelt es bei den letzten beiden Einheiten um Neuland, das auf den ersten Blick nicht unbedingt in den Kindergarten gehört. Das darf aber nicht dazu führen, diesen Teil zu vernachlässigen, denn die positiven Effekte des Programms – so ein Teilergebnis der Studie – hängen vor allem mit diesen Einheiten zusammen. Ohne sie hat das Training keine längerfristige Wirksamkeit. Das Gleiche gilt für eine nahe liegende Praxis, sich aus dem „Kuchen" der vielen Anregungen nur die „Rosinen" herauszupicken.

## 9. Das Münsteraner Screening (zugänglich über www.foerdern.cornelsen.de)

Ein Verfahren zur Ermittlung der phonologischen Bewusstheit und weiterer wichtiger grundlegender Kompetenzen für den Schriftspracherwerb stellt das *Münsteraner Screening* (*MÜSC*) dar. Es entspricht in seiner Konstruktion und in den Aufgabendimensionen dem Bielefelder Screening, ist jedoch ein Online-Test und in seiner Durchführung so gestaltet, dass das Kind – lt. Auskunft des Verlages – nach einer kurzen Einführung das Verfahren selbstständig am PC absolvieren kann und keiner weiteren Erklärungen durch eine persönlich anwesende Lehrerin bzw. einen Lehrer bedarf.

Die Beschaffung von Lizenz, Passwort, Benutzername erfordert – wenn man das Verfahren kostenlos testen will – einigen Aufwand. Der die Benutzung einleitende Pädagoge sollte außerdem einige Fähigkeiten für den Umgang mit dem PC bzw. dem Internet besitzen. Für das Kennen lernen des Verfahrens werden zunächst kostenlos drei Durchgänge freigeschaltet, dann sind Lizenzen zu erwerben.

Bei der Durchführung des Münsteraner Screenings sitzt das Kind mit Kopfhörern an einem Computer. Alle Aufgabengruppen sind in der Weise zu bearbeiten, dass dem Kind zunächst vorgeführt wird, worum es geht. Dabei sind Zuschauen und gelegentliches Anklicken gefordert. An Beispielaufgaben wird dann jeweils geprüft und rückgemeldet, ob das Kind das Vorgehen verstanden hat. Dann erst erfolgt die Bearbeitung der eigentlichen Testaufgaben. Nach den Aufgabengruppen 2 und 5 müssen zwanzigminütige Pausen eingelegt werden. Einschließlich der Pausen dauert die Durchführung des Screenings ca. 1 Stunde 25 Minuten pro Kind.

Der Test besteht aus acht Aufgabengruppen:

- Reimen: Jetzt sage ich dir das Wort „Strand". Welches hört sich fast gleich an:„See", „Fliege", „Hand"? – Das Kind soll auf das entsprechende Bild klicken.
- Wörter-Reihenfolgen erkennen: Ich sage dir jetzt drei Wörter: „Tisch, Dach, Herz". Das Kind soll auf jene Bildfolge klicken, wo die genannten Dinge in der Reihenfolge der Nennung dargestellt sind.
- Farben ankreuzen farbig inkongruenter Objekte: Das Kind soll so schnell wie möglich die den gezeigten Objekten angemessene Farbe anklicken. Dabei sind auf der Vorlage die Objekte in „falscher" Farbe dargestellt.
- Farben ankreuzen schwarz-weißer Objekte: Hier soll das Kind den nicht eingefärbten Objekten die richtige Farbe durch Anklicken zuordnen.)
- Laute Assoziieren (Ich sage dir jetzt etwas, und du sollst raten, was es ist: „Ei .........s" Das Kind soll auf das entsprechende Bild klicken.
- Silben segmentieren: Es werden Wörter vorgesprochen und das Kind soll in einer Auswahl so viele „kleine Boote" (Silben) anklicken, wie es für das Wort braucht.
- Laut-zu-Wort: Hörst du „A" in „Ameise" ... in „Huhn" ... in „Telefon"?. Das Kind soll das Bild der zutreffenden Sache anklicken.
- Wort-Vergleich-Suchaufgabe: Das Kind sieht das Wortbild „Floh" und soll auf das gleiche Wort bei Angebot der Wortbildkarten „Dach"/ „Fein" / „Floh"/ „Rose" klicken

Nach Testende werden die Ergebnisse gespeichert oder automatisch an einen Online-Server gesandt. Die Erzieherin oder die Lehrerin bzw. der Lehrer

können dann die Auswertung des Tests im Internet abrufen und erhalten dabei differenzierte Informationen aber auch eine Gesamtauswertung mit der Angabe der Anzahl der Risikopunkte für das Kind. Das bildet die Grundlage für die nun einsetzende Förderung der entwicklungsverzögerten Kinder.
Dazu erhalten die Erzieherinnen bzw. Lehrerinnen oder Lehrer eine mit dem Lizenzcode zugesandte Mappe mit den benötigten Materialien. Das „Münsteraner Trainingsprogramm" (MÜT) ist ein auf sechzehn Wochen ausgelegtes Verfahren, das die folgenden Förderbereiche umfasst:

Reimen (1. Woche)
Satz und Wort (2. Woche)
Silben (3. und 4. Woche)
Laute (5. bis 16. Woche)

Dieses Förderprogramm ist für Kinder im ersten Schuljahr konzipiert und schlägt für jeden Tag eine andere Übung zur Förderung der phonologischen Bewusstheit in der Dauer von zehn bis fünfzehn Minuten vor. Selbstverständlich kann es auch für die individuelle Arbeit mit den bedürftigen Kindern genutzt werden.

**10. Hönisch, K. & Rinkens, H.-D.: Arithmetische Vorkenntnisse von Schulanfängern. Eingangstest. Reihe: Zahlenwerkstatt – Welt der Zahl**

**11. Rinkens, H.-D. & Hönisch, K. (Hrsg.): Materialien 1 (Materialien zum 1. Schuljahr) im Rahmen der Reihe Zahlenwerkstatt – Welt der Zahl. Braunschweig (Bildungshaus Schulbuchverlage Westermann Schroedel) 1998**

Zur Erfassung wichtiger arithmetischer Vorkenntnisse bei Schulanfängern liegt ein einfaches Verfahren aus der *Reihe Zahlenwerkstatt/ Welt der Zahl* vor, das auch leicht in der Grundschulpraxis durchführbar ist . Die Autoren empfehlen den Einsatz für die erste oder zweite Unterrichtswoche im ersten Schuljahr. Sie gehen dabei davon aus, dass Kinder heute bereits bei Schuleintritt über eine Reihe von Erfahrungen verfügen, die sich auf mathematische Sachverhalte beziehen. In zehn Aufgaben werden wichtige Voraussetzungen für die Ausbildung mathematischer Kompetenzen und erste mathematische Fähigkeiten geprüft. Im Einzelnen sind das

- Verknüpfung von gesprochener und geschriebener Zahl
- Anzahl erfassen, Abzählen
- Rückwärts zählen

- Anzahl erfassen, Zahlbilder
- Addieren mit der Möglichkeit des direkten Abzählens
- Addieren ohne die Möglichkeit des direkten Abzählens
- Subtrahieren mit der Möglichkeit des direkten Abzählens
- Subtrahieren ohne die Möglichkeit des direkten Abzählens
- Addieren mit Geld
- Subtrahieren mit Geld

Der Test kann einzeln oder auch in Gruppen mit sechs bis acht Kindern durchgeführt werden. Die Aufgaben sind eingebettet in Geschichten mit den Dinosauriern *Zahlix* und *Zahline*. Die Kinder erhalten ein Testheft, in dem sich zu jeder Aufgabe eine Abbildung befindet.

Norm- oder Vergleichswerte liegen nicht vor. Die Lehrerin bzw. der Lehrer kann jedoch auf einer zusammenfassenden Liste vermerken, welche Aufgaben von den Kindern gelöst oder nicht richtig gelöst wurden. Dadurch können differenzierte Aussagen zu den Kompetenzen der Kinder bzw. in der Klasse als Gesamtheit bzw. individuell gewonnen werden.

Für die Förderung solcher Kinder, die deutliche Entwicklungsrückstände aufweisen, wird ein Material empfohlen, das zum Teil auf die erkannten Defizite speziell eingeht, insgesamt aber auf eine ganzheitliche Förderung setzt. Die didaktischen Materialien sind dabei auch für die Binnendifferenzierung bei der inhaltliche Gestaltung offener Unterrichtsformen geeignet, bieten Kopiervorlagen und methodische Vorschläge, Spielideen und Vorschläge für die Herstellung von Materialien für die Partnerarbeit. Sie sind in acht Abschnitte gegliedert:

1. Wahrnehmungsschulung (z.B. Aufgaben zum Tasten, Unmöglichkeiten in Bildern suchen, Zuordnungaufgaben, Folgen und Flächen erkennen und ergänzen
2. Zahlen kennen lernen: Zahlengeschichten, Zählübungen, Zuordnung von Zahlen zu Mengen, Anzahlen bestimmen, Bündel
3. Addieren und Subtrahieren: Aufgaben ertasten, Aufgaben erkennen, Zahlen zerlegen, Rechengeschichten, zuordnen von Zahlensatz und bildlicher Darstellung
4. Rechenfertigkeiten: Lösen formaler Aufgaben im Zahlenraum bis 20 in unterschiedlicher methodischer Gestaltung
5. Größen:Umgang mit Geldbeträgen – z.B. kombinieren, zerlegen
6. Geometrie: Figuren legen und auslegen, Figurengeschichten, Spiele mir Formenkarten, Aufgaben mit Nutzung eines Spiegels
7. Knobeleien: Knobelaufgaben zu arithmetischen und geometrischen Sachverhalten

8. Projekte: Herstellung von Materialien zum Ertasten der Zahlen bzw. Ziffern von 1 bis 10 bei deren ganzheitlicher Einführung, eingeordnet in eine Geschichte

Der beschriebene Eingangstest kann als Screening (Grobsiebverfahren) bezeichnet werden und erscheint als gut praktikabel. Das Verfahren ist – ebenso wie die Fördermaterialien – für die Schulpraxis gut geeignet.

**12. Behring, K.; Kretschmann, R. & Dobrindt, Y.: Prozessdiagnose mathematischer Kompetenzen in den Schuljahren 1 und 2. (Reihe: Bergedorfer Förderprogramme, 3 Bände). Horneburg/Niederelbe (Persen) 1999, 3. Aufl.**

Einen wesentlich differenzierten Ansatz zum Erfassen der Leistungen im Fach Mathematik und zum entsprechenden Fördern am Schulanfang verfolgt die *„Prozessdiagnose mathematischer Fähigkeiten in den Schuljahren 1 und 2"* aus der Reihe der Bergedorfer Förderprogramme. Obwohl das Material letztlich Diagnose und Förderung mathematischer Kompetenzen erst ab dem letzten Viertel des ersten Schuljahres näher beschreibt, also *nicht* im engeren Sinne für die Ermittlung des Lernstandes im Vorschulalter angelegt ist, soll es hier kurz besprochen werden. Grund dafür ist vor allem der grundlegende Ansatz der Autoren für Diagnostik und Förderung. Wichtige Gedanken daraus lassen sich für die Bewertung der Vorläuferfähigkeiten für das Lernen im Fach Mathematik ableiten.

Die Autoren gehen davon aus, dass vor allem die Einstellung des Kindes zu den Anforderungen des Lernens bestimmt, wie es sich diesen zuwendet. Deswegen beginnt die Untersuchung zu dem Lernstand bezüglich Mathematik im Rahmen eines Vortests mit der Ermittlung verschiedener Aspekte der emotionalen Beziehungen des Kindes zum Lerngegenstand Mathematik. Ziel ist es dabei, herauszufinden,

- ob Schwierigkeiten bereits von Ängsten und Aversionen begleitet sind, wie stark Ängste und Abneigungen ausgeprägt sind,
- ob ein Kind seine Schwierigkeiten eher realistisch oder unrealistisch einschätzt,
- ob es Unterstützung sucht und findet,
- ob das Kind seine Schwierigkeiten eher intrinsisch oder extrinsisch attribuiert,
- welches „Selbstmodell" das Kind gegenüber Mathematik aufgebaut hat.

Zur Klärung dieser grundlegenden Fragen findet ein ausführliches Gespräch mit dem Kind nach einem vorliegenden Fragenspiegel statt.
Dem Pädagogen werden dann zahlreiche Vorschläge für die Arbeit mit jenen Kindern unterbreitet, die Ängste bzw. einen unzweckmäßigen Arbeitsstil hinsichtlich mathematischer Anforderungen ausgebildet haben. Diese Hinweise sind durchaus geeignet, in entsprechend übertragenem Sinne auch Erzieherinnen bzw. Lehrerinnen oder Lehrern bei ihrer Arbeit mit Kindern beim Übergang in die Grundschule zu helfen. Beispiele dafür sind z.B.:

- Solange ein Kind noch kein Vertrauen zu sich und seiner Leistungsfähigkeit hat, sind psychische Stabilisierung und Leistungssteigerung gleichrangige Ziele.
- Die Übungsangebote sollten möglichst wenig äußere Ähnlichkeiten zu denen aufweisen, in denen das Kind schon gescheitert ist.
- Nach Möglichkeit sollten Wettbewerbssituationen vermieden werden. Sie verursachen zusätzlich Angst.

Auch der Ansatz der Autoren für ihr Herangehen an Diagnostik und Förderung hat allgemeine Bedeutung für das Arbeiten mit Inhalten der Mathematik. (Die Autoren beschränken sich in ihrem Text auf Arithmetik.) Sie beschreiben drei „Ebenen mathematischen Verständnisses“:

1. An Handeln und Erfahrung gebundenes mathematisches Verständnis
2. An Anschauung gebundenes mathematisches Verständnis
3. Abstraktes mathematisches Verständnis).

So ist – mit einem „groben“ Blick – zunächst zu ermitteln, auf welcher Ebene das Kind sind mathematischen Anforderungen zuwendet, um schließlich – von diesem Stand ausgehend – zu fördern.
Für die Diagnostik des Lernstandes in Mathematik im letzten Viertel des ersten Schuljahres (und entsprechend für weitere Zeitpunkte) liegt dann für den zu diagnostizierenden Schüler ein Arbeitsblatt mit formalen Aufgaben von Addition und Subtraktion im Zahlenraum bis 10 vor, für die Lehrerin bzw. den Lehrer gibt es einen entsprechenden Auswertungsbogen mit „Wegweisern“. Damit ist gemeint, dass zu den einzelnen Testaufgaben notwendige Voraussetzungen des Kindes angegeben sind, die weitere differenziertere diagnostische Arbeit leiten und Förderansätze bieten können. Andererseits ist aber auch zu jedem Aufgabentyp angegeben, wo sich entsprechende Übungs- und Fördermaterialien finden lassen. Dazu wird jeweils konkret auf Abschnitte in den Bänden 2 und 3 der „Prozessdiagnose ...“ verwiesen, wo sich diese Materialien befinden.

### 13. Van Luit, J.E.H.; van de Rijt, B.A.M. & Hasemann, K.: Osnabrücker Test zur Zahlbegriffsentwicklung (OTZ). Göttingen (Hogreve) 2001

Auch die Entwicklung der mathematischen Kompetenz beginnt weit vor Schulbeginn. Allerdings ist diese, je nach Intelligenz, Anregungspotenzial und Erfahrungen der Kinder unterschiedlich. Den aktuellen Stand der Entwicklung zu ermitteln, dazu dient der Osnabrücker Test zur Zahlentwicklung. Das in den Niederlanden ausgearbeitete und an 800 Kindern erprobte Programm wurde in Osnabrück für deutsche Verhältnisse umgearbeitet und nochmals an 300 deutschen Kindern erprobt.

Den theoretischen Hintergrund der Zahlbegriffsentwicklung bildet ein Bündel von Voraussetzungen; es geht um Fähigkeiten, die erst erworben werden müssen. Piaget hat hier mit der sog. Mengeninvarianz eine wichtige Vorarbeit geliefert:

„Die Analyse des Verhaltens der Kinder zeigt, dass die Entwicklung des Zahlbegriffs auf einer komplexen Synthese von Fähigkeiten beruht, zu denen die Klassifikationen von Objekten nach Merkmalen, das Operieren mit Eins-zu-eins-Zuordnungen und das Ordnen von Objekten im Hinblick auf die Reihenfolge (Seriation) gehören. Die Einsicht in den Zahlbegriff erfordert außerdem Einsicht in den kardinalen und den ordinalen Aspekt der Zahl" (Manual OTZ , S. 8)

Im Einzelnen gibt es fünf signifikante Entwicklungsstufen:

1. *Das verbale Zählen*: U.U. schon mit drei Jahren kennen Kinder Zahlwörter und sagen sie auf wie ein Gedicht
2. *Das asynchrone Zählen:* Hierbei beachten sie zwar schon die Reihenfolge der Zahlwörter, können aber eine Menge von Objekten deshalb nicht durch Abzählen erfassen, weil sie Objekte zuweilen noch übersehen oder zweimal zählen.
3. *Ordnen der Objekte beim Zählen*: Allmählich ordnen sie die Objekte in ungezählte und gezählte. Diese Technik beherrschen die meisten schon mit 4 ½ Jahren
4. *Zählen mit Resultat*: Sie wissen nun sowohl, dass sie mit der Eins beginnen müssen und die letzte Zahl die Anzahl der Objekte ergibt.
5. *Abkürzendes Zählen:* Noch vor Schuleintritt können sie Mengen strukturieren und simultan erfassen (Manual 12/ 13).

Mit Hilfe des Tests ist es möglich, die Entwicklungsstufe zu bestimmen. Die Auswertung soll hier nicht dargestellt werden; sie ist in den Testmaterialien genau beschrieben und kann von jedermann gehandhabt werden.

Der OTZ besteht aus zwei Teilen, deren inhaltliche Anforderungen identisch sind (A und B). Das geschieht aus zwei Gründen: Zum einen kann der Test zu einem späteren Zeitpunkt wiederholt werden, wenn sich zu starke Abweichungen vom erwarteten Testergebnis ergeben, zum andern kann die Wirksamkeit einer umfangreicheren Fördermaßnahme getestet werden, die zwischen zwei Testdurchführungen liegt.

Der Test selbst hat acht Komponenten:

1. *Vergleichen:* In diesem Testteil wird überprüft, ob die Kinder Begriffe beherrschen, die Voraussetzung für die Bildung mathematischer Ordnungsbegriffe und -relationen sind; Beispiele: Hier siehst du Pilze. Zeige auf den Pilz, der *höher* ist, als die Blume im Kasten. Zeige auf das *niedrigste* Gebäude
2. *Klassifizieren:* Hier geht es um das Zusammenfassen von Objekten zu einer Klasse: Beispiel: Die Kinder betrachten ein Bild mit unterschiedlich großen Kreisen, Dreiecken und Rechtecken jeweils in grau und in weiß. Sie folgen der Anweisung: Sieh dir diese Bilder an. Zeige auf alle grauen Kreise
3. *Eins-zu-eins-Zuordnungen*: Beispiel: Die Kinder sehen eine Reihe mit Hühnern und eine Reihe mit Eiern. Sie sollen überprüfen, ob es mehr Eier als Hühner oder weniger sind (oder gleich viel).
4. *Nach Reihenfolge ordnen*: Sie sollen in der Lage sein, inkorrekte Reihungen zu erkennen und korrigieren bzw. selbst herstellen.
5. *Zahlwörter benutzen*: Mit dieser Aufgabe wird das verbale Zählen überprüft und es wird festgestellt, ob Kinder die Kardinal- und Ordnungszahlen bis zwanzig korrekt verwenden können.
6. *Synchrones und verkürztes Zählen*: Hier geht sowohl um die Simultanerfassung von Würfelaugen, sowie die Mengenerfassung von Gegenständen durch Zählen.
7. *Resultatives Zählen*: Der Versuchsleiter gibt dem Kind 15 Würfel und fordert ihn auf eine Reihe mit elf Würfeln zu legen.
8. *Anwenden von Zahlenwissen*: Du hast neuen Murmeln. Du verlierst drei Murmeln. Wie viele hast du noch? Zeige auf den Kasten mit der richtigen Anzahl von Murmeln (OTZ Manual 19).

Bei der Auswertung wird das Alter der Kinder in Halbjahresschritten berücksichtigt. Die in acht Items zusammengefassten 40 Aufgaben testen in der Tat die wichtigsten Komponenten der mathematischen Kompetenz und es wird mit ihnen das Kontinuum der frühen Zahlentwicklung erfasst.

Das Ergebnis ermittelt einen Prozentrang. Es können also Aussagen gemacht werden zum Stand der Entwicklung der mathematischen Kompetenz. Was

wesentlich wichtiger ist: Es zeigt Entwicklungsrückstände in einzelnen Komponenten auf und gibt damit Hinweise, wo die Förderung gezielt angesetzt werden sollte.
Leider gibt es bislang keine Trainingsprogramme zur Förderung der mathematischen Kompetenz, die etwa mit dem Würzburger Trainingsprogramm zur Förderung der phonologischen Bewusstheit vergleichbar wären. Insofern sind im mathematischen Bereich, wie übrigens auch im Bereich der Naturwissenschaften generell, die Erzieherinnen und die Lehrerinnen für den Anfangsunterricht auf „phantasievolle Eigenproduktion" angewiesen, wobei sie sicher die Angebote des Lehr- und Spielmittelmarktes nutzen werden.

## 14. Krajewski, K.: MZ-Test, Test zur Mengen- und Zahlkompetenz. (Veröffentlichung geplant); dazu ein Förderprogramm MZZ (Veröffentlichung geplant)

Die Autorin hat ein diagnostisches Verfahren entwickelt, das ausdrücklich zur Erhebung von spezifischen Vorläuferfertigkeiten für das Lernen im Fach Mathematik dient. Es kann im letzten Kindergartenjahr zwölf, acht und zwei Monate vor Schuleintritt eingesetzt werden. Für diese Zeitpunkte liegen allgemeine Vergleichswerte vor.
Grundlage für den Aufbau des Verfahrens war die Erkenntnis, dass sich das Verständnis für mathematische Sachverhalte im Vorschulalter aus Basisfertigkeiten entwickelt. Zunehmend präzisiert sich ein Begriff, was Mengen sind. Daraus und aus einfachen Vorstellungen über Anzahl (viel – wenig) und Zahlenfolge (jede Zahl repräsentiert eine bestimmte Anzahl von Objekten) entwickeln sich bis zum Schuleintritt Mengenrelationen als Relationen von Anzahlen. Von dieser Modellvorstellung zum Prozess der Entwicklung früher mathematischer Konzepte ausgehend, will das vorgelegte Verfahren nun prüfen, welchen Entwicklungsstand das zu untersuchende Kind erreicht hat.
Dazu werden im Test acht Gruppen von Aufgaben vorgelegt, die entsprechende Fähigkeiten abprüfen:

1. Zählfertigkeiten: Vorwärts und rückwärts zählen, Vorgänger und Nachfolger benennen
2. Rechnen: Sechs Aufgaben, z.B. Hier hast du fünf Plättchen. Ich habe zwei Plättchen. Wie viele Plättchen haben wir zusammen? Du hast neun Plättchen. Wie viele Plättchen hast du noch, wenn du mir drei davon abgibst?
3. Ziffernkenntnis: auf Zahlenkärtchen vorgegebene Ziffern benennen

4. Anzahldifferenz: Drei Aufgaben, z.B. Wie viele Punkte muss man bei diesem Streifen abschneiden, damit er genauso viele Punkte hat wie dieser Streifen?
5. Anzahlkonzept: Fünf Aufgaben; Zuordnen von Ziffernkärtchen zu Kärtchen mit verschiedenen Anzahlen von Objekten
6. Anzahlseriation: Ordnen bzw. Zuordnen von Mengenbildern in eine Reihe)
7. Anzahlvergleich: Acht Aufgaben; z.B. Was ist mehr: 5 oder 3? Was ist weniger: 4 oder 6?
8. Mengenvergleich: Vergleich der Anzahlen von Elementen auf Mengenbildern, enger und weiter angeordnet usw.

Im Ergebnis der Untersuchung kann festgestellt werden, welche Ebene der Kompetenz des Umgangs mit Mengen und Zahlen das Kind erreicht hat. Wichtig ist nun, insbesondere für entwicklungsrückständige Kinder Fördermaßnahmen einzuleiten.

Dazu schlägt die Autorin das Trainingsprogramm „Mengen, zählen, Zahlen“ (MZZ) vor, das erfolgreich erprobt wurde. Durch Spiele, bei denen Mengen auszuzählen und den in einer Reihe angeordnete Zahlen zuzuordnen sind, werden die Vorstellungen der Kinder gefördert. Damit nicht eine Vielzahl unterschiedlicher „anschaulicher“ Zählobjekte die Aufmerksamkeit der Kinder überfordert, wird für die Förderung die Benutzung einer „Zahlentreppe“ („Von einer zur nächsten Zahl wird es immer genau eins mehr.“) vorgeschlagen.

Das Förderprogramm erstreckt sich über einen Zeitraum von acht Wochen, in dem jeden Tag mit den Kindern gearbeitet wird.